Alwin Seifert
Gärtnern, Ackern – ohne Gift

ALWIN SEIFERT

Gärtnern, Ackern – ohne Gift

BIEDERSTEIN-VERLAG
MÜNCHEN

Mit 14 Abbildungen auf 8 Tafeln

ISBN 3 7642 0150 9

105.–120. Tausend der Gesamtauflage. 1977
Einbandentwurf: Rudolf Huber-Wilkoff, München
© Biederstein Verlag, München 1971
Druck: Buch- und Offsetdruckerei Georg Wagner, Nördlingen
Printed in Germany

Inhaltsverzeichnis

Die Vorgeschichte

„Ich glaube, ich bin in einem Garten Eden gewesen!" – das sagte nicht etwa jener Missionar, der in Neuguinea dreißig Jahre lang daran gearbeitet hatte, aus seinen noch in der Steinzeit lebenden Papuas neuzeitliche Gemüsegärtner zu machen, und in meinen Versuchsgarten gekommen war, um zu prüfen, ob die Wirklichkeit mit dem Ruf, der über den halben Erdkreis hin zu ihm gedrungen war, übereinstimme. Der jenen Ausspruch tat, als er sich von mir verabschiedete, war der erste Doktor der Landwirtschaftswissenschaft, Fachmann für Schädlingskunde und Schädlingsbekämpfung, der es wagte, sich in eben diesem meinem Versuchsgarten genau umzuschauen. Er mußte zugeben, daß es für ihn nichts Schädliches zu finden und zu bekämpfen gab. Auch konnte er sich keine einzige Mark verdienen, wie ich sie schon seit Jahren im Sommer für jede Blattlaus ausgesetzt habe, die einer an den Bohnen, an den Kartoffelstauden, an den Spindelbüschen, an den Rosen finden würde.

„Eden" aber ist kein wissenschaftlicher Begriff, sondern ein biblischer. Er kennzeichnet einen Garten, in dem es nichts Böses gibt, in dem alles noch in reiner, in Gottes Ordnung ist. Er ist das höchste Lob, das mir als dem Schöpfer dieses Gartens von irgend jemand gespendet werden kann, und das umso mehr, als man mit dem Wissen und den Mitteln der heutigen Landwirtschaftswissenschaft auf dem Boden, auf dem ich nun einmal arbeiten muß, überhaupt keinen Garten anlegen kann.

Die Kunst, nun überall Gärten zu schaffen, in denen nichts Böses ist, keine Laus, keine Milbe, kein Pilz, die bekämpft werden müssen, in denen aber mit der Freiheit von solchen Schädlingen und damit von allen Giften eine Gesundheit und mit dieser eine Fruchtbarkeit und Schönheit verbunden sind, die es sonst in der Welt schon lang nicht mehr gibt – diese Kunst soll das Büchlein hier, das der geneigte Leser in Händen hält, jedermann vermitteln, so er nur guten Willens ist.

Dieser Handweiser hat eine lange und wechselvolle Vorgeschichte. Der Plan zu ihm entsprang meinem Hirn im Frühjahr 1945 in Südtirol. Ich hatte oben am Salten zu tun, der Hochfläche über dem Etschtal zwischen Meran und Bozen mit ihren so wunderschönen Lärchwiesen. Es war Fliegeralarm, die Seilbahn von Jenesien ins Eisacktal hinunter stand still. So wanderte ich zu Fuß hinab und kam dadurch an einem einsamen Bauernhof vorbei, der auf einem sonnigen, trockenen Bergvorsprung steht. Der Bauer war eben dabei, einen großen Haufen von Dreschabfällen in das trockene Bachbett hinter seinem Haus zu werfen, damit sie der nächste Gewitterregen in Eisack und Etsch zur Adria hinunterschwemme.

Am Abend dieses Tages sprach ich in Bozen mit den mir befreundeten Nord- und Südtiroler Bauern und akademischen Landwirten darüber, daß die trockenen und steilen Südtiroler Böden doch schon humusarm genug wären – die Hänge des großen Brixener Talkessels kommen mir geradezu ausgehagert vor, die nördliche Talseite des Vintschgaues ist es schon seit Jahrhunderten – und man nicht noch zusehen dürfte, wie Unverstand die Quelle einer Erneuerung der Bodenfruchtbarkeit nicht auf die Äcker fährt, sondern den Berg hinunterlaufen läßt, um die Lagunen am Adriatischen Meer zu düngen. Die Antwort war die Bitte, eine Kompostfibel für die Tiroler Bauern zu schreiben. Das mußte ich ablehnen, denn ich bin kein Landwirt. Ich konnte aber auch niemand anderen nennen, der eine solche Fibel hätte abfassen können. Das war an einem Freitagabend.

Auf der schwierigen Heimfahrt nach München packte mich die Aufgabe; ich schrieb die Fibel in einem Guß nieder und lieferte sie druckfertig am folgenden Freitag in Innsbruck ab, zur großen Überraschung der Tiroler, die nicht gewohnt waren, daß einer ein Versprechen hält, das er gar nicht gegeben hat, und dann noch so schnell.

Von der Fibel sollten fünfundzwanzigtausend Stück gedruckt werden, weil jeder Bauer in Nordtirol, Vorarlberg und Südtirol sie umsonst bekommen sollte. Als ein Vertreter der Landesbauernschaft Bayern von diesem Plan hörte, bestellte er fünfzehntausend Abdrucke, einer von der Landesbauernschaft Salzburg fünftausend, ohne den Verfasser oder den Inhalt der Fibel zu kennen – für so wichtig hielten sie jede praktische Anweisung auf diesem Gebiet, das von der landwirtschaftlichen Lehre und Praxis bisher nicht bearbeitet worden ist.

Nun – die Innsbrucker Setzer und Drucker waren langsamer als die französischen, amerikanischen und britischen Soldaten, die das Land von Westen und Süden her besetzten; die Fibel blieb ungedruckt. Im Sommer 1945 arbeitete ich sie um in ein bairisch-bäuerliches Deutsch als ‚Kompostfibel für den bairischen Bauern‘, der immerhin den Raum von Augsburg bis jenseits Wien, von Weiden in der Oberpfalz bis Salurn an der Etsch bewohnt. Mehr als jemals vorher hatte ich dann Gelegenheit, mit vielen bayrischen und schwäbischen Bauern Arbeit und Sorgen des Landbaus zu besprechen. Früher schon einmal hatte mir ein großer Bauer im Zillertal – wo ich bis dahin noch gar nicht gewesen war – gesagt: „Wenn ich Ihnen zuhör’, mein’ ich, ich hör’ meine Mutter reden!“, da wußte ich, daß ich auf dem richtigen Weg war. So hörte ich manches, was der Landwirtschaftsrat nicht erfährt, wenn er mit dem Bauern nicht so sprechen kann, daß dieser meint, er höre seine alte Mutter reden.

Bei meinen Arbeiten zur Hausmüll- und Abwasserverwertung lernte ich die Ergebnisse der neuesten holländischen und deutschen Humusforschung kennen, die Erfolge englischer Kompost-Dauerversuche, die Ergebnisse der wissenschaftlichen Kompost- und Düngerforschungen von Dr. h. c. Ehrenfried Pfeiffer auf seiner Versuchsfarm in Chester, NY., und als wichtigste die letzten Arbeiten von Professor Dr. W. Laatsch in Hamburg. Diesem war es gelungen, das Wesen des Dauerhumus zu erklären, seine chemische Konstitutionsformel und die Gesetze seiner Entstehung anzugeben. Damit wurde die Richtigkeit des von meinen Freunden und mir seit so langer Zeit schon angewendeten Kompostverfahrens „neuer Art“ auch wissenschaftlich bestätigt und die Ursache unserer Erfolge erklärt. Das veranlaßte mich, die Fibel noch einmal ganz neu aufzubauen und sie dabei aus dem Nur-Bäuerlichen ein wenig herauszuheben.

Sie wurde 1948 ausgerechnet von einem Chemiker, Dr. Rudolf Sachtleben, Abteilungsleiter im Deutschen Museum in München, in erster Auflage herausgegeben. Sie wandte sich nur an Bauern und wollte ihnen helfen, vor allem die schweren Erkrankungen so vieler deutscher Böden zu beheben. Von diesen wußten selbst Fachleute erstaunlich wenig. Daß während des Krieges darüber nichts an die Öffentlichkeit kommen durfte, ist verständlich; daß es auch heute nicht geschieht, hat seine Gründe. Professor Dr. Kuron von der landwirschaftlichen Fakultät der Universität Berlin erklärte in einem Vortrag auf der Arbeitstagung für lebende Verbauung im Juli 1941 in Admont in der Steiermark, er habe den Auftrag bekommen, nach kranken Böden in Brandenburg, Mecklenburg und Pommern zu suchen. Das Ergebnis seiner Forschung sei gewesen, daß der Auftrag hätte lauten müssen, noch gesunde Böden zu finden; denn fast alle seien krank, was er durch Lichtbilder eindrucksvoll beweisen konnte. Kurz vor Kriegsende versuchte Professor Dr. Sekera von der Hochschule für Bodenkultur in Wien durch die Einrichtung eines bäuerlichen Bodengesundheitsdienstes den Bauern zu zeigen, wie die weit verbreiteten Bodenverdichtungen als Folge falschen, das heißt in der Regel zu tiefen Pflügens und falscher Fruchtfolge, geheilt werden könnten. Beide Forscher waren sich darüber klar, daß die Wiederherstellung eines ausreichenden Gehalts der Böden an echtem Humus die unerläßliche Voraussetzung zur Gesundung ist. Das Nachlassen der Bodenerträge war also keineswegs nur eine Folge des Fehlens ausreichender Kunstdüngergaben.

Die Wirkung dieser für Bauern geschriebenen ersten Auflage der Fibel war gering, weil sie von einem technischen Verlag aus die Landwirtschaft gar nicht erreichte, und weil deren Vertreter glaubten, daß es mit allen Nöten ein Ende haben würde, sobald es nur wieder genügend Kunstdünger gäbe.

Diese Hoffnung trog. Es kamen so viele Anfragen nach der längst vergriffenen Auflage, daß Hanns Georg Müller, der mein erstes Buch ‚Im Zeitalter des Lebendigen‘ 1940 bis 1943 herausgebracht hatte, und ich uns 1957 entschlossen, die Fibel in neuer Gestalt wieder herauszugeben, nun mehr auf Gartenbau ausgerichtet und erweitert um die inzwischen im eigenen Garten gemachten Erfahrungen. Die aber waren bestürzend, ja umstürzend.

Wider alle Lehren des schulmäßigen Obstbaus waren meine

Obstbäume allein dadurch, daß auf offene Baumscheiben Kompost gelegt wurde, frei geworden von Schädlingen jedweder Art, hatten die Früchte an Wohlgeschmack und Haltbarkeit so gewonnen, daß aus Wirtschaftsäpfeln nahezu Tafeläpfel geworden waren. Und es hatte sich ganz absichtslos erwiesen, daß man auf ein- und derselben Fläche siebzehnmal hintereinander Kartoffeln anbauen kann mit Kompost als alleiniger Düngung, mit stets weniger werdender Pflegearbeit, aber wachsender Menge und Güte der Ernten.

Als ich über den durchaus unerwarteten, ja unerwartbaren Erfolg im Obstbau im Bayerischen Rundfunk berichtete, mußte dieser zwar über vierhundert Niederschriften verschicken von Thüringen bis Südtirol, ich aber erntete öffentliche Beschimpfungen von Lehrern des Obstbaus üblicher Art, die mehr noch aus Haß geboren waren als aus bloßem Zorn über den Außenseiter, der einen zum Nachprüfen oder gar Nachdenken gezwungen hätte.

Von 1920 bis 1930 hatte ich als Gartenarchitekt meine Gärten mit bestem Erfolg nach den allgemein anerkannten (und damit für die Dogmatiker allein erlaubten) Regeln des Gartenbaus angelegt: mit Kalk und Torfmull und den damals üblichen künstlichen Düngern Kalisalz, Thomasmehl und Ammonsulfat, dazu, wenn es sein konnte, einer Zubuße von Stallmist. Es war technisches Verfahren mit Mitteln der Technik und war wenigstens auf kurze Frist so sicher, daß Kunst zu bloßer Fertigkeit abzusinken drohte; da war keine echte Aufgabe mehr dahinter. So sagte ich meinen Freunden unter den Doktoren der Landwirtschaftswissenschaft, mit denen ich mich gut verstand, ich wüßte jetzt, was aus meinen Gärten würde, wenn ich sie nach ihren Ratschlägen ausführe – ich würde nun in allem das Gegenteil von dem tun, was sie mir bisher als todrichtig geraten hatten, und würde schauen, was dabei herauskommt. Ich hatte ja 1930 einen von mir selbst 1925 auf ihre Art angelegten Garten zu eigen bekommen und konnte mir in diesem auf meine Kosten auch Mißerfolge leisten.

Das Gegenteil von Technik aber ist Natur. Mit der wollte ich fortan arbeiten und stand vor dem noch unbekannten Werden und Wirken wie ein neuer Faust:

Geheimnisvoll am lichten Tag
Läßt sich Natur des Schleiers nicht berauben,
Und was sie deinem Geist nicht offenbaren mag,
Das zwingst du ihr nicht ab mit Hebeln und mit Schrauben!

Es galt nun zu lernen, ohne jeden Vorbehalt, ohne ein Zu-
rückblicken – „wer die Hand an den Pflug legt und siehet zurück" . . .* – in sie hineinzulugen, hineinzuhorchen, ihr abzu-
schauen, wie und mit welchen Mitteln sie arbeitet – ohne zu wissen, zu welchem Ziel der Weg führen würde. Dieses aber hat sie,
nach dreißig Jahren, nach einem vollen Menschenalter also, selber geoffenbart: von der Kartoffel an dem einen, dem landwirtschaftlichen Ende des Gartenbaus bis zu den Äpfeln am anderen, dem obstbaulichen, hat sie den Schleier gelüftet vor einem
ganz neuen Bild: dem der vollkommen gesunden und damit auch
reichtragenden Kulturpflanze jeder Art, die von keinem Schädling befallen wird, den man bekämpfen müßte, und damit der
Freiheit von allem Wirtschaften mit Giften, sie seien harmlos
oder tödlich.

Die anderen, die Pflanzenbautechniker, die seit über hundert
Jahren mit Physik und Chemie, mit Versuchsgefäßen, mit Waa-
gen und Brutschränken in die Natur hineinwirken, ja hinein-
wühlen, die haben ihr „mit Hebeln und mit Schrauben" ihren
Schleier, ihr Geheimnis nicht entreißen können; sie wissen keinen
Weg mehr als den, unsere ganze Umwelt, ja den ganzen Erdkreis
unter Millionen Tonnen unheimlichster Gifte zu setzen.

In den letzten zehn Jahren wurde das auf Gartenerde Erreichte in rauhem Klima auf so schwierigem Boden, daß nur ein Be-
sessener es wagen konnte, ihm mehr als nur Wiesengras abringen
zu wollen, nachgeprüft und ausgebaut, so daß nun jedermann
überall mit weniger Arbeit als bisher Boden- und Baumfrüchte
erzeugen kann von einer Güte und Haltbarkeit, die es im Handel schon lang nicht mehr gibt.

Die einander rasch folgenden Auflagen der Fibel waren
immer wieder neu überarbeitet worden und spiegelten die wachsende Sicherheit der Kompostwirtschaft im Pflanzenbau wider.

* Lukas 9/62

Die sechste Auflage mit dem neuen Titel ‚Gärtnern ohne Gift'
schien in ihrem Inhalt nun eine endgültige Fassung zu haben –
aber Entwicklung und Erfahrung gerade der letzten drei Jahre
brachten so viel neue Erkenntnisse, daß eine ganz neue und noch
mehr auf die Landwirtschaft ausgerichtete Fassung ausgearbeitet
werden mußte, die mit dem neuen Titel ‚Gärtnern, Ackern –
ohne Gift' hier vorliegt. Die Natur hat nun auch ihr letztes Geheimnis geoffenbart: Leben kommt nur von Lebendigem.

Dem geneigten Leser dieses Büchleins, der nun Nutznießer
von vierzig Jahren selbstloser Arbeit wird, die von niemand
unterstützt worden ist, von keiner Stiftung, keiner Forschungs-
gemeinschaft, muß ich um eine Nachsicht bitten: Es ist fürderhin
unmöglich, daß ich jährlich mehr als tausend Briefe an Frage-
steller schreibe wie bisher. Ich muß es wirklich halten wie Goethe:
Ich kann nur antworten auf Mitteilungen, die auch mir etwas
gebracht haben. Es ist mir sehr wichtig, zu wissen, welche Erfahrungen und Beobachtungen auf anderen Böden, in anderen
Klimalagen gemacht werden. (Eine Beschwerde aber, daß aus
einer Mischung von gleichen Teilen Gras und Schlachtereiabfäl-
len auch im zweiten Jahr noch kein Kompost geworden ist, die
kommt halt in den Papierkorb!) Ich bitte auch um Verständnis
dafür, daß ich immer noch voll in meinen Berufen tätig sein muß
und deshalb keine Zeit habe, Besucher durch meinen Garten zu
führen. Man möge mir glauben, daß es dort tatsächlich genauso
aussieht, wie ich es beschreibe. Wirklich notwendige Ausspra-
chen müssen vorher vereinbart sein.

Am Schluß meines technischen Lebensberichts ‚Ein Leben für
die Landschaft' hatte ich geschrieben, daß ich in dem Haus, das
ich in meinem siebzigsten Lebensjahr gebaut und in dem großen
Garten, den ich dazu angelegt hatte, nun leben wolle als ein
Herr und ein Bauer. Aus dem „Herrn" ist nichts geworden; ich
habe gelebt wie ein Bauer und sein Knecht, und meine Frau als
des Bauern Magd. Jetzt aber möchte ich wirklich ab und zu nur
müßig herumgehen dürfen wie ein Herr, ja wie der HERR am
siebenten Tag, und anschauen alles, was ich gemacht habe, und
eine Zeitlang meinen wie ER, es sei alles sehr gut. Will mich
freuen an meinen Lärchen, an meinen Eichen und Linden und an
den botanischen Kostbarkeiten, die mit soviel Geduld und Ge-

spür herangezogen worden sind. Dann werde ich sicher den Schreibblock herausziehen und anmerken alles, was im nächsten Herbst geändert, umgepflanzt, umgebaut werden muß – und siehe, es wird wieder eine lange Liste sein.

Im Winter und Sommer 1969/70
in St. Georgen über Dießen am Ammersee

Alwin Seifert
Em.-Professor für Garten-
und Landschaftsgestaltung
der Technischen Universität
München

1. Gärtnern ohne Gift?

Wenn der geneigte Leser irgend jemanden, der beruflich mit Gartenbau oder Landwirtschaft zu tun hat, fragt, ob man Garten- oder Obstbau ohne die Anwendung von Pestiziden, Insektiziden, Akariziden, Herbiziden oder wie die Hunderte von Giften alle heißen, treiben kann, so wird er immer ein glattes Nein als Antwort bekommen. Der Höflichere wird das so erklären, daß man eben nur ernten könne, was einem die Schädlinge übriglassen. Wer Höflichkeit nicht nötig hat, weil er näher an der Macht oder am Geld sitzt, wird dem Leser das wirkungsvollste Schlagwort entgegenschleudern, das je zugunsten einer Industrie gefunden wurde: Gift oder Hunger! Das soll gelten für die ganze Welt wie für den letzten Kleingarten: entweder du spritzt Gift – oder du erntest eben nichts! Noch nie in der ganzen Geschichte der Menschheit hat eine technische Meinung, die zu einer Weltanschauung gemacht worden ist, in weniger als zwanzig Jahren den gesamten Erdkreis erobert. Vor diesem Schlagwort geht jeder politisch Verantwortliche in die Knie; für jeden irgendwo Lehrenden oder Beratenden ist es eine Grunderkenntnis jedes Pflanzenbaus, so unumstößlich wie der pythagoreische Lehrsatz in der Geometrie.

Ich habe mehr als fünfzig Jahre unter Naturwissenschaftlern und naturwissenschaftlich Ausgebildeten gelebt, mit ihnen gearbeitet und gerauft: mehr als neun von zehn sind Spezialisten, die ihr Arbeitsgebiet gar nicht mehr beherrschen könnten, wenn sie sich nicht nach links und rechts abschirmen würden. Die engsten Scheuklappen haben sich Gärtner und Landwirte anschirren lassen. Sie sind unfähig, eine andere Meinung überhaupt erst einmal unvoreingenommen anzuhören. Sie dürfen um ihrer Selbsterhaltung willen meine Kartoffelstauden, meine Mohrrüben, meine Bohnen, an denen es keine Käferlarven, keine Maden, keine Läuse gibt, gar nicht anschauen, weil sonst ihr Lehrgebäude einstürzen würde.

Gegen ein so weltweit wirtschaftlich, politisch, wissenschaftlich festgefügtes Lehrgebäude wie das der heutigen Art des Pflanzenschutzes, der wirtschaftlich tragbar nur mittels der vielen von der chemischen Industrie erfundenen und bereitgestellten Gifte möglich ist, angehen zu wollen und noch dazu als einzelner Mann, das kann doch nur ein Narr. Denn die Verteidiger der unumstößlichen Lehrmeinung sind schließlich keine Dummköpfe.

Um zu beweisen, daß ich kein Narr war, als ich es zum erstenmal unternahm, als blanker Außenseiter ein solch festgefügtes Lehrgebäude umzustoßen, und um meine eigene Glaubwürdigkeit zu erhärten, muß ich hier an einen Vorgang am Vormittag des 17. Januar 1934 erinnern, dessen wirklich historische Bedeutung mir selbst erst vor kurzem bei einem Überdenken meiner eigenen Geschichte bewußt geworden ist:

Mit der Eröffnung der ersten deutschen Autobahn, der von Bonn nach Köln 1932, galt deren ödester, also lebensfeindlichster Teil als das Idealbild einer wirklich vollkommenen Autobahn: vier einander mathematisch genau gleichlaufende Gerade, die an einem möglichst fernen Horizont in einen Punkt zusammenlaufen – sonst nichts. Über Bildern dieses Autobahnstücks war gedruckt: Die Schönheit der Autobahn! In den Sportzeitungen erschienen Hymnen; alle Lehrstühle für Straßenbau, jeder Vorstand eines Straßenbauamts, alle Tiefbauunternehmer, alle Rennfahrer, ja auch fast alle gemäßigten Kraftfahrer sahen in diesen Bildern einen Wunschtraum erfüllt – auch der Münchner Straßenbauer Dr. Fritz Todt, der als Generalinspektor für das Deutsche Straßenwesen den Auftrag hatte, ganz schnell 4000 km solcher Autobahnen zu bauen. Doch gab er mir die Gelegenheit, an eben jenem Tag in den Amtsräumen des damaligen Präsidenten der Deutschen Reichsbahn, Dr. Dorpmüller, vor etwa 26 neu zu Leitern der Autobahnbauämter berufenen Reichsbahnbaudirektoren meine Ansichten über Bild und Führung von Autobahnen vorzutragen: in jeder Einzelheit das genaue Gegenteil des als allgemeingültig Angesehenen, überall statt Mathematik Landschaft, statt Technik Natur – und wider alles Erwarten bei den Angesprochenen ein Wirbel echter Begeisterung! Todt zog sofort mit – und der ganze, anscheinend so fest gefügte wissenschaftlich-technische Bau stürzte ein wie die Mauern von Jericho, aber ohne viel Posaunenschall. Todt sah mir allerdings dann ziemlich lang zu, wie ich mich im einzelnen mit meinen Gegnern abstrampelte, bis er sich die Ergebnisse zu eigen machte. Er stellte mich aber auch dem Pianisten Wilhelm Kempff nach einem Konzert so vor: „Der schwimmt so lang gegen den Strom, bis die anderen umkehren und mitschwimmen!"

Zwei Jahre später wendete ich mich als einzelner und einziger, unbekümmert um die Macht der Gegner, gegen das allzeit dumme, aber politisch und wirtschaftlich und wissenschaftlich hochgehaltene Schlagwort: „Kein Quadratfuß deutschen Bodens ohne landwirtschaftlichen Ertrag!" und verlangte die Wiederherstellung der allerorts durch den Arbeitsdienst gerodeten Feldhecken. Es fehlte sehr wenig, daß ich unter die damaligen Räder gekommen wäre – heute aber gibt es Hunderte wissenschaftlicher Arbeiten über den Nutzen der Feldhecke und es sind seit Kriegsende in der Bundesrepublik mit Millionenzuschüssen der Bundesregierung mehr als zwanzigtausend Kilometer neuer Feldhecken gepflanzt worden.

Als ich mich noch einmal zwei Jahre später vor vier- oder fünfhundert deutschen Kulturtechnikern verantworten mußte, denen ich jahrelang die Hauptschuld an der „Versteppung Deutschlands" zugeschrieben hatte, nahm ich ihnen den Wind ihres gewaltigen Zorns aus den Segeln mit dem Bekenntnis: „Ich habe von meinen hugenottischen Vorfahren die Neigung geerbt, entgegengesetzter Ansicht zu sein und mich die auch etwas kosten zu lassen." Da wußten sie, daß sie mir gar nicht soviel antun könnten, um mich zu einer Gleichschaltung zu bringen. Seither sind an den Ufern deutscher Bäche, Flüsse, Ströme, Wasserstraßen und Wasserkraftwerke, an denen bis dahin jeden Herbst alles weggeschlagen werden mußte, was ein Baum hätte werden können, neue Landschaften vollkommener Schönheit von Technikern oder zusammen mit ihnen geschaffen worden.*

---

* Wer Näheres über diese dramatischen Entwicklungen wissen will, verschaffe sich durch den Antiquariatsbuchhandel das seit 1943 vergriffene Buch ‚Im Zeitalter des Lebendigen‘ oder meinen Lebensbericht ‚Ein Leben für die Landschaft‘, der 1971 im Diederichs-Verlag neu herauskommt.

Allerdings ging es bei diesen Umstürzen um wissenschaftliche, um technische Meinungen, um altgewohnte und damit geheiligte Arbeitsweisen – hier aber, bei der Freimachung unserer Umwelt von immer mehr lebensbedrohenden Giften geht es um Geld, um sehr viel Geld, das an der Macht bleiben will. Doch auch für diese gilt ein Gesetz: jedes Kulturzeitalter erreicht seinen Höhepunkt erst, wenn es im Geheimen schon unterwandert ist von dem nächsten, das heraufkommen will und in allem und jedem das entgegengesetzte Vorzeichen trägt.

Um meinen Gegnern, Partnern und Mitarbeitern, alles Techniker und stolz auf die Erfolge der Technik, aufzuzeigen, wohin der Weg geht, baute ich ein philosophisches Bild auf; das sollte sie zwingen, genauso tief hinunterzusteigen; sie konnten keine andere zuverlässige Grundfeste finden als eben die meine.

„Alle Technik ist ein Kind des Feuers; Bringer des Feuers ist Prometheus, der Aufrührer, Bringer des Lichtes Luzifer, der gefallene Engel. Alle Technik kommt als Helfer in schwerer Lebensnot, als hellendes Licht, als wärmendes Feuer. Es ist aber ihr Gesetz, zum allesverzehrenden Brand zu werden und in diesem den Menschen samt seinen Werken zu vernichten.* Man gibt dem Teufel den kleinen Finger – er nimmt immer die ganze Hand. Man kann ihm zwei, auch drei Finger geben, aber man muß wissen, mit wem man es zu tun hat."

Die Physiker haben seither in Hiroshima bewiesen, daß sie die Macht, die Menschheit zu vernichten, bereits erlangt haben. Ebenso weit ist die Chemie gekommen, wenn sie mit einem oder zwei Behältern voll eines neuen Pflanzenschutzmittels, die irgendwo über Bord gerollt sind, in der gewaltigen Wassermasse des Rheins von Bingen bis Holland hinunter alles Leben auslöschen kann.

Daß auch in der Bundesrepublik Säuglinge sterben müssen, weil die Muttermilch, das Köstlichste, was die Natur für das junge Menschenkind geschaffen hat, schon mit Dichlordiphenyltrichloräthan (DDT) vergiftet ist, zeigt doch den Leichtsinn auf,

---

* Daß es sich wirklich um außermenschliche Kräfte handelt, mag man aus der Tatsache ersehen, daß niemand Überschallflugzeuge haben mag – gebaut werden sie trotzdem!

mit dem es gestattet wurde, die ganze Welt mit Giften zu überstäuben, deren Gefährlichkeit man erst mehr als dreißig Jahre später erkannt hat. Erst mußten Dutzende deutscher Winzer an Leberkrebs sterben, bis man merkte, daß man Arsen nicht als Schädlingsbekämpfungsmittel verwenden darf. Eben jetzt wird bekannt, daß das meistempfohlene und als besonders ungiftig gerühmte Unkrautvertilgungsmittel eines der heimtückischsten aller Gifte ist, das erst Wochen und Monate nach der längst vergessenen Vergiftung unrettbar zu einem schrecklichen Tod führt.

Selbstverständlich müssen bei uns alle diese Gifte vor ihrer amtlichen Zulassung im Tierversuch auf ihre Unschädlichkeit geprüft werden. (Eine solche Prüfung kostet 70 000 bis 100 000 Mark.) Aber was Ratten gerade noch aushalten, ist für den Menschen noch lang nicht harmlos. Er hat wirklich noch ein paar höhere Qualitäten, welche die Ratte gar nicht braucht. Von dem Diphenyl z. B., das bei uns immer noch zur Begiftung von Zitrusfrüchten zugelassen ist, weiß man, daß es durch bloße Berührung, wie sie Verkäuferinnen nicht vermeiden können, zu schwerer seelischer Erkrankung führen kann.* Einer Ratte wird das kaum zustoßen.

Ohne jahrelanges Tauziehen im Parlament, wie bei uns, hat Anfang März 1967 das italienische Gesundheitsministerium ab sofort die Herstellung von Schädlingsbekämpfungsmitteln verboten, welche die schweren Gifte Aldrin, Dieldrin, Heptachlor, Chlordan und Endrin enthalten. Da aber die Industrie für 1967 schon 5 500 000 kg Präparate im Werte von 11 Millionen Mark hergestellt hatte, wurde deren Verkauf bis zum 30. Juni 1967 noch gestattet. Im selben Herbst wurde dem Südtiroler Obstbau ein neues Mittel zur flächenhaften Vergiftung der Wühlmäuse empfohlen, Endal, das 20% Endrin und 5% Aldrin enthält! Diese besonders gefährlichen Gifte bleiben im Boden acht und zehn Jahre unverändert wirksam und steigen in jede Kultur auf, die auf ihm angebaut wird. Haben die Äpfel dann wirklich keine Reste von Aldrin und Endrin auf der Schale – dann sind diese nun im Innern – wo niemand nach ihnen fragt.

---

* Dr. med. Christian Hagen, Nürnberg

In der Bundesrepublik soll die Verwendung der vorgenannten fünf schweren Gifte zur Herstellung von Schädlingsbekämpfungsmitteln jetzt verboten werden. In Österreich wird für Aldrin fröhlich geworben, weil es die staatlichen Stickstoffwerke in Linz herstellen.

1969 hat nach Schweden, Norwegen und Holland auch die Bundesrepublik die Verwendung von DDT in der Landwirtschaft verboten. Es hatten allmählich auch Tageszeitungen gewagt, über die Vergiftung buchstäblich des ganzen Erdkreises durch DDT zu berichten. Daß der Tod des westfälischen Säuglings am DDT-Gehalt der Muttermilch bekannt wurde, ist eigentlich ein „Betriebsunfall". Über Todesfälle und schwere Erkrankungen durch „falschen" Umgang mit Schädlings- und Unkrautbekämpfungsmitteln wird geschwiegen.

Das neue deutsche Lebensmittelgesetz soll nun alle Gefahren beheben – so wenigstens wird von zuständigen Ministerien bekanntgegeben. Es ist in ihm genau festgelegt, welche Gifte und wie sie verwendet werden dürfen, wie groß der zeitliche Abstand zwischen der letzten Begiftung und der Ernte sein muß, und welche Höchstmengen von Giftresten sich außen auf den Lebensmitteln noch befinden dürfen, wenn sie in den Handel kommen. Das klingt alles ganz gut, aber es ist nicht viel mehr als Sand in unsere Augen – denn es fehlt jede Möglichkeit der Prüfung. Die zigtausend Chemiker gibt es gar nicht, die sie durchführen müßten, und sie durchzuführen in der kurzen Zeitspanne zwischen der Anlieferung der Ware am Markt und dem Beginn des Verkaufs ist unmöglich. Und eine Bestimmung, daß außen an den Lebensmitteln kein Gift zu finden sein darf, schützt uns keineswegs vor dem, was innen ist. Da haben im Frühjahr 1969 Kanada und die USA eine große Lieferung von Schweizer Käse zurückgewiesen, weil er vergiftet war. Die Schweizer haben sich schuldig bekannt; das vergiftete Futter wurde vernichtet, die Bauern wurden von den Kantonsregierungen entschädigt. Selbstverständlich hat die Schweiz auch zu uns genau den gleichen Käse geliefert – keine Prüfungsstelle hat von Gift irgend etwas bemerkt.

Seit neuestem glaubt man die große Giftwelle etwas abschwächen zu können mit dem neuen Begriff eines „integrierten"

Pflanzenschutzes. Das soll heißen, daß man nicht, wie es allgemein üblich ist, auf Vorrat spritzen läßt, sondern daß erst mit Gift vorgegangen werden soll, wenn amtliche Beobachtungsstellen das nahe Heraufkommen eines Großbefalls festgestellt und ausgerufen haben; außerdem hofft man auf eine natürliche Hilfe durch Schonung oder Begünstigung der natürlichen Feinde der Schädlinge, also etwa der Raubwanzen, Marienkäfer, Laufkäfer und ihrer Larven. Auf schönen Farbbildern wird uns gezeigt, wie eine Raubwanze eine Kartoffelkäferlarve ansticht, oder wie die Larve eines Marienkäfers unter den Blattläusen an einer Rosenknospe aufräumt. Jeder wirklich erfahrene Praktiker des Landbaus oder der Gärtnerei kann über diese Hoffnungen nur lächeln. Diese natürlichen Helfer einschließlich aller Meisen können das natürliche Gleichgewicht zwischen Schädling und Nützling nur wahren in einer Gesellschaft und Landschaft noch natürlicher Gesundheit, nicht aber in unseren künstlichen Pflanzungen, die alle auf kranken Böden stehen.

Es hat sich schon längst herumgesprochen, daß es gar nicht so wenig Leute gibt, die es verstehen, alle ihre Kulturen so gesund zu erhalten, daß sie von Schädlingen überhaupt nicht befallen werden können. Prüfen aber, ob diese Männer nicht doch etwa lügen oder sich täuschen, oder gar versuchen, mit ihnen zusammenzuarbeiten – diesen Schritt kann und darf von den Fachleuten niemand gehen aus Gründen, die ich gut verstehe.

Alle diese Unruhe und Sorge hat es bis vor etwa zehn Jahren nicht gegeben. Man nahm die zunehmende Vergiftung unserer ganzen Welt als unausweichliches Schicksal hin. Ein ungeheurer Wirbel aber entstand, als die amerikanische Biologin Rachel L. Carson, schon lange als naturwissenschaftliche Schriftstellerin hochgeachtet, in ihrem Buch ‚Silent Spring‘* die amerikanische Öffentlichkeit darüber aufklärte, unter welchen Wolken von Giften der gefährlichsten Art sie lebt und welche Zerstörungen der Lebensgleichgewichte in weiten Bereichen bereits eingetreten waren. Vier Jahre lang hatte sie mit wissenschaftlicher Sorgfalt Stoff und Tatsachen gesammelt und die völlig Ahnungslosen aufgeschreckt. Es spricht sehr für den damaligen Präsidenten

* Deutsche Ausgabe: ‚Der stumme Frühling‘, München 34.–37. Tausend 1970

John F. Kennedy, daß er das Buch selber las und sofort seinen wissenschaftlichen Beirat beauftragte, die von Frau Carson erhobenen schweren Vorwürfe zu prüfen. Sie wurde von diesen unabhängigen Wissenschaftlern glänzend gerechtfertigt und ihr hohes Lob für den erwiesenen Mut ausgesprochen.*

So schwer der Schock war – so rasch war er wieder vergessen. Einige chemische Fabriken sollen die Herstellung von Pflanzenschutzmitteln eingestellt haben, als sie erfuhren, daß Arbeiter beim Hantieren mit diesen Giften ums Leben gekommen waren. Sonst hat sich anscheinend nichts geändert. Jedenfalls geriet neuerdings so viel Gift in den Mississippi, daß in dessen Delta ein ähnlich ungeheures Fischsterben entstand wie bei uns im Rhein.

In einer unglaublich kümmerlichen, ja schäbigen Art haben die Pressestellen der deutschen chemischen Industrien auf die Warnungen der Frau Carson geantwortet. Es ist gar nicht zu verstehen, daß Unternehmen mit Milliarden von Kapital und Umsatz an so wichtigen Stellen nicht ein paar Leute von einigem geistigen Format sitzen haben. Es wurden der toten Frau Carson Eselstritte versetzt und es wurde so dummes Zeug geschrieben und gedruckt wie: „Wer sich an ‚gespritzten' Kirschen vergiften wolle, müsse sieben Zentner essen; es wäre doch viel einfacher, sich mit zwei Löffeln Kochsalz das Leben zu nehmen." Im Tageblatt eines Ortes – wo Bayern am flachsten ist, würde Ludwig Thoma sagen – wurde hämisch festgestellt, daß Rachel Carson an Krebs gestorben sei, obwohl sie Vegetarierin gewesen war. Dabei haben die Industrien wirtschaftlich gar keine Ursache zu so außergewöhnlich gehässigem Verhalten. Der Absatz von Giften steigt unentwegt, durchaus unbeeinflußt von den Warnungen der Frau Carson, einfach deshalb, weil Gift immer mehr Gift verlangt. In der Bundesrepublik wird über die Einheit landwirtschaftlich oder forstwirtschaftlich genutzter Flächen mehr Gift gesprüht als in den Vereinigten Staaten.

Bringt auch ein Aufwand von Millionen Kilogramm Gift keinen einzigen Schädling zur Strecke, so ist man bereits drauf und dran, unsere heimische Tierwelt auszurotten. Wie Rachel Carson es von

---

* Siehe Cornelis Jan Briejèr, ‚Silberne Schleier', München 1970 und Frank Graham jr., ‚Seit dem stummen Frühling', München 1971

Amerika berichtet hat, kommen auch bei uns Fasanen-, Wachtel- und Wildtaubenjunge schon verkrüppelt und gelähmt zur Welt oder schlüpfen überhaupt nicht mehr aus. Wo ist die Wunderwelt der Schmetterlinge unserer Jugendzeit geblieben? Dieselbe Todeswelle geht auch über die Regenwürmer hin, die Schöpfer und Erhalter der Fruchtbarkeit unserer Erde, auf der wir leben sollen – und niemand fällt den wissenschaftlich ebenso hoch- wie unvollkommen gebildeten Mördern in den Arm.

Solchen Vorwürfen gegenüber brüstet sich die Industrie mit dem großen Verdienst, das sie sich um die Menschheit erworben habe durch die Abtötung der Übertrager der großen Seuchen Malaria, Fleckfieber und Gelbfieber. Aber auch das ist schon wieder vorbei: es gibt neue Malaria, schlimmere als die frühere, gegen die nun die alten Mittel nichts mehr vermögen.

Zum „integrierten" Pflanzenschutz gehört auch die Hoffnung, man könne einzelne Schädlinge sich selbst ausrotten lassen nach in Amerika gelungenen Beispielen: Man hat von dem üblen Insekt zunächst einige Millionen Männchen gezüchtet, hat diese durch Röntgen- oder ähnlich wirkende Strahlen unfruchtbar gemacht und dann auf die Weibchen der Tierart losgelassen. Alle erzeugten Eier waren dann auch unfruchtbar. In einem voll erfaßbaren Landschaftsraum, in den von außen her nichts zufliegt, kommt man damit zu einem guten Erfolg. In Europa sind diese Voraussetzungen nicht gegeben. Außerdem müßte während solcher „Schlachten" jede Giftarbeit ruhen.

Die einzige bei uns bisher bekanntgewordene Anzucht und Vermehrung von Nützlingen ist die von Professor Dr. Gößwald in Würzburg erarbeitete künstliche Vermehrung der Roten Waldameise. Mit ihrer Hilfe kann man einigermaßen naturnah aufgebaute Waldungen frei von Schädlingen halten. Es wird aber anscheinend nicht viel Gebrauch von dieser Möglichkeit gemacht. (Das übliche Gegenteil: ein Forstbeamter, der durchaus weiß, wie falsch hier alles ist, muß der Begiftung eines Waldteils vom Flugzeug aus wohl oder übel zustimmen – das Gift fand sich nachher wieder in dem so geschätzten Waldhonig.)

Der Contergan-Prozeß, die Vergiftung des Rheins, der mit Muttermilch vergiftete Säugling haben die Selbstsicherheit der chemischen Industrie doch etwas erschüttert. Die Tageszeitungen werden nicht mehr so viel dummes Zeug in ihre Spalten aufnehmen, wie noch in den letzten Jahren. Da machte sich zum Beispiel in einem so honorigen Blatt wie der ‚Frankfurter Allgemeinen Zeitung‘ ein Fachwissenschaftler lustig über eine Hauswirtschaftslehrerin: sie wagte es nicht mehr, ihren Schülerinnen zu empfehlen, Säuglingen als erste pflanzliche Nahrung Karotten zu geben, seit sie wußte, daß diese im Erwerbsgartenbau mit dem schweren Gift Aldrin freigehalten werden von den Larven der Möhrenfliege – sie war in ihrem Wissen und ihrem Verantwortungsbewußtsein dem Professor weit voraus! In der Zeitschrift „Kosmos", aus der ein großer Teil der Bundesbürger seine naturwissenschaftliche Bildung schöpft, verniedlichte derselbe Chemiker alle Gefahren der Begiftung unserer Lebensmittel so sehr, daß ein Sturm der Leser eine unabhängige Darstellung erzwang. Immerhin: in äußerlich hochanständigen Fachzeitschriften sind in den Textteil Aufsätze eingeschoben, die, für den Leser unkenntlich, von der Industrie bezahlt sind, deren Erzeugnisse in diesen Aufsätzen als unumgänglich notwendig angepriesen werden.

Wie sieht denn nun die Wirklichkeit aus?

Ein Bekannter beobachtet auf dem Münchner Viktualienmarkt, dem wunderbar bunten Markt von Obst, Gemüse und Blumen im Herzen der Altstadt, folgende Szene: Eine Frau Mitte Vierzig, nicht mehr so flott und modisch hergerichtet wie einst und wie jetzt ihre Tochter, die vor einiger Zeit einen Buben bekommen hat, sondern als Großmutter wieder eine einfache Frau aus dem Volk geworden, will Karotten kaufen für das Enkelkind. Mit von Amerika her wachgewordenem Mißtrauen verlangt sie „aber ung'schpritzte!" „Freili' sans' ung'schpritzt", sagt der Verkäufer. „Wissen S', sie san für a kloans Kind!" „Aber schaun S' doch, i ko' ja gar net schpritzn!", sagt der Mann und zeigt die verbundene Rechte, die er in einer Schlinge trägt.

Lauter Lügen! Der Mann „schpritzt" überhaupt nicht; er ist schon lang kein Gärtner mehr, wie es sein Firmenschild behauptet, sondern ein Händler, und es ist ihm ganz gleich, wie seine Zulieferer die Karotten heranziehen. Er kann sogar mit gutem Gewissen behaupten, daß sie ungespritzt sind; denn Karotten werden gar nicht gespritzt, sie bekommen das Gift Aldrin auf andere Art einverleibt.

Ich halte einen Vortrag in einem Klub berufstätiger Frauen. Dort ist Aufregung: eine der Damen ist tags zuvor nach dem Genuß von holländischem Kopfsalat mit schweren Vergiftungserscheinungen ins Krankenhaus gebracht worden. Der Arzt vermutet Vergiftung durch Terpentin. Von irgendwoher taucht der merkwürdige Verdacht auf Aldrin auf, obwohl Salat nur mit anderen Giften „behandelt" wird. Es werden Proben zu einem Chemiker nach Bonn geschickt. Von dort kommt der Bescheid: an dem Salat ist kein Aldrin! In einem unabhängigeren Institut aber wird in dem Salat so viel Aldrin festgestellt, daß er als ungenießbar schon an der Grenze hätte vernichtet werden müssen. (England hatte die Einfuhr dieses Salats gesperrt.) Die Holländer konnten reinen Gewissens behaupten, daß sie diesen Salat nicht mit Aldrin behandelt hätten. Sie hatten aber im Jahr zuvor den Boden von Drahtwürmern und Werren „entseucht" mittels Aldrin, das nun neun oder zehn Jahre lang in jede Pflanze aufsteigt, die auf diesem Boden gezogen wird.

Eine meiner Bauherrinnen, gewese Kreisärztin, bekommt nach dem Ausdrücken von Zitronen zwischen den Fingern ein trockenes Ekzem. Als Ärztin weiß sie, daß das nicht von dem ätherischen Öl in der Zitronenschale verursacht ist, wie befragte Lebensmittelchemiker sofort behaupteten, sondern von dem Diphenyl, mit dem die Früchte äußerlich behandelt werden, damit sie nicht vorzeitig faulen. Sie muß die Zitronen von ihrer Zugehfrau auspressen lassen, die eine festere Haut an den Fingern hat. Seit sie in einem vornehmen Düsseldorfer Geschäft sich Zitronen kaufen kann, die nicht mit Diphenyl begiftet worden sind, bleibt das Ekzem aus.

Dieselbe Ärztin läßt ihre Schwägerin, Arztwitwe, Schwarze Johannisbeeren pflücken, des schönen Sommertags halber im Badeanzug. Nach ein paar Stunden bekommt die Ärmste eine fürchterliche Urticaria (Nesselsucht) mit großen roten Flecken am ganzen Körper. Der Gärtner hatte die Sträucher zehn Tage zuvor mit Malathion gespritzt. Malathion gehört zur Giftklasse 3, gilt also als wenig giftig. Die vorgeschriebene Wartezeit von sieben Tagen war reichlich eingehalten worden.

Zu einem Festtag im Winter werden derselben Hausfrau Erdbeeren aus dem Ausland geschickt. Sie verursachen schwere

Koliken, bedrohliche Durchfälle, auch bei ihrem Mann, der als leidenschaftlicher Jäger doch ein Roß an Widerstandsfähigkeit zu sein scheint.

Wenn also in einem einzigen ganz kleinen Haushalt, der mit vorbildlicher Sorgfalt und Kenntnis geleitet wird, innerhalb kurzer Zeit vier solcher unvorhersehbarer Vergiftungen sich ereignen, was geschieht dann in den Millionen völlig ahnungsloser Familien, in denen niemand Koliken, Durchfälle, Unwohlsein, Kopfschmerzen, Müdigkeit, ja Angstzustände zu deuten weiß?

Mein eigener Schwager will nachts eine Orange essen; weil er kein Messer zur Hand hat, beißt er einen Teil der Schale ab – eine halbe Stunde später muß er sich erbrechen. Nicht jeder hat eine so gesunde Natur, daß er das Gift Diphenyl sofort wieder ausspeit!

Von dem Diphenyl gibt es noch eine Münchner Geschichte. Eine Obsthändlerin bekommt an einer unsagbaren Stelle eine hartnäckige Furunkulose, gegen die der Arzt nichts vermag. Schließlich bringt er aber heraus, daß die Pfennigfuchserin die mit Diphenyl getränkten Einwickelpapiere der Orangen sauber geglättet und zu einem Zweck verwendet hat, zu dem andere Leute Kreppapier in Rollen benutzen.

Als es noch kein Diphenyl gab, wußten die Hamburger Importeure von spanischen Orangen doch einen Weg, um vorzeitige Fäulnis zu verhüten. Einer meiner Freunde hat einen kleinen Bauernhof in Oberbayern. Lang vor dem letzten Krieg kam er an seinem Grenzhag ins Gespräch mit einem Sommerfrischler aus Hamburg. Der erzählte, daß er seinen spanischen Anbauern Prämien bezahle, wenn sie keinen Kunstdünger verwenden; die Auslagen kommen reichlich herein dadurch, daß die Früchte auf dem weiten Weg bis Hamburg weniger faulen.

Ich spreche zufällig mit einer anderen Bauherrin über diese Dinge. Sie hat zehn Enkelkinder und erfährt nun endlich die Ursache der steten Durchfälle und der blauen Lippen bei diesen, die soviel Sorge machen. Die eine ist das Aldrin in handelsüblichen Karotten und die andere die maßlose Überdüngung des Spinats mit Stickstoffsalzen, oder, was auch noch nicht ernsthaft verboten ist, mit roher Latrine.

Als es vor sieben oder acht Jahren bekannt wurde, daß in

Münchner Krankenhäusern mehrere Bauernbuben behandelt wurden, die alle Kopfhaare verloren hatten, weil sie beim Vater auf dem Schlepper gesessen waren, als er Gift spritzte, hat sich ein großes chemisches Werk sehr bemüht, zu erfahren, wer die Buben waren, wie sie hießen, welche Ärzte sie behandelt hatten – es wurde aber ganz still, als ein Arzt mitteilen mußte, er habe einen dieser Buben behandelt; dessen Bruder habe bei derselben Gelegenheit aber nicht die Haare, sondern das Leben verloren.

Ein älterer Berufsgärtner schrieb mir einen Dankbrief dafür, daß ich ihn mit meiner Fibel vor dem Untergang gerettet habe. Er schrieb dazu, er komme eben aus dem Krankenhaus, wo ein Kamerad mit schwerer Leberkrankheit liege, die er sich beim Ausspritzen eines Unkrautbekämpfungsmittels zugezogen habe.

Es kommen mir eben die Mitteilungen des Sierra-Clubs in Berkeley vom April 1966 vor die Augen. Da steht: „Dr. Macolm M. Hargraves von der Mayoklinik erklärte im März vor der kalifornischen Ärztegesellschaft, er glaube, daß Todesfälle durch Schädlingsbekämpfungsgifte die durch Verkehrsunfälle verursachten weit übersteigen. Eines von Dr. Hargraves Beispielen: ein Mann, der drei Wochen lang jeden Abend sein Zelt mit einer Zerstäuberdose aussprühte, starb innerhalb eines Jahres an akuter Leukämie."

Dieselben Mittel sind bei uns warnungslos im Gebrauch. Versuche, sie zu verbieten, scheitern an den Prozessen, welche die Hersteller wegen „Geschäftsschädigung" sofort androhen. Die Erscheinungen der mehr oder minder schweren Vergiftungen sind so unklar und die Zahl der als Ursachen möglichen Gifte so groß, daß der Arzt kaum eine einigermaßen zutreffende Diagnose stellen kann. Dazu hindert ihn sein Standesbewußtsein daran, sich neuer Möglichkeiten zu bedienen, wie der Elektro-Akupunktur, mit der man ganz rasch und genau das verursachende Gift feststellt, und der Homöopathie, mittels welcher man die Heilung sofort einleiten kann* – beides liegt außerhalb der Schulmedizin.

---

* Dr. med. Christian Hagen, Nürnberg

Seit neuestem kann man erfahren, daß Wollteppiche einheimischer wie ausländischer Fertigung nicht mehr mittels Eulan, einem verhältnismäßig harmlosen Sulfonamid, gegen Motten gesichert sind, sondern mit Dieldrin, einem der fünf ganz besonders giftigen gechlorten Kohlenwasserstoffe, die aus dem Gartenbau fernzuhalten sich Gesundheits- wie Landwirtschaftsministerien seit langem vergeblich bemühen. Mit der Nase auf dem Boden krabbeln auf diesen vergifteten Teppichen die Jüngsten herum, die am wenigsten Widerstandskraft gegen Gifte haben.

Cornelis Jan Briejèr, lange Jahre Leiter des niederländischen Pflanzenschutzdienstes, hat in seinem Buch ‚Silberne Schleier‘ anhand unwiderlegbarer Zahlen nachgewiesen, daß unsere Lebensmittelgesetze keinen Schutz davor bieten, daß nicht so gut wie alles, was uns als Nahrung angeboten wird, gifthaltig ist. Professoren amerikanischer Universitäten berichten immer wieder, wie tödlich giftig Schädlingsbekämpfungs- und Unkrautvertilgungsmittel sind, wenn mit ihnen anders umgegangen wird als die Gebrauchsanweisungen vorschreiben. Die sind auf den Packungen immer kleingedruckt, niemand liest sie – die Zahl der Toten aber ist geheim. Der Heidelberger Toxikologe Professor Dr. Eichholtz hat Mitte der fünfziger Jahre bestürzend hohe Zahlen aus deutschen Gebieten genannt.

Briejèr sieht eine ganz besonders schwere Gefahr für uns alle darin, daß mit steigender Geschwindigkeit von allen Schädlingen Rassen heranwachsen, denen auch schwerste Gifte nichts anhaben können.

Wie notwendig, ja unerläßlich es ist, daß auch die Getreidebauern ohne Gift zu wirtschaften lernen, zeigte ein Vorkommnis im Jahre 1970 auf. Gegen eine Anzahl Mühlenbesitzer war Strafanzeige erstattet worden, weil das von ihnen erzeugte Mehl einen viel höheren Gehalt an Lindan (Hexachlorcyclohexan) aufwies als nach dem Lebensmittelschutzgesetz erlaubt ist. Einige dieser Verfahren wurden bald niedergeschlagen, weil die Müller nachweisen konnten, daß das Lindan aus dem Weizen stammte, in den es als Saatgut-Beizmittel geraten war. Es wurde vorgeschlagen, die verschiedenen Weizen-Anlieferungen so zu mischen, daß das Mittel an Gift das zulässige Maß nicht überschreitet . . . es ist also praktisch alles Mehl nicht nur be-, sondern vergiftet!

Das ist nur ein winziger Ausschnitt aus der Gesamtlage. Ärzte, die den Schlüssel gefunden haben, bei solchen Erkrankungen das Gift zu erkennen, das sie verursacht hat, und auf dem hier allein möglichen homöopathischen Weg eine rasche Heilung zu erreichen, berichten über geradezu unheimliche Krankheiten, die bis weit in das Seelische hineingreifen und schon durch bloßes Berühren von begiftetem Obst verursacht werden.

Nun aber noch eine Geschichte aus ganz neuer Zeit, die mindestens den Altbayern viel mehr erschüttern wird als Nachrichten über vergiftete Karotten und Spinat. Denn wenn er es sich wirtschaftlich leisten kann, ißt er sowieso zum Fleisch nicht mehr Gemüs' als andere Leute weiter nördlich Senf.

In der Handschriftenabteilung der Bayerischen Staatsbibliothek liegt ein Erlaß der bairischen Herzöge Wilhelm IV. und Ludwig X. vom 24. April 1516, laut welchem in ihren Landen Bier nur aus den drei reinen Grundstoffen Gerste, Hopfen und Wasser hergestellt werden durfte. Die bayrischen Bierbrauer sind stolz darauf, daß sie dieses Reinheitsgebot über mehr als 450 Jahre hinweg getreulich befolgt haben, und wehren sich mit aller wirtschaftlichen und politischen Macht dagegen, daß minder reines, also minder gutes Bier nach Bayern eingeführt wird.

Jetzt aber sieht es mit der Reinheit nicht mehr so gut aus. Ein sehr hoher bayrischer Beamter erzählte folgende Geschichte:

Er hatte dienstlich in der Hallertau zu tun, dem berühmten Anbaugebiet bayrischen Hopfens, und konnte zusehen, wie zum letzten Mal vor dem „Zupfen" der Dolden, also der Ernte, Gift auf den Hopfen gespritzt wurde unter der genauen Aufsicht eines nicht so hoch eingestuften Beamten. Es entwickelte sich zwischen dem „Ober" und dem „Unter" folgendes Zwiegespräch: „Was wird jetzt mit dem Gift auf dem Hopfen? „Wenn's rengt, wird's abg'wasch'n!" „Und wenn's net rengt?" „Já mei', dann kommt's halt ins Bier!" (Ein anderer Mann erzählte mir weiter, daß die Bauern aus blanker Verzweiflung nach dieser „offiziellen" Spritzung noch einmal heimlich bei Nacht mit Gift über ihren Hopfen hergehen.)

In meinem Lebensbereich hier hoch über dem Ammersee kommen Gifte nicht aus der Grünlandwirtschaft und nicht aus dem Waldbau, sondern nur aus den Ställen und von Obst und Gemüse, die von außen her angeliefert werden. Trotzdem stellt unsere Ärztin eine starke Zunahme von Allergien (Überempfindlichkeiten) fest, und zwar so heftigen, daß die Leute wegen ganz gewöhnlicher Mückenstiche ärztliche Hilfe aufsuchen müssen. Wenn immer noch von den Männern, die Lebensmittelgesetze machen, behauptet – oder besser gesagt angenommen – wird, daß so winzige Giftmengen, wie sie als Reste zugelassen werden, gesundheitlich harmlos seien, so ist das einfach ein Schmarr'n (um mich bairisch deutlich auszudrücken). Niemand kann wissen, ob sich nicht die ganz verschiedenen Gifte gegenseitig steigern; ein Homöopath aber weiß sehr genau, welch starke Wirkungen gerade von allerfeinst verteilten Substanzen ausgehen können. Das merkt sogar jeder einfache Heufieberkranke. Ich erlebe nun mehr als sechzig Jahre lang in jedem Juni, wenn er nicht völlig verregnet ist, welche winzigen Mengen eines unerkannt gebliebenen Staubs einen wochenlang um Lebens- und Arbeitsfreude bringen können.

Jeder Techniker unter meinen Freunden oder Gegnern ist sich bewußt, daß Technik sich unentwegt fortentwickelt, daß das, was vor einem Dutzend Jahren ein Gipfelpunkt zu sein schien, heute schon wieder ein alter Hut ist. Nicht so der Naturwissenschaftler: allzu viele glauben, mit ihnen habe nun die Wissenschaft ihren endgültigen Höhepunkt erreicht. Als ich mich vor gut dreißig Jahren mit aller Schärfe gegen die Verstänkerung unserer Lebensräume durch die großflächige Verregnung ungeklärter städtischer Abwässer wehrte, wurde mir von einer anderen Hochschule her die gesamte damalige Wissenschaft von der Ernährung der Pflanze entgegengeschleudert – heute sind das Ammenmärchen! Aber vorher wurden noch allen unseren Warnungen zum Trotz in Bayern allein mindestens zwölf Millionen Mark in solche Verregnungsanlagen gesteckt, die nach wenigen Jahren aufgelassen werden mußten. Dafür laufen die Abwässer der Stadt Memmingen nun vollkommen ungereinigt und ungeklärt in die Iller, weil man der Stadt nicht zumuten kann, noch einmal Millionen für eine echte Reinigungsanlage auszugeben. (Der Blamierte ist hier jener Oberlandwirtschaftsrat, der kurz vor dem Zusammenbruch in der zuständigen Fachzeitschrift den wunderbaren landwirtschaftlichen Erfolg der Anlage gerühmt hat.) Es gilt hier ein für allemal ein Ausspruch des Philosophen Carl Jaspers: „Wissenschaft ist grundsätzlich für immer unfertig!"

Den so einfachen Weg aus all diesen Nöten, das Gärtnern, den Obstbau, die Landwirtschaft ohne Gift aufzuzeigen, ist vorläufig nur in diesem Büchlein und wenigen anderen Schriften möglich. Das gärtnerische und das landwirtschaftliche Schriftwesen und auch die Tageszeitungen können darüber kaum etwas verlauten lassen. (Als vor Jahren die ‚Deutsche Bauernzeitung' einen ganz kurzen Hinweis von mir auf den besonderen Wert von Kompost brachte, wurden ihr für Monate alle Anzeigen der chemischen Industrie gesperrt.) Leider wird auch heute noch, gerade in den Kleingärten, oft sinnlos mit Gift gesprüht und gestäubt. Wenn einer sich ausschließt, dann spritzen es ihm die Nachbarn herüber, weil ihnen vorgelogen wird, von dem unbegifteten Garten aus würden die ihren verseucht. Sogar im Lebensmittelgesetz ist der Zwang vorbehalten, Kulturen auch gegen den Willen der Besitzer durch Polizei begiften zu lassen.

2. Werden und Werkstatt

Ein höherer deutscher Beamter hat einen Mann im Ausland, der allzu begeistert von meiner Fibel war, gewarnt: ich sei weder Biologe noch Landwirt, also nicht zuständig. Ich habe also nach seiner Meinung nicht die vorgeschriebenen Scheuklappen, die mich doch gehindert hätten, einen neuen Weg überhaupt zu sehen. Das wäre mir noch mehr unmöglich gewesen, besäße ich irgendeine Ausbildung als Gärtner. Ich bin, der geneigte Leser möge nicht erschrecken, gelernter Maurer, studierter Architekt und noch verschiedenes, aber vom Vater her mit einer offenbar unüberwindbaren Leidenschaft zum Gärtnern belastet. Der wuchs noch als ältester von vier Brüdern auf einem Bauernhof auf, den der Jüngste erben sollte; er wurde deshalb vor mehr als hundert Jahren Zimmermann, dann Bautechniker und schließlich 1888 Baumeister in München. Er war ein Obstnarr, pflanzte überall erst seinen Freunden, dann in seine eigenen Gärten Obstbäume, lauter hochfeine Sorten, mit denen er auf schlechtem Boden und in rauhem Klima Kummer genug hatte. Nach bäuerlicher Art spannte er seine drei Buben viel zu früh in die harte Mitarbeit auf den Gemüsebeeten ein (das ist heute noch nicht anders: im Herbst 1966 holte die Frau des Pächters meiner Wiese drei Tage vor ihrer Niederkunft noch Grünfutter; der vierjährige Bub fuhr den Schlepper langsam nebenher!), so daß wir für dreißig Jahre genug hatten. Wir haben Stachelbeeren, Kohlrabi und Bohnen – großfrüchtige Erdbeeren gab es damals noch nicht – umso mehr gehaßt, weil die Beeren grün gepflückt werden mußten, die Bohnen für den Winter eingesalzen wurden, und die Mutter alles Gemüse auf preußische Art mit Mehlpapp kochte; wir waren sehr froh, als sie schließlich von ihrem Dienstmädchen bairisch kochen lernte: Grießschmarren, Dampfnudeln, Apfelstrudel und so!

Mit zehn Jahren habe ich gewußt, daß ich Architekt werden würde, und hatte zugleich das große Glück, schon in der ersten

Lateinklasse einen so guten Naturkundelehrer zu bekommen, daß ich sofort zu einem ganz selbständigen Botaniker geworden bin. Ich lernte die Pflanzenwelt des Isartals, der westlichen und nördlichen Eichenwälder, des Dachauer Mooses genau kennen und ließ mein gärtnerisches Erbgut sich nur an Nutzlosem ausleben. Als ich einmal von irgendwo draußen eine anscheinend ganz seltene Pflanze mitbrachte mit dicken Blättern und einer Menge Wurzeln, die aussahen wie schwarze Rettiche (Sedum telephium maximum, die Große Fetthenne), und für sie um einen Platz in des Vaters Garten bat, meinte er mitleidig, das sei eine brotlose Kunst. Es war natürlich auch brotlos, feststellen zu wollen, wie groß Sonnenblumen werden, wenn man sie in ganz kleine Blechdosen sät, gar nicht so brotlos aber, als er viel später einen Nußbaum, den ich zunächst im Topf herangezogen hatte, zu meinem Leidwesen bei einem Bauern gegen eine Fuhre Mist eintauschen konnte.

1913 habe ich mein erstes durchaus nutzloses Staudenbeet gepflanzt. Mit Eßbarem habe ich mich nur die paar Monate 1914 und 1915 beschäftigt, die ich mich als Gärtner auf ein Schloßgut am Ammersee verdingt hatte, um die Zeit bis zu meiner Einberufung als Pionier nicht in der Stadt zubringen zu müssen.

1920 baute ich in Riederau am Ammersee neben einem kleinen Atelierhaus meinen ersten richtigen Staudengarten mit Treppen, Trockenmauern und einem aufgestauten Bach. 1923/24 stieg ich beim Bau eines großen Gutshofs in Oberbayern sehr tief in die voralpenländische Landwirtschaft hinein. 1925 baute ich für eine rheinische Bildhauerin in München im Schatten alter Linden und Eschen ein Haus und zu ihm einen großen kostbaren Staudengarten. Weil bei diesem Bau der Bauunternehmer robuster war als ich, ging mir ein guter Teil des sorgfältig beiseite gesetzten Mutterbodens verloren. Ich mußte die Flächen schließlich ziemlich hoch mit grobsandig-kiesig-lehmigem totem Unterboden auffüllen. Das hatte jedoch nicht viel geschadet. Denn nach den Ratschlägen des Landwirts, mit dem ich so lang gearbeitet hatte, und denen der Bayerischen Landesanstalt für Pflanzenbau und Pflanzenschutz brachte ich diesen Boden durch eine starke Kalkung, durch Stallmist und durch die mir geratenen Mengen von schwefelsaurem Ammoniak, von Thomasmehl und vierzigpro-

zentigem Kalisalz wunderbar in Schwung. Als fünf Jahre später
der Garten in schönstem Glanz stand, machte es einer der sogenannten Zufälle, die von sich aus mein Leben immer wieder in die
jeweils notwendige Richtung gelenkt haben, möglich, Haus und
Garten zum halben Preis zu erwerben; der Kaufpreis stürzte
meine Frau und mich immer noch in fürchterliche Schulden. Sobald wir eingezogen waren, mußte ich dazu noch feststellen, daß
der schöne Glanz des Gartens eine Scheinblüte gewesen war; er
fiel uns geradezu unter den Händen in den früheren rohen Zustand zurück.

Ich hatte mich schon ein paar Jahre vorher mit dem damals
besten Kopf der Bayerischen Landesanstalt für Pflanzenbau und
Pflanzenschutz angefreundet, Dr. Erhart Hiltner, dem Sohn des
Begründers der Anstalt. Er war der erste Wissenschaftler, der die
Wichtigkeit des Taus für das Pflanzenleben entdeckt und Arbeitsweisen gefunden hatte, ihn auch zu messen. Dem sagte ich: Was
aus einem Garten wird, den man nach euren Rezepten aufbaut,
das habe ich jetzt gesehen. Ich will aber nicht einen, in den ich
jedes Jahr von neuem soundso viel Kalk, soundso viel Kalisalz
und Ammonsulfat und Thomasmehl hineingeben muß. Ich will
einen, in dem meine Stauden von selber gedeihen, so wie sie
draußen in der Angerlohe oder im Isartal auch von selber wachsen, ohne daß man ständig irgend etwas dazugeben muß. Ich
mache es jetzt genau umgekehrt und will schauen, was dabei
herauskommt!

Ich wollte statt aller technisch-künstlichen Zutaten in meinen
neuen Garten nur noch „natürliche" bringen und verstand darunter den aus Gartenabfällen in üblicher Art hergestellten
Kompost.

Das war also die „entgegengesetzte Ansicht" und die Bereit-
schaft, für sie auch zu bezahlen, wenn sie zu einem Mißerfolg
führen sollte. Ich baute den Garten um, bereicherte ihn sehr,
räumte den Schlamm aus dem Seerosenbecken und baute aus
allem Abfall mit viel Kalk eine große Burg in der Meinung, das
wäre nun Kompost. Wäre ich dabei geblieben, dann hätte ich
allerdings bezahlen müssen; denn das Ganze wäre unweiger-
lich schiefgegangen. Ich mußte noch etwas Unbekanntes dazu-
lernen.

Wieder führte mich ein sogenannter Zufall genau zu dieser Zeit mit ein paar Berufskollegen zusammen, von denen ich als tüchtigen und zuverlässigen Fachleuten schon gehört hatte. Die vertraten in ihrer Arbeit die damals noch neue „biologisch-dynamische" Wirtschaftsweise; was ich über diese bis dahin gelesen hatte, war mir als völlig undiskutabler Unsinn erschienen. Jetzt mußte ich erkennen, daß nicht nur Erfahrung und Wissen, sondern Weisheit dahinterstand, und bekam von dem Heilpflanzengärtner der Weleda-Gesellschaft in Schwäbisch Gmünd gezeigt, wie ein richtiger Komposthaufen aufgesetzt werden muß. Da trug ich meine Burg wieder ab, baute daraus Komposthaufen dieser neuen Art und wartete, wie das weitergehen würde.

3. Die alten Wege – und der neue

Als Landbau anfing aus einem gottgewollten Beruf zu einem auf Gewinn angelegten landwirtschaftlichen Betrieb zu werden, da versuchten Chemiker in Frankreich und in Deutschland das Geheimnis der Ernährung der Pflanzen zu ergründen. Sogar Alexander von Humboldt hat sich schon um 1800 mit den mineralischen Substanzen in der Pflanze und deren Herkunft befaßt. Der damalige führende Mann der norddeutschen Landwirtschaft, der Berliner Arzt Albrecht von Thaer, Professor der Landwirtschaftswissenschaften an der Berliner Universität und Besitzer eines eigenen Gutes, hielt jedoch jene dunkelgefärbten Substanzen im Boden, die aus dem eingepflügten Stallmist und den Wurzelresten der abgeernteten Pflanzen entstehen und die er „Humus" nannte, für die eigentlichen Träger der Fruchtbarkeit der Erde. Er stellte fest, daß die Kohlensäure, die beim Abbau dieses Humus entsteht, auf das Pflanzenwachstum anregend wirkt, und erkannte bereits die Bedeutung der Ton-Humus-Komplexe. Diese Erkenntnisse gingen aber wieder verloren, als die Chemiker ihre Theorien weiter ausbauten.

Nachdem eine Anzahl französischer und deutscher Wissenschaftler für die Düngung der Kulturpflanzen Mineralstoffe vorgeschlagen hatte, machte sich der Münchner Chemiker Justus von Liebig diese Anschauungen zu eigen, baute sie aus, lehnte Stalldünger und Fruchtwechsel ausdrücklich ab und ging schließlich vor hundert Jahren als angeblicher Begründer der Mineralstofftheorie, also der „künstlichen" Düngung mit Mineralsalzen, in die Geschichte der Landwirtschaftswissenschaft ein[*]. Als er zu Erfolgen kam, rühmte er sich als ein Mann, der nie etwas mit Landwirtschaft zu tun gehabt habe, diese von Grund auf umgestürzt zu haben; als er alt und weise geworden war, machte er sich den Vorwurf, er habe sich an Gott versündigt. Zur unum-

[*] Prof. Dr. h. c. Trénel in ‚Organischer Landbau‘, 1966

stößlichen Schulwissenschaft konnte seine Lehre erst werden, als neue Industrien diese Mineralsalze, vor allem Verbindungen von Stickstoff, von Kali und Phosphorsäure, in größten Mengen herzustellen wußten. Sie verstanden es, mit der aufkommenden gewaltigen wirtschaftlichen Macht diese innerlich schon brüchig gewordene „Wissenschaft" als allein gültig, ja als allein erlaubt zu zementieren.

Diesen Weg war ich bisher, meinen Beratern folgend, mitgegangen. Das Wesen des genau Entgegengesetzten, den ich nun gehen wollte – auf meine Kosten – kann ich heute an einem Bild erläutern, dessen Wurzeln bis in die einsamen botanischen Wanderungen meiner frühesten Schuljahre zurückgehen.

Da steht draußen auf steinigem kalkreichem Lehmboden am Rand eines der alten Wälder von Eichen, Linden und Hainbuchen in jener Gesellschaft von Haselbüschen, von Feldahorn, Weißdorn, Schlehdorn, Wildrosen und Hartriegel, zu der er von Natur aus gehört, ein Holzapfelbaum. Nur da kann er fröhlich gedeihen, nie aber an oder gar in Buchenwäldern oder Fichtenforsten. So erfüllt die Natur selbst die erste Voraussetzung zu gesundem Gedeihen: das richtige Klima, den richtigen Boden, die richtige Umwelt. Dort ernährt sich der Apfelbaum von dem, was im Herbst zu Boden fällt an Laub, an Zweigen und Früchten der Bäume und Sträucher, an Gras und Kräutern der Bodendecke. Das bringen Bakterien und Pilze zum Verrotten, verwandelt eine ungeheuer reiche Welt kleiner und kleinster tierischer und pflanzlicher Lebewesen in Waldhumus, der als das Urbild lebendigster Muttererde angesehen wird. Was der Baum außer dieser von oben gefallenen und der unter seinem Schirm gewachsenen „organischen" Nahrung an mineralischen Zusätzen noch braucht: Kalk, Kali, Phosphorsäure, bringen ihm Regenwürmer aus dem lehmigen Unterboden herauf. In unendlich verwickelter, ineinandergreifender Zusammenarbeit machen die Milliarden von Lebewesen, das „Edaphon", wie das Bodenleben in seiner Gesamtheit wissenschaftlich genannt wird, aus all diesen Rohstoffen jene chemisch und biologisch vollkommene Nährlösung, welche der Apfelbaum durch die feinen Härchen hinter den Spitzen seiner Wurzeln aufnimmt und aus der er neue Blätter aufbaut, Blüten, Zweige und Holzäpfel, und heranwächst bis zu zehn Metern

Höhe, ohne daß er menschlicher Pflege oder Fürsorge irgendwelcher Art bedürfte. Niemand gibt ihm Stickstoff-, Kali-, Phosphorsäuresalze – und er verlangt auch nicht nach ihnen.

Unser Wirtschafts- oder Tafelapfelbaum aber, wie er auch heißen mag, kommt mit so spartanisch einfacher, wenn auch offensichtlich sehr gesunder Ernährung nicht aus. Er soll ja große fleischige Früchte liefern, nicht bloß so kleine herbe Holzäpfel, an denen die Kerne das Wichtigste sind; denn die sollen die Art erhalten und haben das auch über Millionen Jahre hin getan. Wir können die größere Masse an Nahrung, die der Kulturapfel nun einmal braucht, nicht dadurch schaffen, daß wir über seinen Wurzelraum statt der einen natürlichen Schicht aus oben noch unzersetzter „Streu", darunter halb- und ganz verrottetem „Mull" und ganz unten dem „Humus", den die Regenwürmer an Ton gebunden haben, etwa zehn solcher Schichten übereinander bauen. Darunter würde der Baum ersticken. Wir müssen sie daneben oder irgendwo abseits aufschichten, am besten im Frühjahr, und bringen im Herbst das Endergebnis – fertigen, reifen Kompost – über die Wurzeln des Baumes zurück. Da haben wir durch nichts als Nachbildung der Natur, aber Verstärkung des von ihr gegebenen Vorbilds, den Kompost „neuer Art".

Der unterscheidet sich von dem, was man bisher gemeinhin als Kompost bezeichnet hat, dadurch, daß er nur aus denselben „natürlichen" Stoffen zusammengesetzt* ist, mit denen die Natur selber arbeitet, und daß der Haufen, in dem er entsteht, nach deren Gesetzen aufgebaut wurde.

Mit Vierzig habe ich angefangen Kompost zu machen; jetzt nach abermals vierzig Jahren glaube ich die Kunst zu beherrschen, ihn mit geringstem Aufwand an körperlicher Arbeit geradezu elegant herzustellen. Erst in den allerletzten Jahren habe ich die Kräfte, die hier im Geheimen wirken, voll erkannt und kann jetzt erst das alles so klar und einfach darstellen, wie ich es hier versucht habe. Aber der Weg zum ganz Einfachen ist nun einmal weit, steinig und dornig; erst wenn etwas so grundlegend Neues ganz einfach geworden ist, ist es auch richtig und fertig.

---

* Das Wort „Kompost" kommt von dem lateinischen „compositum"; das bedeutet „das Zusammengesetzte".

Wie man solche Komposthaufen aufbaut, wußten vor 1930 nur die Leute der biologisch-dynamischen Wirtschaftsweise. Sie hatten die Angaben 1924 von Dr. Rudolf Steiner, dem Begründer der Anthroposophie, bekommen und waren sich über deren tieferen Sinn durchaus noch nicht im klaren. Die Haufen sollten bestehen aus einer möglichst innigen Mischung pflanzlicher Abfälle mit etwas lehmiger Erde, mit ganz wenig Kalk und mit Stalljauche als Träger von tierischem Stickstoff. Erst der Chemiker Franz Dreidax hat das alles in die Sprache der üblichen Naturwissenschaft übersetzt. Da ich in der Stadt keine Stalljauche bekommen konnte, habe ich an deren Stelle von vornherein Hornmehl verwendet – mit bestem Erfolg.

Mit solcher Schonkost, die sich von der früheren sehr unterschied, habe ich nun meinen wesentlich vergrößerten und bereicherten Staudengarten gefüttert. Es war wirklich eine Schonkost, weil diese Pflanzen ja alle magenkrank waren. Die Pflanze hat ihren Magen außerhalb ihrer selbst im Erdreich, in das sie zur Aufnahme der Nahrung ihre Wurzeln genauso hineinsendet wie Tier und Mensch die Darmzotten in den vorbeigetriebenen Speisebrei. Der Magen aber war krank; denn er bestand vorwiegend aus totem Unterboden, der erst allmählich durch den Kompost selbst lebendig werden sollte. Es gehörte Mut und Geduld dazu, diese Art Düngung eines Gartens durchzuhalten, denn der sah sehr mäßig aus und es war gut, daß mich in den Notjahren 1931 bis 1933 kaum Bauherren besuchten; sie hätten berechtigte Zweifel an meinem gärtnerischen Können bekommen müssen.

Das änderte sich, als ausreichend Kompost gegeben werden konnte. Die Beete sehen mit einemmal frisch aus, gesund und blütenreich.

Ich konnte mir das nicht selber einbilden; denn der Garten geriet nun jahrelang unter die kritischen Blicke der erfahrensten deutschen Gartenarchitekten. Es war mir 1934 die landschaftliche Beratung beim Bau der Reichsautobahnen aufgetragen worden; ich hatte mir dazu als Helfer und Mitarbeiter für den großen Raum zwischen Königsberg in Preußen, Berchtesgaden, Köln und Hamburg die besten deutschen Gartenarchitekten als Mitarbeiter geholt. Das aber waren nur Gärtner, die noch nie neue Landschaft geschaffen hatten. Wie sinnvoll war es nun auf einmal, daß ich kein Gärtner war, sondern von der heimischen Landschaft her kam. Sie alle sehr rasch umzuschulen in ein ganz neues Denken war nicht einfach. Jedenfalls gibt es in Deutschland den Begriff „Landschaftsarchitekt" erst seit dieser Zeit. Mit um so kritischeren Augen wurde mein Garten als der eines gärtnerisch ungeschulten Außenseiters betrachtet. Da stellte nun der berühmte Staudenkenner Camillo Schneider fest, daß er in Berlin so leuchtende Farben von Phlox nicht herbringe; wahrscheinlich komme das daher, daß er in einer Seehöhe von 35 Metern arbeite, mein Garten aber 535 Meter hoch liege. Dem entgegnete der Kemptener Friedrich Heiler, daß er in 835 Metern Höhe arbeite, aber diese leuchtenden Farben auch dort nicht kenne. Also müsse der Unterschied in dem liegen, was es sowohl in Berlin wie in Kempten nicht gebe, aber eben in München, und das war allein der Kompost. Die Schonkost hatte den Garten ganz besonders reich, gesund und farbenfroh gemacht.

Unvergeßlich geblieben ist mir, wie ein mir bis dahin unbekannter Wissenschaftler feststellte, daß in meinem Staudengarten etwas ganz Besonderes los sein mußte. Der Kustos des Botanischen Gartens in Nymphenburg, Professor Dr. Kupper, ein Schweizer, hatte den Auftrag bekommen, ein Urteil über meinen Garten abzugeben. Er war kaum fünf Schritte in den Vorgarten hereingekommen, als er stehenblieb und ausrief: „Was ist denn hier los? Das ist ja alles doppelt so groß wie bei uns in Nymphenburg!" Er zeigte auf eine starke Pflanze der einheimischen Haselwurz (Asarum europaeum). Als Wildpflanze in guter Buchenwalderde hat sie fünf bis acht nierenförmige sattgrüne Blätter – Laien halten sie immer für Blätter von Alpenveilchen – in einer klaren Ebene. Professor Kupper machte mich nun darauf aufmerksam, daß die Blätter meiner Haselwurzpflanze in nicht weniger als fünf solchen Ebenen übereinander lagen und trotzdem die untersten, die in tiefem Schatten standen, genau so dunkelgrün waren wie die obersten. Es drückte sich da also eine viel stärkere Lebenskraft aus, als man sie von dieser Pflanzenart sonst kennt.

Noch etwas anderes und sehr Wichtiges lernte ich gleich in den ersten Jahren im selben Garten. Ich hatte 1925 aus dem Garten, den ich 1920 am Ammersee gebaut hatte, alte Stauden des einheimischen Waldgeißbarts (Aruncus silvester) mitgenommen und sie auf die Ostseite des Hauses gepflanzt, wo sie im Halbschatten großer Bäume standen wie in der freien Natur. Im Gegensatz aber zu ihrem gesunden Gedeihen am Ammersee wurden sie nun von den Larven einer Blattwespe befallen, die in jedem Jahr mindestens drei Generationen erzeugte, so daß die Pflanzen schließlich statt der Blätter nur noch deren Rippen hatten. Die damals üblichen Gifte taten keine Wirkung. Ich prüfte genau den Unterschied zwischen dem alten Standort in Riederau und dem neuen und fand einen: die Beschattung war genau dieselbe, aber die Pflanzen in München standen unter einem breiten Dachgesims, also trockener. Der Schaden wurde behoben durch ein paar Kannen Wasser; die Blattwespenlarven verschwanden – aber nicht ganz. Immer waren aus den Blättern ein paar kleine Quadrate herausgefressen; die Blattwespe war da, aber sie konnte der nun gesunden Pflanze nicht viel anhaben. Sie wartete darauf, daß ihre Stunde käme, und die wäre dagewesen in dem Augenblick, in dem ich das Gießen vergessen hätte. Der Schädling konnte also die Pflanze nur befallen, wenn sie krank war. Hätte ich die Ursache nicht gefunden, dann hätte ich mit den Giften, die allmählich in den Handel kamen, die neunundzwanzig Jahre, die ich in dem Garten wohnte, ununterbrochen gesprüht oder gestäubt, hätte immer nur eine äußere Erscheinung der Krankheit bekämpft, damit aber sie selber nie ausheilen können.

So etwas wird dem geneigten Leser leicht klar werden, wenn ich ein Beispiel aus dem menschlichen Leben hier heranziehe:

Ein Mensch (ich bin es selber gewesen) hat immer wieder schwere Neuralgien, jene heftigen stoßweisen Nervenschmerzen, die etwa durch die Ohrmuschel hindurch in den Hinterkopf ausstrahlen oder, noch schlimmer, als Trigeminus-Neuralgie sich über das Gesicht ziehen. Die Schmerzen sind so unerträglich, daß der Betroffene schmerzlindernde Tabletten nehmen muß, von denen ja jede Apotheke so viel verschiedene Arten bereithält wie die Drogisten giftige Pflanzenschutzmittel. Der Mensch kann jahrelang solche Tabletten schlucken, ohne daß sich an dem Zustand irgend etwas ändert. Erst wenn er das Glück hat, an den richtigen Arzt zu kommen, der ihm den Kopf in seine Armbeuge nimmt und mit einem Ruck – einem gekonnten Ruck natürlich – die

Halswirbel zurechtrückt, die sich gegeneinander verschoben hatten, ist er alle Schmerzen los, ist er wirklich gesund geworden.

Von daher stammt meine Erkenntnis, daß der sogenannte Schädling eine Zweiterscheinung ist, daß er nur die Pflanze befällt, die aus irgend einem Grund anfällig oder widerstandslos geworden ist. Wie man sie widerstandsfähig macht, das wurde noch im selben Garten gefunden – nicht durch Suchen. Es ergab sich von selbst, nach einer alten, immer wieder bewährten Lebenserfahrung: wer in einer schwierigen Aufgabe uneigennützig nach der Lösung sucht und, mehr oder minder ahnungslos, die ersten Schritte richtig gemacht hat, dem strömen immerzu Hilfen zu von Seiten und Leuten, von denen er sie nie vermutet hätte.

Das wunderschöne Gedeihen der großen Staudenbeete ließ allmählich die Lust aufkommen, die neue Art der Düngung auch an Gemüsen zu versuchen. Mit meinem Nachbarn teilte ich mich in ein Grenzstück, auf dem ein Schuppen stand. Der wurde abgebrochen, der Schutt bis auf den Schottergrund abgeräumt und die Fläche mit gelbem, steinig-lehmigem Boden von einer Straßenbaustelle aufgefüllt. Dann wurde über die einheitliche Fläche der Zaun gezogen; ich wirtschaftete mit Kompost, der Nachbar mit Stallmist. Als der in den späteren Jahren ausging, war der Boden drüben immer noch gelb und roh, der meine dunkler Gartenboden. Auf meinem wuchs Gemüse, jenseits des Zauns nur Unkraut. Kompost machte also den rohen Unterboden schneller zu dunkler Gartenerde als Stallmist. Am Anfang habe ich die Beete noch nach väterlicher Art mit der Grabgabel tief umgestochen. Das dauerte für ein sechs Meter langes Beet eine Stunde und endete nicht selten mit einem Hexenschuß. Dann aber wurde nur noch mit einem Krail* (auf bairisch Misthackl geheißen) durchgehackt, der Kompost nach dem Vorbild der freien Natur nur obenauf gegeben und eingerecht – das dauerte für ein Beet gleicher Größe genau sechs Minuten.

Erstaunlich schnell zeigte sich, daß dieses neue, mit Kompost herangezogene Gemüse nicht nur im Geschmack, sondern in einer noch kennzeichnenderen Eigenschaft dem auf dem Markt gekauf-

---

* Eine Gabel, deren vier Zinken senkrecht, zum Boden hin abgebogen sind

ten haushoch überlegen war: in meinem Haus wurde schon lang kein Gemüse mehr in der üblichen Art totgekocht und mit Fett und Mehl „gebunden", sondern nur noch im Dampf oder mit Öl gedünstet – gerochen hat man es im Haus trotzdem. Dieser Kleinleutedunst allein schon kann einem die angeblich gesundheitlich so notwendige Gemüsekost verleiden. Die vernünftigeren Ärzte haben da gut predigen, man solle mehr Gemüs' essen – was aus dem Kochtopf stinkt, kann kein Mannsbild dazu verlocken. (Ein Tübinger Gågewitz drückt das noch deutlicher aus. Ein Gåg [ein Weingärtner] kommt mittags heim und schimpft, man solle doch die Haustür zumachen, solang die Grube geräumt wird – es war aber der Blumenkohl.)

Dieses widerwärtige „Duften" hörte vollständig auf, und das wirklich eindeutig: In den ersten Jahren nach dem Krieg hatten wir nicht weniger als fünf Familien als Untermieter im Haus. Das hatte mich gezwungen, mein Reißbrett unmittelbar neben der Küche aufzuschlagen. Wenn es so mittags ein Uhr wurde und sich nichts rührte, schaute ich doch nach mit der Frage: „Was gibt's denn heut'?" „Wirsing." „Ja wann denn endlich?" Er konnte bestenfalls erst geputzt sein, denn es war nichts zu riechen. „In fünf Minuten!" Später einmal, im neuen Haus, ließ ich zwei Besucher mittags am offenen Küchenfenster riechen, was es wohl zu essen gäbe. „Irgend etwas mit brauner Butter!" Vom Blumenkohl war nichts zu merken.

Das vollständige Fehlen des üblen Kochdunstes aller Kohlgemüse ist ein besonders sinnfälliges Zeichen für eine Naturreinheit, die Handelsware nie hat.

Die sehr überraschende Erkenntnis, daß Weißkraut und Wirsing, Spinat und Gelbe Rüben, Busch- und Stangenbohnen, Blumenkohl, Lauch und was sonst alles der Garten hergibt, dann, wenn der Mann sie mit Kompost heranzuziehen versteht und die Frau sie richtig zuzubereiten weiß, sei es roh oder gedünstet, echte Feinkost sind, nicht bloß magenfüllende Notwendigkeit – die ließ auch die im väterlichen Garten erworbene Abneigung gegen Obstbau hinschwinden. Ich hatte mir bis dahin meine Winteräpfel von einem tüchtigen Obstbauern am Bodensee schicken lassen. Ich hatte keine Lust, erst im Herbst lauter wurmstichige Äpfel essen zu müssen und dann den ganzen Winter lang jeden

Abend in den Keller zu gehen, um die angefaulten heraufzu-
holen, so daß man kaum an einen Apfel in seiner Vollkommenheit herankam. So pflanzte ich doch vor dem letzten Krieg ein
paar Apfelhochstämme und nach dem Krieg einige Pflaumenbäume.

Jeder Baum bekam eine offene Baumscheibe mit etwa 1,50 Metern Durchmesser. Diese wurde nie gegraben, aber den Sommer
über immer handhoch mit gemähtem Gras abgedeckt. Das verschwindet merklich schnell im Boden. Im Herbst wurde diese
Decke nicht mehr erneuert, damit sich nicht Mäuse ihr Winter-
quartier darunter einrichteten. Im Spätwinter kam auf die
Baumscheiben eine 3 cm starke Schicht von verrottetem Kompost. Dieser war hergestellt worden aus allen Abfällen des Gartens selbst, gesunden und kranken, mit einer Zugabe von 10 v. H.
lehmiger Erde und von 1 kg Hornmehl auf 1 cbm loser Masse.

Selbstverständlich mußte ich, schon mangels anderer Erfahrung, zunächst der üblichen Meinung huldigen, man könne Obst
nicht ohne Anwendung von Pflanzenschutzmitteln erzeugen, die
nun einmal giftig sein müßten. Die wichtigste Maßnahme war
eine Winterspritzung, mittels welcher alle Eier von Blattläusen,
Spinnmilben, Frostspannern, Gespinstmotten abgetötet werden
sollten, die auf den Zweigen überwintern. Dazu mußte der
Baum von allen Seiten richtig gewaschen werden mit einem sogenannten Gelbspritzmittel, Dinitroorthokresol. Natürlich bekam
ich beim Herumgehen um den Baum auch eine Sprühwolke ins
Gesicht – und das bedeutete Schluß mit jeder weiteren Giftsprit-
zerei! Der landläufige Gärtner denkt sich bei einer solchen
Dusche nichts. Sie färbt allerdings Haut und Haare durchdringend und echt gelb. Ich aber wußte auch, wie giftig sie ist. Denn
ich hatte mir schon mit siebzehn Jahren ganz ähnliche Stoffe aus
Karbolsäure und Salpetersäure hergestellt, und zwar nur als
hochbrisanten Sprengstoff (mit dem ich als Pionier im Ersten
Weltkrieg noch genug zu tun bekam), aber ich wußte um ihre
Giftigkeit. Die konnte kein noch so blanker Apfel aufwiegen.
Zwar standen im Geräteraum noch alle möglichen, auf Vorrat
beschafften Gifte bis zu Hexachlorcyclohexan bereit, aber es
wurde nichts mehr gespritzt.

Also hat es zunächst Blattläuse gerade genug gegeben und

auch wurmstichige Früchte. Als ich schließlich die durch Blattläuse ganz verkrüppelten und eingerollten Blätter nicht mehr
ansehen konnte und entschlossen war, den Bäumen doch zu helfen, habe ich so ein Blatt zur Probe aufgewickelt: Siehe, in der
Rolle saßen zwischen lauter leergesaugten Blattlausbälgen zwei
Marienkäfer und zwei ihrer Larven. Die hätte ich nun beim
Spritzen mit vergiftet! Da ist dann das Zusehen wieder leichter
geworden. Gerade als im Frühjahr 1954 von überallher die Klagen kamen über das massenhafte Auftreten von Ungeziefer, habe
ich die Krone eines der Apfelbäume abwerfen und mit einer früher tragenden Sorte umveredeln lassen. Der Baum wurde also
auf die denkbar gröbste Art aus dem Gleichgewicht zwischen
Krone und Wurzeln geworfen und es mußten aller Erfahrung
nach die mastig wachsenden Triebe der Unterlage wie der Ver-
edelung von Blattläusen geradezu aufgefressen werden – aber
nichts von alledem; mit Ausnahme einer Bühler Frühzwetschge,
die erst kurz zuvor gepflanzt worden und noch nicht im Gleichgewicht war, gab es an keinem Baum mehr Blattläuse. Es hatte
keinen Blütenstecher gegeben, es gab keinen wurmstichigen Apfel,
obwohl die Bäume übervoll hingen, und der Geschmack der
Früchte war edler, als er sonst bekannt ist. Josef Musch, ein früher Wirtschaftsapfel ohne Haltbarkeit, der bisher im Oktober
schon nach vierzehn Tagen mehlig und geschmacklos geworden
war, war noch an Weihnachten ein frischer, würziger Eßapfel.
Oullins Reneklode hatte fast mehr Früchte als Blätter; die Große
Grüne Reneklode mußte einer Reise halber vorzeitig abgenom-
men werden; auch knackend-unreif schmeckte sie köstlich. Statt
Cox Orangenreinette hatte ich einen unbekannten süß-weinig
schmeckenden Frühherbstapfel bekommen. Ein als Obstsorten-
kenner weithin gerühmter alter Pfarrer bestimmte ihn als Fran-
zösische Goldreinette. Wenn ich verreisen mußte, schüttelte ich
den Baum, um ein paar Äpfel als Wegzehrung zu bekommen.
Aber vor der vollen Reife fiel keiner herunter – es gab keinen
wurmstichigen.

In den Nachbargärten standen genug alte ungepflegte Obstbäume, die nie trugen, die voll waren von Schorf und Monilia
und jedem Obstbauer alter Schule eine Quelle von Zorn und
steter Sorge gewesen wären. Sie störten mich nicht. Meine Bäume

waren gefeit im alten Sinn dieses Wortes, das heißt: sie waren
wie durch einen Zauberspruch oder einen Segen unangreifbar
geworden für alles Feindliche oder Schädigende. Der Zauber bestand in nichts anderem als in einer kleinen Baumscheibe – sie
umfaßte nicht entfernt den ganzen Wurzelbereich –, auf die fünf
Jahre lang der richtige Kompost gegeben worden war. In dieser
Zeit wurde an den Bäumen auch nichts mehr geschnitten. Sie
hatten in den ersten drei Jahren nach der Pflanzung einen Er-
ziehungsschnitt bekommen, damit die Hauptäste sich schön spira-
lig um den Mitteltrieb herum ordneten. Es war dann nichts mehr
nötig; ein Baum, der im Gleichgewicht steht mit allen Kräften
und Stoffen, die auf ihn wirken, ist auch in seinem Aufbau im
natürlichen Gleichgewicht.

Im Jahr 1955 besprach ich dieses Verfahren mit seinem Erfolg
im Bayerischen Rundfunk, dessen Abteilung „Landfunk" von
einem aufgeschlossenen und unabhängigen Mann geleitet wurde,
und veröffentlichte die Niederschrift in einer Tageszeitung. Es
gab einen Sturm. Noch nie waren vom Rundfunk so viele Niederschriften eines Vortrags angefordert worden. In den Fachzeitschriften aber wurde ich zerrissen. Männer von einiger Bildung, die mich seit fünfunddreißig Jahren kannten und wußten, daß ich kein Schwätzer bin und in meinen Berufen einiges
geleistet hatte, nannten mich einen Schuster, der bei seinen Leisten bleiben soll. Die kleinen Obstbaumwarte draußen im Land
mußten ihren Bauern drohen, sie würde ihnen die Bäume nicht
mehr schneiden, wenn sie sich weigern würden, weiterhin zu
spritzen wie bisher.

Im Jahr darauf aber kamen schon begeisterte Briefe von Leuten, die das gleiche Verfahren angewandt und schon nach einem
Jahr ungezieferfreie Bäume mit schönem Ertrag hatten. Schließlich kam ein Mann angeradelt; er wollte nur sehen, wie der aus-
schaut, der den Obstbauern so gute Ratschläge geben kann. (Solche Auszeichnung droht immer mehr zu einer Bürde zu werden,
so sehr werde ich über halb Europa hin um die Erlaubnis gebeten,
mich besuchen zu dürfen – ich will aber wirklich erst mit fünf-
undachtzig in Pension gehen; dann werde ich auch Zeit für Ge-
spräche haben.)

Das Jahr 1956 hat auch die Bestätigung dafür gebracht, daß

Befall mit Ungeziefer eine Folge der Schwächung der Gesundheit des Baumes ist. Der sibirische Winter dieses Jahres hatte die Zwetschgen- und Pflaumenbäume schwer mitgenommen; es war ein Wunder, daß sie doch wieder, wenn auch sehr spät, austrieben. Alle Blütentriebe waren erfroren. Diese Bäume wurden eine Zeitlang wieder von Blattläusen befallen; ich ließ sie gewähren, sie sind von selber wieder gegangen.

Im selben Herbst kamen im Auftrag eines Kreisfachberaters Abgesandte seines Obst- und Gartenbauvereins, um zu schauen, ob ich nicht doch ein Schwindler sei. Ich führte sie an den Josef Musch. Er hatte 1954 eine Vollernte gebracht, 1955 eine halbe und jetzt war er so voll, daß die Äste bis zum Boden herunterhingen. Ich mußte den Leuten zugeben, daß ich ein schlechter Obstbaumwart bin, weil ich mir nicht die Zeit genommen hatte, die Äste zu stützen. Die Männer drehten jedes Blatt um, konnten aber nichts finden. Die Äpfel waren vollkommen fleckenrein. Ich sagte ihnen, daß es vielleicht eine noch bessere Arbeitsweise im Obstbau gebe. Warum sollte ich aber nach einer solchen suchen, wenn ich buchstäblich ohne jede Arbeit als der, ein wenig Kompost und ein paarmal Gras auf die Baumscheibe zu streuen, so viel vollkommen gesunde Äpfel habe, wie der Baum überhaupt tragen kann?

Die Kundschafter scheinen es nicht gewagt zu haben, ihrem Herrn und Meister dieses zu berichten. Sie erzählten ihm, daß es mit meiner Gärtnerkunst sowieso nicht weit her sei – sie müssen grüne Broccoli, die ich erstmals aus amerikanischem Samen gezogen hatte, für verunglückten Blumenkohl gehalten haben. Jedenfalls beschimpfte mich der Kreisfachberater in einer Zeitschrift für Kleingärtner (ich habe es zu seinem besonderen Zorn gar nicht gelesen, weil ich mit den gut dreißig Zeitungen und Zeitschriften schon nicht fertig werde, mit denen mich meine drei Berufe überschütten) und rühmte sich, daß ihm die Leitung des Verbandes der Landwirtschaftlichen Untersuchungs- und Forschungsanstalten in Darmstadt ausdrücklich zugestimmt habe – dabei hatte sich doch keiner der Herren dort selbst etwas angesehen oder durch einen unabhängigen Fachmann etwas berichten lassen. Der geneigte Leser wird mir zustimmen, daß man diesen Verband mindestens damals nicht als einen wissenschaftlichen ansehen konnte, also einen, dem es um Erforschung der Wahrheit geht. Anscheinend versuchte er die Kunstdüngerwirtschaft auf dem Stand von vor sechzig Jahren festzuhalten, den ein so lebendiger Geist wie Justus von Liebig längst überwunden hätte.

Mit das Merkwürdigste war nun die erstaunliche Hebung der Qualität dieser Äpfel, obwohl 1956 ein nasses, sonnenarmes Jahr war und der Baum außerdem noch im Halbschatten stand. Es gab nur ganz wenige wurmstichige Früchte. Die übrigen hielten sich auf dem Lager bis Mitte Februar, ohne daß ein einziger auch nur angefault wäre. Die letzten konnte ich vergleichen mit Ananasreinetten vom Bodensee; sie schmeckten beide um diese Zeit ungefähr gleich gut, nur waren die Ananasreinetten von außen her alle schon angefault und fingen an, von innen her braun zu werden.

1958 hingen die Bäume wieder brechend voll. Das wollte an sich nicht viel bedeuten; denn es gab in diesem Jahr in ganz Mitteleuropa eine so außergewöhnlich große Obsternte, daß einige Verbände versuchten, vom Staat eine Entschädigung zu verlangen dafür, daß die Verkaufspreise so niedrig waren! Das Besondere an meinen Äpfeln aber war, daß kein wurmstichiger gefunden wurde und daß die große Menge mit der so lächerlich geringfügigen Düngung von 3 cm Kompost auf eine $2^1/_2$ qm große Baumscheibe erzeugt worden war.

Sehr lehrreich war das folgende Jahr 1959. Die Bäume bekamen keinen Kompost mehr, weil ich daran war, Haus und Garten zu verkaufen und mich auf dem Land neu anzubauen. Als unersetzlichstes Umzugsgut war als erstes der ganze Kompostvorrat in den neuen Garten gefahren worden. Es war ein berüchtigtes Blattlaus-Jahr; auch meine jetzt ohne Arznei gelassenen Bäume verlausten – und wurden sofort wieder frei, als so viel Gras herangewachsen war, daß die Baumscheiben wieder mit ihm abgedeckt werden konnten. Die Pflaumen waren gesund, von den Äpfeln aber war die Hälfte wurmstichig.

Es sind lang schon gute Pflegearbeiten für Obstbäume ausgearbeitet worden, mit denen man gesunde Blätter und blanke Früchte erreichen kann mittels völlig ungiftiger Stoffe, wie Anstrich mit einem Brei von Kuhfladen, Lehm und Kieselgur, Spritzen mit einem Absud von Schachtelhalm, mit Lösungen von Meeresalgendünger oder Wasserglas – ich habe absichtlich auf alle diese Hilfen verzichtet, um zu sehen, wie weit ich mit der bloßen Nachahmung der Lebensart meines Holzapfelbäumleins gelange – und bin da weit genug gekommen.

Durch schlechte Erfahrungen im Ersten Weltkrieg gewitzigt, versuchte ich im Zweiten wenigstens meine Frühkartoffeln selber anzubauen. Ich hob im Frühjahr 1940 auf einer Fläche von 55 qm die dünne Grasnarbe ab und hackte den toten Unterboden durch. Er war von der Kalkung von 1925 her mit 7,5 pH immer noch zu basisch; es war also nichts weniger als ein Kartoffelboden. Als Dünger wollte ich nur meinen Kompost verwenden.

Die Aussicht auf längeren Erfolg war also nicht groß. Nach der Meinung jedes heutigen Bauern und Landwirts durfte ich über das erste Jahr kaum hinüberkommen. Aber die Geschichte ging, auch zu meiner Überraschung, ganz anders hinaus.

Die Kartoffel ist heute die durch Krankheiten am meisten gefährdete Kulturpflanze. Vor hundert Jahren war sie noch so gesund, daß nur die Krautfäule (Phytophthora) in nassen Jahren Sorge machte. Abbaukrankheiten waren so gering, daß man in Betrieben mit geeigneten Böden jahrzehntelang ein und dieselbe Sorte aus eigener Nachzucht anbauen konnte. Den später viel Sorgen bereitenden Krebs konnte man durch Züchtung krebsfester Sorten eindämmen. Aber gegen die in neuerer Zeit immer mehr zunehmenden Viruskrankheiten hilft nur Vernichten der allzu kranken Stauden. Aus Amerika kam dazu der Koloradokäfer, der den Kartoffelbau unmöglich machen würde, hätte man nicht Gifte genug; die können ihn allerdings nur an übergroßer Vermehrung hindern, keineswegs aber ausrotten. Gegen den Wurzeltöterpilz, der in manchen Gegenden viel Schaden anrichtet, kann man auch mit Gift nichts ausrichten, auch nichts gegen die Nematoden (Wurzelälchen), die seit neuestem den Kartoffelbau, besonders den von Pflanzgut, ganz zum Erliegen zu bringen drohen. Der Aufwand an Spritz- und Stäubemitteln, mit denen versucht wird, diese Schäden wenigstens in Grenzen zu halten, ist ungeheuer.

Ich aber wollte versuchen, ohne alle Schädlings- oder Krankheitsbekämpfung auszukommen, und mußte den Versuch mit der anfälligsten aller im Handel erhältlichen Sorten durchführen, den „Holländischen Erstlingen", weil die Sorte Sieglinde, mit der ich zuerst arbeitete, für meine Absichten zu spät reift. Der Anbau wurde in folgender Weise durchgeführt:

Nach dem ersten Umhacken wurde das Land nie mehr gegraben, sondern nur mit dem Krail oder einer Ziehhacke auf 15 bis 18 cm Tiefe gelockert. Mit einem kleinen Handpflug wurden Furchen gezogen und diese mit Kompost gefüllt in der Art, wie der Bauer Stallmist gibt. In den Kompost wurden gegen Ende April die vorgekeimten Saatkartoffeln gelegt und die Furchen zugezogen. Vor den Eisheiligen wurde das junge Laub wieder zugehäufelt. Dann geschah nichts mehr bis zur Ernte. Denn die Bekämpfung von Unkraut hörte im selben Maße auf, wie der Boden sich durch den Kompost mit Dauerhumus anreicherte. In den letzten Jahren des Versuchs war das Land so gut wie unkrautfrei – das bedeutete, daß es ganz gesund geworden und in biologischem Gleichgewicht war. (Man darf das Unkraut nicht in alter Denkweise als ein Geschöpf des Teufels ansehen, dazu bestimmt, dem Bauern und Gärtner das Leben sauer zu machen. Massenauftreten bestimmter Unkräuter ist immer ein Zeichen dafür, daß der Boden nicht in Ordnung, daß er einseitig beansprucht oder überhaupt krank ist. Unkraut ist das Heilmittel, mit dem die Natur ein gestörtes Gleichgewicht wieder herzustellen sucht. Selten läßt ihr der Mensch dazu Zeit und Möglichkeit.)

Geerntet wurde zwischen dem 10. und 20. Juli die fünfzehn- bis zwanzigfache Menge des Saatgutes in gleichmäßig großen und vollkommen gesunden Knollen von ganz besonderem Wohlgeschmack. Dann wurde das Land eingeebnet und mit Rosenkohl angebaut, also zu einer eigentlich viel zu späten Pflanzzeit. Ich mußte Pflanzen von 30 bis 40 cm Höhe mit Erdballen setzen, so daß zuschauende Gärtner den Kopf schüttelten über solchen Unfug. Doch gaben sie immer eine ausreichende Ernte von einer Güte, die es im Handel nicht gibt. Nicht einmal in der Küche war zu riechen, daß auf dem Herd Rosenkohl dämpfte.

Ich habe also auf einem ungeeigneten Boden mit Hilfe einer nach landwirtschaftlicher Schulmeinung und Erfahrung durchaus ungenügenden Düngung in jedem Jahr zwei Vollernten hintereinander wachsen lassen, ohne jedes Ausruhen, ohne jede bodenerholende Zwischen- oder Nachfrucht, und das siebzehnmal hintereinander – ohne jede Krankheit, ohne jeden Schädling. Jeder Bauer, jeder Landwirtschaftsrat weiß, daß das im üblichen Anbauverfahren unmöglich ist.

Im übernassen Sommer 1954 gab es auf dem Versuchsfeld, das nicht einmal volle Sonne hatte, 1,5 v. H. Krautfäule. Sie konnte bei dem dichten Stand der Pflanzen erst bei der Ernte entdeckt werden. Selbstverständlich waren Koloradokäfer da; ich fand sie im Kies des Hofes oder am Anzug meiner Besucher. Aber keiner ging an das Kartoffelkraut; das war zu gesund. Auch der tierische Schädling kann nur eine kranke oder sonstwie geschwächte Pflanze befallen*.

Die 1,5 v. H. phytophthorakranken Stauden waren also die einzige Krankheit, der einzige Ausfall in siebzehn Jahren einer höchst einseitigen und allen Lehren der Schulwissenschaft hohnsprechenden Anbauweise, und auch sie trat nur in einem außergewöhnlich nassen Sommer auf, in dem sonst der gesamte Anbau der Holländischen Erstlinge der Krautfäule zum Opfer fiel.

Ich hatte nicht die Absicht, den Kartoffelbau über den Krieg hinaus fortzusetzen, habe es aber dann getan, weil es Kartoffeln von solcher Güte wie diese selbstgezogenen im Handel nicht gibt. Das wurde besonders deutlich, als nach dem Krieg die Kartoffeln meiner Untermieter das ganze Haus mit dem ekelhaften Gestank nach Hexachlorcyclohexan erfüllten. Die neuen Pflanzenschutzgifte ziehen sich ja vom Blatt, auf das sie gespritzt oder gestäubt werden, bis in die Knolle hinunter und wandern von dieser in die Stauden des nächsten Jahres wieder hinauf. Ich möchte aber auch dann kein Gift in meiner Nahrung haben, wenn man es nicht riecht und nicht schmeckt.

Skeptiker und Fachleute brauchen Zahlen. Als ich nach der Ernte 1958 mein Versuchsfeld wieder zu Rasen machte, weil ich gegen den immer mehr zunehmenden Schatten eigener und fremder Bäume nicht mehr aufkommen konnte und deshalb daran

---

* Ein mir befreundeter Südtiroler Kartoffelzüchter, der im Pustertal und im Silagebirge in Unteritalien arbeitete, betrachtete die Kartoffelkäfer als seine Haustiere; sie zeigten ihm die kranken Pflanzen an, die bei der Zucht ausgemerzt werden mußten.

war, Haus und Garten zu verkaufen, habe ich die Erträge jeder
Reihe genau gewogen; hier ist das Ergebnis:

1. Boden: Oberbayrischer Würmschotter-Verwitterungsboden,
   steinreicher, sandiger Lehm, stark kalkhaltig, also für nach-
   haltigen Kartoffelanbau durchaus ungeeignet.

2. Säuregrad: 7,5 pH, festgestellt mittels Anzeigerpapier der
   Riedel-de-Haën-AG.

3. Humuszustand: Bestens, dank sechzehnmaliger Düngung mit
   Kompost.

4. Vorfrucht: sechzehnmal Frühkartoffeln als Erstfrucht, sechzehnmal Rosenkohl als Zweitfrucht.

5. Düngung: Immer nur Kompost.

6. Kartoffelsorte: Holländische Erstlinge, die anfälligste damals noch gebaute Frühsorte mit geringem Ertrag; vorge-
   keimt, gelegt am 26. April 1958.

7. Gesundheitszustand des Saatgutes: schlecht: ein Teil der
   Knollen war mit Phytophthora befallen, gut ein Drittel der
   Pflanzen mußte entweder gleich nach dem Aufgehen oder
   wenig später als hoffnungslos viruskrank entfernt werden.

8. Durchschnittsgewicht der Pflanzenknollen: 40 g.

9. Düngung: 2. Reihe: Stallmist, der im Spätherbst 1957 mit
   lehmiger Erde durchmischt aufgesetzt wurde; da er wenig
   Einstreu enthielt, war er im April 1958 noch nicht genügend
   verrottet.

   3., 4. und 5. Reihe: Kompost oben auf die (aus Versehen bereits in Furchen gelegten und mit Erde zugedeckten) Kartoffeln. Der Kompost war 1957 hergestellt worden aus Gartenabfällen mit einem Zehntel lehmiger Erde und mit einem Zusatz von 1 kg einer Mischung von Hornmehl, Knochenmehl
   und Blutmehl (der Firma Engelhart in München 25) auf
   1 cbm aufgesetzter Grünmasse.

   1. Reihe: Zum Vergleich 30 g/qm dieses organischen Misch-
   düngers obenauf.

10. Pflege: Am 12. Mai 1958 gehäufelt, weiter keine Pflege, da
    der Boden schon seit Jahren so gut wie unkrautfrei war.

11. Verhalten der Pflanzen: Die mit Kompost und die mit
    Horn-Knochen-Blutmehl gedüngten Pflanzen erholten sich

von dem stark nach Abbau aussehenden Anfangszustand gut, die auf Stallmist stehenden nicht.

12. Krankheiten – Schädlinge: Es wurden weder Blattläuse noch Kartoffelkäfer gesehen; trotz des nassen Sommers gab es keine Krautfäule.

13. Ertrag: Die Reihen 1, 2, 3 wurden am 26. Juli 1958 geerntet, die tiefer im Schatten stehenden am 10. August 1958.

   1. Reihe: Sonne ab 9 Uhr, gedüngt mit Horn-Knochen-Blutmehl; Ertrag je Staude im Mittel 0,944 kg = das 23,6fache des Pflanzgutes.

   2. Reihe: Sonne ab 10 Uhr, auf Stallmist gelegt. Ertrag je Staude im Mittel 0,645 kg = das 16,1fache des Pflanzguts.

   3. Reihe: Sonne ab 11 Uhr, mit Kompost gedüngt. Ertrag je Staude im Mittel 1,110 kg = das 27,75fache des Pflanzguts.

   4. Reihe: Sonne ab 13 Uhr, mit Kompost gedüngt. Ertrag je Staude im Mittel 0,890 kg = das 22,25fache des Pflanzguts.

   5. Reihe: Sonne ab 14 Uhr, mit Kompost gedüngt. Ertrag je Staude im Mittel 0,636 kg = das 15,9fache des Pflanzguts. Es sind wenig kleine Knollen angefallen, aber auffallend viele große mit mehr als 200 g Gewicht.

14. Güte und Geschmack: Außerordentlich gut; mit der Schale in Scheiben geschnitten und in Öl gebacken eine ausgemachte Delikatesse. Um das Urteil einer anderen Hausfrau zu haben, erhielt eine Nachbarin eine Probe. Ihr Mann liebt als echter Altbayer die Kartoffeln nur, wenn sie in Schweinefleisch umgewandelt sind. Sie berichtete, noch nie seien die Kalbsschnitzel übriggeblieben, weil die Kartoffeln so gut schmeckten.

15. Hektarertrag: Bei einer Reihenentfernung von 0,66 m und einer Pflanzweite von 0,33 m in der Reihe standen 4,5 Pflanzen auf dem Quadratmeter; eine Umrechnung des Ertrags von der Pflanzfläche auf den Hektar wäre bei ganz einwandfreiem Pflanzgut erlaubt, weil außer einmaligem Häufeln keinerlei Pflegearbeit aufgewendet wurde und das Versuchsfeld in 17 Jahren weitaus weniger Pflanzennährstoffe in der Düngung erhalten hat, als in der Landwirtschaft üblich ist.

Sie ergibt für die Kartoffeln auf halbverrottetem Stallmist 290 dz/ha; für die Kartoffeln mit Horn-Knochen-Blutmehl 425 dz/ha; für die Kartoffeln auf Kompost in der Reihe, die wenigstens ab 11 Uhr Sonne hatten, 500 dz/ha; für die Kartoffeln mit Kompost in der halbschattigen oder in der schattigen Reihe immer noch 400,5 dz/ha und 286,8 dz/ha.

Ihre volle Bedeutung bekommen die Erntemengen, besonders die der ziemlich sonnig gelegenen und nur mit Kompost gedüngten Reihe erst, wenn man sie mit den von der schulmäßig betriebenen Landwirtschaft erzeugten vergleicht.

Nach dem Lehrbuch ‚Die Landwirtschaft' von Ministerialdirigent Dr. Leopold Schindler (Bayerischer Landwirtschaftsverlag 1951) wurden in Weihenstephan (auf Lößboden!) in langjährigen Versuchen bei ertragreichen Spätkartoffeln, die nur mit Stallmist gedüngt waren, 271 dz/ha erzielt, bei Zugabe von Kunstdünger in wissenschaftlich errechneter Menge 329 dz/ha.

Die erstaunlichste Überraschung ergab sich zwei Jahre später, als ich den gleichen Anbau von Frühkartoffeln auf immer derselben Fläche mit Kompost als alleiniger Düngung in meinem neuen Garten auf tertiärem Tonboden hoch über dem Ammersee fortsetzen wollte. Die Sorte „Holländische Erstlinge" wurde nicht mehr geliefert: sie war als völlig abgebaut aufgegeben worden. Es steht also fest: Düngung mit Kompost macht es möglich, eine an sich anfällige Kartoffelsorte siebzehnmal hintereinander auf immer derselben Fläche anzubauen mit Erträgen, die es in der schulmäßigen Landwirtschaft überhaupt nicht gibt; bei der von hundert Lehrkanzeln und Lehrbüchern als einzig mögliche erklärten Anbauweise stirbt sie ab und aus.

„Man geht nie weiter, als wenn man nicht weiß, wohin man geht", sagt Goethe aus reicher Erfahrung seines Lebens. Ich habe wirklich nicht wissen können, wohin mich der Weg „des Gegenteils in allem und jedem" führen würde, den ich 1931 eingeschlagen hatte. Es war kein Ziel, sondern ein Ergebnis, eine Frucht: vollkommene Gesundheit aller Kulturpflanzen von der Kartoffelstaude über alles Gemüse bis zum Apfel- und Pflaumenbaum, damit Freiheit von jedwedem Schädling, jeder Krankheit, und überreiche Ernten von einer Reinheit in Duft, Geschmack und Haltbarkeit, die es wirklich schon lang nirgends mehr gibt. Und der Weg war nichts weiter als Treue zur Natur, der großen Lehrmeisterin, und Achtung vor ihren Gesetzen, die sie jedem offenbart, der noch offene Augen und einen freien, nicht von Scheuklappen eingeengten Überblick hat.

Der geneigte Leser mag sich nun entscheiden, ob er weiterlesen will, um zu erfahren, wie man das Zaubermittel herstellt, das zu solchem Erfolg führt, den Kompost „neuer Art", oder ob er es halten will wie jener Direktor einer Lagerhausgesellschaft (der aus Gift und Kunstdünger Geld machte). Der frühere Leiter der Abteilung Landfunk im Bayerischen Rundfunk fragte ihn, wie ausgerechnet meine Fibel auf seinen Schreibtisch käme. Da schlug er voll Zorn mit der Faust auf diesen und sagte ingrimmig: „Und so einer hat einen Lehrstuhl!" (Mit dem „so einer" meinte er mich. Man kann hier gut erkennen, wie sich die Geschäftsleute die Freiheit von Forschung und Lehre vorstellen!)

4. Das Leben im Boden

Ehe wir an die Erlernung der Kunst gehen, Kompost „neuer Art" zu machen, müssen wir uns mit dem von der Natur gegebenen Vorbild dieser Kunst beschäftigen, dem so unglaublich reichen Leben im Boden.

Um zum Beispiel unsere Kartoffeln anzubauen, hätten wir nach den in allen Gartenbüchern und -kalendern, von Werkschriften der Industrie ganz abgesehen, gleichlautend immerzu wiederholten Ratschlägen und Vorschriften genau einzuhaltende, recht erhebliche Mengen von Stickstoff-, Kali- und Phosphorsäuresalzen samt Spurenelementen und Kalk in den Boden geben müssen. Aus den dort entstehenden wässerigen Lösungen sollten die Pflanzen das ihnen Notwendige mit ihren Wurzeln aufnehmen – ein einfacher Vorgang. Er ist nachgebildet jenem Versuch, der Justus von Liebig berühmt gemacht hat: er hat Pflanzen in solchen Nährlösungen ohne Erde zum Wachsen gebracht. Man hat darauf in neuerer Zeit Pflanzenbau in Wasserkultur aufgebaut, dabei aber verschwiegen, daß in wirklich reiner Wasserkultur die Pflanzen sich an ihren eigenen Ausscheidungen vergiften, die durch die Wurzeln ins Wasser gehen. Erst wenn als eine Art Filter sich Algen einschalten, wird eine dauernde Kultur etwa von tropischen Orchideen auf zunächst keimfrei gemachter Unterlage von Farnwurzeln oder Bimskies möglich.

Wir aber haben an Stelle solcher Mineralsalze, die im Wasser oder in den von den Wurzeln ausgeschiedenen Säuren löslich sind, nur Rohstoffe gegeben, Blätter, Zweigholz, Hornmehl, die erst von der im Boden wirkenden Lebewelt pflanzlicher und tierischer Arten zersetzt, umgeformt und zu einer aufnehmbaren Nahrung zubereitet werden, die den Pflanzen offenbar viel besser bekommt. Das hatte sich doch überzeugend darin gezeigt, daß wir mit solcher frugalen Kost Kartoffelstauden siebzehnmal hintereinander auf immer der gleichen Fläche und noch dazu mit höchstem Ertrag und erlesener Güte ernähren konnten; mit Kunstdünger irgendwelcher Art wären wir nach allgemeiner Erfahrung in längstens drei oder vier Jahren am Ende gewesen.

Vom Wesen und Wirken dieses Bodenlebens können wir uns auch ohne Labor und Mikroskop ein Bild machen, wenn wir uns mit etwas mehr Aufmerksamkeit als bisher der Arbeit des größten und sichtbarsten Vertreters dieser großen Lebensgemeinschaft zuwenden, der des Regenwurms (Lumbricus rubellus).

Da sind an einem Herbsttag allerhand Blätter von einem Baum gefallen. In der Nacht darauf war es mild und feucht. Am nächsten Morgen sieht man überall im offenen Boden, ja sogar in Wegen und Pflasterfugen Blätter stecken, die zu Stranitzen, zu kleinen Trichtern, zusammengedreht sind. Wenn wir mit sehr leisen Sohlen zu einem solchen Blätterwirbel gehen und ihn schnell herausziehen, dann sehen wir an seinem Grund einen Regenwurm, der eiligst im Dunkel verschwindet. Der war in der Nacht heraußen, hat die Blätter zusammengeholt und in den Boden gezogen. Was dort angerottet ist, frißt er; gleichzeitig frißt er auch Erde. Das geht beides durch seinen langen Leib hindurch und wird auf diesem Wege mit stickstoffhaltigen Drüsensäften, mit Bakterien und mit allerfeinsten Kalkschuppen vermengt. Das Ergebnis sieht man dann am nächsten Morgen in den kleinen Wurmhäuferln, die nach feuchten Nächten überall oben auf dem Erdboden liegen. In ihnen ist Mineralboden mit Pflanzenmassen, mit Kalk und mit hochwirksamen Wuchs- und Vermehrungsstoffen – die sind in den Drüsensäften – so fein und vollkommen vermischt, daß sie zu einem so wunderbaren neuen Pflanzennährboden geworden sind, wie man ihn künstlich gar nicht herstellen kann.

(Ein amerikanischer Soldat lag 1942 bei der Invasion in Nordfrankreich bei einem normannischen Bauern im Quartier. Er sah, daß dieser sich um die ganze Schießerei nicht viel kümmerte, sondern jeden Morgen die Erdhäuferl, welche die Regenwürmer in der vergangenen Nacht nach oben gebracht hatten, mit einer kleinen Schaufel auflas und auf seine Blumenbeete warf. Er fragte ihn nach dem Sinn dieses ihm unbegreiflichen Tuns. Der Bauer antwortete: „Le bon Dieu – der liebe Gott weiß, wie man fruchtbare Erde macht, und hat das Geheimnis den Regenwürmern anvertraut." Vor achtzig Jahren wußte es auch der damals berühmte Münchner Landwirtschaftswissenschaftler Professor Dr. Wollny, als er zeigte, daß bloße Anwesenheit von Regenwürmern eine Kartoffelernte mehr als verdoppeln kann. Seine Versuchsergebnisse wurden nicht beachtet und gerieten in Vergessenheit. Seine Zeit war für sie nicht reif. Noch als ein halbes Jahrhundert später Professor Dr. Meyer an der Universität Halle sich mit der Arbeit der Regenwürmer im Boden befaßte, wurde er von seinen Kollegen als „der Regenwurm-Meyer" abgetan.)

Diese Wurmerde enthält siebenmal soviel Stickstoff, dreimal soviel Kali, doppelt soviel Phosphor, doppelt soviel Kalk, sechsmal soviel Magnesia wie allerbeste Gartenerde. Das Wichtigste aber ist, daß der Humus in ihr Dauerhumus ist, also jene Form des Humus, die sich in Jahren nicht verändert – wenn sie nicht der Mensch zerstörerisch angreift –, die weiterhin die im Boden gelösten Nährstoffe, wissenschaftlich gesagt: die Stickstoff-, Phosphorsäure- und Kali-Ionen an sich zieht und mit Kräften in der Größenordnung von Tausenden von Atmosphären mehr als eisern festhält, so daß sie nicht ausgewaschen werden können. Wegholen und für sich verwenden können sie nur Organe, die über noch größere Zellkräfte verfügen: das sind die Wurzelhärchen der Pflanzen. Das Geheimnis der hohen und immerwährenden Fruchtbarkeit der Schwarzerdeböden, wie sie in der Magdeburger Börde und in der Ukraine liegen, ist deren reicher Gehalt an solchem Dauerhumus. Dieser ist, chemisch gesehen, eine feste Verbindung von Humussäuren mit bestimmten Arten von Lehm oder Ton, ein Ton-Humus-Komplex. Nur in lehmigen oder Lößböden gibt es diese richtige Art von Schwarzerde.

Der erste Wissenschaftler, der die Arbeit des Regenwurms schon vor einem Jahrhundert klar erforschte, war Charles Darwin. Er stellte fest, daß in fruchtbarem Wiesenland so viele Regenwürmer leben, daß deren Gewicht dem der Kühe gleich ist, die auf derselben Fläche ihr Futter finden. Im Laufe eines Jahres schaffen diese Würmer auf einem Hektar Land dreißig Tonnen Erde nach oben aus Röhren, die in geeigneten Böden metertief hinuntergehen, und erhöhen das Gelände dabei um zwei Millimeter. (Aus diesem Vorgang erklärt es sich, daß Münzen, Geräte, Waffen, die in früheren Jahrhunderten oben auf dem Erdboden liegengeblieben sind, heute als mehr oder minder tief in ihm vergraben erscheinen.)

Die Natur ist mit der wunderbaren neuen Pflanzenerde, die sie von ihrem so getreuen Knecht und Helfer, dem Regenwurm, herstellen läßt, noch nicht zufrieden. Man kann ab und zu sehen, daß diese Wurmhäuferl wie mit grauen Spinnweben überzogen sind. Das sind Fäden von Pilzen, welche die neue Erde auf ihre Art weiterverarbeiten. Was im Boden die größeren Tiere, die Würmer aller Arten, die Asseln, Tausendfüßler, Drahtwürmer, Springschwänze und so fort im Groben zerbissen, zerrieben, zermahlen und verdaut haben, das arbeiten die kleinen und kleinsten Lebewesen immer weiter und immer wieder von neuem um. Seit man vor kurzem allerkleinste Raubbakterien entdeckt hat, welche die gewöhnlichen Bakterien anbohren und leerfressen, zählt man in einem Gramm fruchtbarer Erde zehn Milliarden Lebewesen. (Diese Zahl klingt nicht mehr so abenteuerlich, wenn man sie in Beziehung setzt zur Aufteilung des Bodens: ein Gramm Tonboden besteht aus fünfhundert Milliarden Teilchen, die eine wirksame Oberfläche von zwei Quadratmetern haben; von Montmorillonit, dem für Pflanzenleben günstigsten Tonmineral, hat ein Gramm eine innere Oberfläche von 400 bis 600 Quadratmetern!)

Diese milliardenstarke Lebewelt macht aus dem pflanzlichen Abfall und aus den eigenen Leichen Nährlösung, welche die Pflanzen durch die Wurzelhärchen in sich aufnehmen; sie macht daraus Kohlensäure, die aus dem Boden ständig aufsteigt und durch die winzig kleinen Spaltöffnungen auf der Unterseite der Blätter in die Pflanzen wieder aufgenommen wird. Diese stellen aus ihr mit Hilfe der Kräfte des Sonnenlichts Stärke und Zucker und damit neue Pflanzenmasse, neue Ernte her. Stickstoffbakterien holen aus der Bodenluft den freien Stickstoff heran, der zum chemischen Aufbau der Humussubstanzen notwendig ist. Was schließlich von all den vielfältigen Stoffen im Boden verbleibt, das dient als Nährboden für ein dichtes Gespinst von Algen und Pilzfäden. Diese heften die einzelnen Erdbrösel zusammen und halten sie gleichzeitig in Abstand voneinander. Eine so vom Bodenleben durchwirkte Acker- und Gartenerde ist locker und luftig, also warm, und sie kann große Mengen von Regen- und

Schneewasser festhalten. Der Regen kann sie nicht verschlämmen und verkrusten, das Wasser sie nicht wegwaschen, der Wind nicht davonwehen. Ein solcher Boden ist „rogel", er hat Gare – die Voraussetzung zu aller Fruchtbarkeit, das ersehnte Ziel aller Kunst des Ackerns, Eggens, Grabens, Hackens und Düngens.

Um die zum größten Teil unsichtbare Lebewelt im Boden, die dem Holzapfelbaum am Waldrand seine Speise zubereitet und die uns eine so unglaubhafte Gesundheit und Fruchtbarkeit unserer Acker- und Gartenböden zu versprechen scheint, hat sich die Landwirtschaftswissenschaft in den ersten hundert Jahren nach Liebigs Entdeckungen so gut wie nicht gekümmert. Zwar erschien noch zu Liebigs Zeiten eine gründliche Arbeit über das bodenschaffende Wirken des unsichtbaren kleinen Lebens[*]. Aber erst während und nach dem letzten Krieg wurde das Schrifttum über das Leben im Boden reicher. In den landläufigen Lehr- und Handbüchern, Kalendern und Zeitschriften bleibt es bei den alten, wenn auch verfeinerten Rezepten: soundso viel Doppelzentner je Hektar Kalk, Thomasmehl, Kali (magnesia), Blaukorn, Grünkorn usw. – soundso oft spritzen mit dem und jenem Gift, je nach Notwendigkeit mit Atemmaske oder, wie ich es in Südtirol gesehen habe, in geschlossener Rüstung aus Gummi.

Wem es gelingt, gelben oder braunen Ackerboden durch Zufügen von Dauerhumus immer dunkler und schließlich fast schwarz zu machen, der hat damit dauernde Fruchtbarkeit gewonnen. Mit Stallmist üblicher Art und mit Gründüngung kann man das nicht erreichen; denn obwohl nun alle unsere Böden seit mindestens eineinhalb Jahrhunderten mit Stallmist und seit ein paar Jahrzehnten durch untergepflügte grüne Pflanzenmassen gedüngt werden, sind sie überwiegend immer noch gelb oder braun. Es haben auch alle daraufhin angestellten wissenschaftlichen Versuche ergeben, daß Stallmist innerhalb von drei Jahren aus dem Acker vollkommen wieder ausgewaschen wird. Dauerhumus entsteht eben draußen in der freien Natur nur im Auswurf der Bodentiere. Wer ihn künstlich erzeugen will, der muß versuchen, das Vorbild nachzuahmen, das ihm der Regenwurm gibt. Er muß sich also einen Kunstregenwurm schaffen, riesen-

---

[*] G. Chr. Ehrenberg, ‚Mikrogeologie', Leipzig 1854

groß natürlich, so etwa fünfhundertfach vergrößert, und in ihm verrottende pflanzliche Substanz, Kalk, Lehm und tierische Stickstoffverbindungen innig aufeinander einwirken lassen. Diesen Mammut-Regenwurm, welcher Dauerhumus und eine höchst fruchtbare, lebendige neue Erde schafft, den gibt es: es ist der Komposthaufen „neuer Art".

Unser Mammut-Regenwurm soll uns aber nicht nur Dauerhumus liefern, sondern er soll auch eine Brutstätte sein von milliardenfachem Bodenleben aller nur denkbaren nützlichen Arten. Mit dem Dauerhumus ersetzen wir die Verluste, die unsere Böden bei dem natürlichen Abbau der Humusstoffe erleiden (sie werden durch Kalkung, Mineraldüngung, durch stete Bodenbearbeitung, durch Wind und Sonne noch gesteigert), und zwar in einer Form, die nicht nur selbst nicht mehr ausgewaschen werden kann, sondern auch alle übrigen löslichen Nährsalze im Boden vor dem Auswaschen schützt. Mit der „Stammkultur" von Bodenleben aber impfen wir Acker-, Wiesen- und Gartenböden wie mit Sauerteig und lassen sie „aufgehen" wie Brotteig.

Sein so segensreiches Wirken kann das Bodenleben nur entfalten, wo ihm das rechte Maß an Luft wie an Wasser und Humus zur Verfügung steht. Ein Boden kann noch so reich sein an Kalk und Kali, an Phosphorsäure und Stickstoff – das ist alles ein totes Kapital, wenn er nicht genug offene, mit Luft gefüllte, mit einem Wasserfilm ausgekleidete feine und grobe Poren hat. Dann ist er eben dicht, schwer, abwechselnd zu naß und zu trocken und, landwirtschaftlich gesehen, untätig.

Gegen zeitweiligen Mangel an Wasser kann sich das Bodenleben helfen: die beweglicheren tierischen Wesen wandern in die feuchtere Tiefe ab, die anderen bilden unempfindliche Dauerformen, Sporen und so weiter aus. Wie schnell diese wieder zu leben und wirken anfangen, kann man leicht beim Beginn eines Sommerregens feststellen: sobald die ersten großen Tropfen den dürren Boden angefeuchtet haben, erwachen Streptomyceten und Pilze zu neuem Leben und atmen den unverkennbaren Duft frischer fruchtbarer Erde aus.

Den Humus im Boden schafft das Edaphon selbst aus dem pflanzlichen und tierischen Abfall, den ihm die Natur in jedem Herbst zukommen läßt; es lebt auf ihm und baut ihn auch wieder

ab. Wird der Boden künstlich, also etwa durch unnötig viele lok-
kernde Bearbeitung zu luftig gehalten, dann wird der Humus zu
schnell abgebaut, wirkt sich die zu gut gemeinte Bodenlockerung
als Verschwendung des Humuskapitals aus.

Jede Verdichtung des Bodens, sei sie natürlich erzeugt durch zu
lange Füllung mit Wasser oder künstlich durch Raddruck oder
Verfestigung jeder anderen Art, tötet Bodenleben ab, mindert die
Fruchtbarkeit oder hebt sie ganz auf.

Dünger braucht das Bodenleben keinen, weder mineralischen
noch künstlichen. Was es an Mineralsubstanzen zum Aufbau
seiner eigenen Leiber nötig hat, Kalk, Magnesia, Kali, Eisen,
Schwefel, Phosphor und Spurenelemente, macht es durch eigene
Arbeit aus den Tonmineralien im Lehm, aus mikroskopisch kleinsten Feldspat-, Glimmer- und anderen -kriställchen frei. Ganz
leeren Quarzsandböden setzt man statt Kalisalzen viel besser
Lehm zu.

Aber füttern muß man das Bodenleben – dies jedoch auch nur
nach dem von der Natur gegebenen Vorbild mit organischem,
das heißt pflanzlichem und tierischem Abfall. Der kommt entweder roh oben auf die Bodenoberfläche (im natürlichen Zustand
als Blätter, Gras usw., im vorverdauten als Frischkompost) oder
als Reifkompost in die oberste Bodenschicht.

Schon das Durcheinanderwerfen der verschiedenen Bodenschichten, wie es das Umgraben, das Fräsen oder tiefes Pflügen
mit dem Wendepflug zur Folge hat, bringt einen Teil des Lebens
in ihm zum Absterben und damit eine Minderung der Fruchtbarkeit oder mindestens eine Verzögerung schnellen Wachstums: was
dazu bestimmt ist, in der lufthaltigen obersten Bodenschicht
durch grobe mechanische Zerkleinerung die Verrottung einzulei-
ten, kann in der dichteren Unterschicht, wo eine ganz andere
Aufgabe zu lösen ist, nicht gedeihen und umgekehrt.

Die so ungeheuerlich kleinen Bodenlebewesen haben natürlich
auch eine ungeheuerlich dünne und damit empfindliche Haut.
Jede, sagen wir Verschärfung des Bodenwassers, in dem sie
schwimmen, geht sofort durch die Haut hindurch und tötet ab.
Gerade die leichtlöslichen künstlichen Stickstoff- und Kalisalze,
mit denen man so rasch ein mastiges Wachstum der Kulturpflanzen einleiten kann, wirken als Gift auf das Bodenleben und ma-

chen damit die Pflanze selbst anfällig für Schädlinge. Zu dem Gift, das man in den Boden gegeben hat, muß man nun neues obenauf spritzen; man kommt in einen Teufelskreis, aus dem es kein Entrinnen gibt. Denn alles, was als Gift auf die Kräuter, Sträucher und Bäume und als Gift auf den Boden gegeben wird, kommt schließlich in diesen hinunter und tötet weiter, manches fast zehn Jahre lang. Auch die Antibiotika, die dem Mast- und Legefutter für Kälber und Hühner beigemischt werden in der Absicht, lebensgefährdende Darmbakterien abzutöten, damit die Tiere die Qual dieser Haltung und Fütterung überhaupt durchstehen, kommen schließlich im Kälber- und in dem nun massenhaft billig angebotenen Hühnermist in den Boden und töten dort weiter eben jene Bakterien, welche doch die Grundlage alles Bodenlebens und seiner Wirkung darstellen. Wenn die hier zuständigen Gesundheitsbehörden behaupten, daß weder im Fleisch noch in den Eiern solche Antibiotika – nach Auskunft eines befreundeten Futterherstellers je nach Tierart Aureomyzin, Bacitrazin und Penicillin – enthalten sind, dann müssen sie eben im Mist sein.

Sehr abhängig ist das Bodenleben von der Wärme seiner Umwelt. Leicht läßt man sich im März von dem schön abgetrockneten lockeren Zustand der Beete täuschen. Unter der dünnen Decke ist es aber noch kalt, da rührt sich noch nichts, und was man trotzdem sät und pflanzt, das keimt nicht, das wächst nicht und geht leicht in den folgenden kalten Wochen zugrunde, weil es noch keinen Schutz durch tätiges Bodenleben hat. Der Erfahrene wartet, bis der Boden auch in tieferer Schicht selbst nach kalter Nacht wenigstens fünf Grad warm ist. Im Herbst aber arbeitet das Bodenleben noch erstaunlich lang, wenn nur eine dünne Decke aus Gras oder Rohkompost die Erde noch vor den zunächst nur einzelnen Nachtfrösten schützt.

Jeder Landwirtschaftsschüler und jeder Gärtnerlehrling im zweiten Lehrjahr kennt aus seinem Düngekalender das eindringliche Bild des Wasserschaffs mit den verschieden hohen Dauben. Auf jeder steht der Name eines wichtigsten Nährstoffs: Stickstoff, Phosphorsäure, Kali, Kalk. Die niedrigste Daube bestimmt die Menge Wasser, die das Schaff fassen kann, also die Ernte. Aus begreiflichen Gründen fehlen aber diesem Schaff die Dauben mit den Bezeichnungen Dauerhumus, Bodenleben. Dabei arbeiten doch in einem Hektar gesunden Ackers zehntausend Kilogramm Bodenlebewesen, im Dauergrünland zwanzigtausend! Das anscheinend so lehrreiche Bild ist unvollkommen; es ist vom Händler erfunden und zeigt nur jene Hilfsstoffe, die man bei ihm kaufen kann.

5. Die Kunst, Kompost „neuer Art" zu machen

Mit vollen vierzig Jahren Erfahrung in der Kunst, Kompost „neuer Art" zu machen (und das im kleinen wie im ganz großen: wer hat schon einmal dreihunderttausend Meter Kompostmieten aufsetzen lassen?), kann ich wohl wirklich hieb- und stichfest – natürlich gibt es auf der Gegenseite Hauer und Stecher – die arbeitsmäßig einfachste Art der Übung dieser Kunst aufzeigen. Es ist tatsächlich eine Kunst, nicht einfach eine überall gleiche Übung; „Kunst" heißt hier, ein Gefühl dafür haben, wie das zugrunde liegende Verfahren nach Klima, Bodenart, Grundstoffen und Zwecken abgewandelt werden muß.

Um wieder mit unserem Holzapfelbäumlein anzufangen: wir wollen die Art, in der die Natur in dessen Wurzelbereich Bodennahrung durch Bodenleben herstellt, so in die Hand bekommen, daß wir auf gleicher Fläche die zehnfache Menge von Bodenleben und Bodennahrung erzeugen können; das stellen wir dann zu gegebener Zeit unseren Boskoop-Bäumen zur Verfügung, unseren Marienbirn-Spindelbüschen, unseren Kartoffelstauden und allem Gemüse und Beerenobst, die in unserem Klima überhaupt gedeihen können.

Unsere Komposthaufen oder – um uns etwas feiner auszudrücken – Kompostmieten haben nichts zu tun mit jenen ungeordneten Abfallhaufen, wie man sie in der hintersten Ecke des kleinsten Schrebergartens ebenso finden kann wie in der Großgärtnerei. Unser Kompostplatz muß sich von diesen Winkeln unterscheiden wie eine Molkerei von einer Kohlen- oder Alteisenhandlung. Er darf nicht abgelegen, sondern muß dort sein, wo man bei aller Gartenarbeit am öftesten hinkommt: neben der Werkzeughütte oder nahe bei den Frühbeeten. Dort legt man zwei Haufen nebeneinander an mit 2,00 m Sohlenbreite im größeren Garten oder in der Kleinlandwirtschaft, mit 1,50 m im Kleingarten. Die Länge ergibt sich aus der Größe der Beet- und Ackerflächen, die mit Kompost bewirtschaftet werden sollen, und beträgt für je hundert Quadratmeter drei bis vier Meter.

Wer irgend kann, sollte diese Sohlen der Kompostmieten gleich umgrenzen mit Pflasterstreifen aus hydraulisch gepreßten Kunststeinplatten mit einer Größe von 40 × 80 cm. Das allein macht es leicht möglich, die Kompoststatt immer blitzsauber zu halten (man wird später noch staunen, wie fest der Kompost an unseren Schuhsohlen „pappt".)

Die Sohle selbst soll in der Mitte höher liegen als an den Rändern, also einen flach-dachförmigen Querschnitt haben, damit überschüssiges Wasser leicht abfließen kann. Sie soll auf 25 bis 30 cm Tiefe aus Muttererde oder Lehm bestehen, damit sich die Regenwürmer dort nach unten verziehen können, wenn sie oben ihre Arbeit getan haben oder wenn es oben zu trocken oder zu kalt wird. Man staunt, wenn man es einmal zu sehen bekommt, wie viele Regenwürmer dort überwintern! (Auf einer leeren Sohle war ein Plastiksack mit Torfmull bis in den Winter hinein liegengeblieben; als er weggeräumt wurde, war unter ihm ein dichtes Geflecht halberwachsener Regenwürmer, die eilig im Boden verschwanden.)

Ob man die Kompoststatt im Schatten einrichtet, wie es früher allgemein angeraten wurde, oder nicht doch in der Sonne, das wird vom Klima bestimmt. Im Komposthaufen soll feuchte Wärme herrschen; die hat man in warmen Klimalagen mit größerer Sicherheit im Schatten, am besten von Bäumen, sonst auch auf der Nordseite, besser noch auf der Westseite von Gebäuden. In kühler Landschaft schaffen wir die für schnelle Reife des Kompostes nötige Wärme leichter in der Sonne; gegen ein Übermaß kann man die Mieten durch einen Mantel aus altem Gras ausreichend schützen.

Windschutz aber muß sein; die Kompoststatt ist ja eine Art Brutofen. Gut eignet sich dazu eine Umpflanzung mit einer Reihe Sträucher von Schwarzen Johannisbeeren, auch von Himbeerruten (der Sorte Malling Promise oder Kelleriis 5), wenn diese sauber an Spalierdrähten aufgebunden sind. Im feuchten Boden ist ganz prächtig eine Wand des mehr als mannshoch werdenden Waldgeißbarts (Aruncus silvester), einer einheimischen ausdauernden Staude; sie läßt im Frühjahr Luft durch, so daß alles schnell abtrocknet, und schafft im Sommer ein richtiges Waldklima.

Wo Raum ist, bildet eine Wand von Holunderbüschen die prächtigste Umpflanzung, aber wirklich nur, wo Raum ist. Wo Gärten, Häuser und Hausfrauen nah beieinander sind, würde man sich bei diesen letzteren ziemlich unbeliebt machen: sie mögen es gar nicht, wenn die Amseln zum Trocknen aufgehängte weiße Wäsche mit halbverdautem lila Hollersaft anfärben. Selbstverständlich muß man von der Kompoststatt im Garten mit dem Schubkarren, in der Landwirtschaft mit Fuhrwerk frei weg zu den Orten des Verbrauchs fahren können.

Für eine saubere Kompoststatt mit Wasserzapfstelle und einem Vorratsplatz für lehmige Erde und Torfmull braucht man etwa ein Zehntel der Fläche des mit Kompost bewirtschafteten Gartens. In ganz engem Raum kann es notwendig sein, vom Komposthaufen auf Kompostsilos überzugehen. Es wird da jetzt mancherlei angeboten. Holz als Werkstoff wird vom Bodenleben sehr rasch zerstört; Imprägnierungsgifte für Holz (zum Beispiel chlorierte Naphthaline) töten Bodenleben; Betontafeln sind unhandlich schwer; als sehr brauchbar habe ich gefunden die aus Asbestzementbrettern zusammengesteckten Silos der Firma Julius Wege in 3553 Cölwe. Am besten stellt man zwei nur zwei Bretter hohe Silos nebeneinander. Bei allen solchen Silos muß der Inhalt Verbindung zum Erdboden haben, damit die Regenwürmer frei hinauf- und heruntersteigen können, und durch die Seitenwände muß genug Luft kommen.

Solche Silos kommen auch sonst für Gärtner in Frage, die außer dem Allgemein-Kompost noch Sonder-Komposte brauchen, wie ich für Wildrhododendren, Azaleen, Zaubernuß-Gewächse und Magnolien und für die Alpenflora unter meinen Lärchen. Dieser Kompost wird nur aus Laub gemacht, ohne Kalk, ohne Erde, mit etwas Zubuße von Horn-Knochen-Blutmehl, geimpft mit etwas von dem anderen Kompost. Diese Lauberde ist vom Frühjahr bis zum Herbst fertig. Lindenlaub kommt schon im Herbst hinein, Eichenlaub bleibt unter den Bäumen liegen bis zum Frühjahr. Die Meinung der Berufsgärtner, man könne aus Eichenblättern keine Lauberde machen, Lauberde brauche überhaupt drei Jahre, ist widerlegt.

Und nun heißt es: „Fanget an!"

Anfangen heißt ringsum alles zusammensammeln, ja zusammenkratzen, was an „Bestandesabfall" zu finden ist und was laufend neu anfällt. An Werkzeugen brauchen wir einen hölzernen und einen eisernen Rechen, eine vierzinkige Mistgabel und einen oder zwei ganz flache, aber sehr breite Reisigkörbe. Mit diesen bringen wir den Abfall an das eine Ende eines der beiden Kompostfelder und bauen aus diesem Vorrat gegen Abend vom anderen Ende her die erste Kompostmiete auf. „Gegen Abend" als Ratschlag klingt etwas merkwürdig; es ist aber eine lange eigene Erfahrung, daß nichts einen wenn auch noch so langen Arbeitstag besser abschließt als der Anblick der sauber aufgeräumten Kompoststatt und des jeweils letzten mathematisch genau aufgesetzten Haufens.

Man beherzige beim Aufsetzen immer, daß „Kompost" bedeutet „das Zusammengesetzte" und beherzige weiterhin den Lehrsatz des griechischen Philosophen Heraklit aus dem sechsten Jahrhundert v. Chr., den mir August Bier, der große Chirurg und Waldbauer, mitgegeben hat: „Die Natur vereinigt die Gegensätze zur Harmonie!" Je bunter die Mischung des Abfalls ist, den wir aufsetzen, um so vollkommener wird der Kompost am Ende sein – deswegen zunächst der Vorratshaufen, um mischen zu können.

In den Haufen kommt wirklich alles, was anfällt, wenn es nur nicht mehr als spannenlang ist. Unbrauchbar sind im Herbst die noch frischen großen Blätter von Ahorn, Roßkastanie, Tulpenbaum. Die legen sich zu so dichten Paketen aneinander, daß sie nicht verrotten können und als Fremdkörper im Haufen wirken. Sie bleiben den Winter über an Ort und Stelle liegen, bis sie zum Frühjahr hin verschrumpelt sind, und kommen dann erst herein. Die Stiele und Stämme von Sonnenblumen, von Macleaya und die Strünke von Rosenkohl werden mit dem Handbeil zerhackt – Erwerbsgärtner, Baumschulbesitzer und Winzer werden sich Hammermühlen oder ähnliches bauen lassen; Himbeerruten, Baumschnitt, Reisig werden möglichst noch in grünem Laub auf Spannenlänge zerschnipselt – das gibt einen ungemein beruhigenden entspannten Tagesausklang. Was die Schere nicht mehr packt, wird verbrannt; die Asche kommt auf die Mohrrüben-, Karotten- und Selleriebeete. Das Reisig macht den Haufeninhalt luftig; holzreicher Kompost tut schweren Böden be-

sonders gut. Ich habe schon Maschinen-Hobelspäne mit einge-
arbeitet.

Solches Gemisch aus Gegensätzlichem: Nassem und Trockenem, Erdigem und Reinem, Grobem und Feinem, Sperrigem und
Dichtem setzen wir nun am anderen Ende des Kompostfeldes
ganz gleichmäßig in einer Schicht von etwa 20 cm Höhe auf,
bestreuen diese mit ganz feinem Kalkpulver, aber ja nicht mit
mehr, als Zucker auf einem vernünftigen Kuchen ist, und geben
darüber als Quelle von tierischen Stickstoffverbindungen in
einer Menge von etwa 200 g auf einen Quadratmeter eine Mischung von Horn-Knochen-Blutmehl* oder auch anderer mine-
ralsalzfreier Mischungen tierischer Abfälle oder eine dünne
Schicht von feinzerteiltem Stallmist, Schaf- oder Karnickelmist,
und dazu noch eine kleinfingerdicke Schicht von lehmiger Erde,
und vermischen das Ganze einfach dadurch, daß wir mit der
Mistgabel draufklopfen.

Das Grünzeug muß mit Wasser angefeuchtet werden; der
Haufen soll im Innern zunächst so feucht sein wie ein ausge-
drückter Badeschwamm. Darauf muß man achten; denn die so
mannigfachen Umsetzungen der Stoffe gehen nur bei Anwesenheit von so viel Feuchtigkeit richtig vor sich, wie sie der Regenwurm in seinem Innern birgt. Ist der Haufen zu trocken, dann
wird er heiß und schimmelt; ist er zu naß, dann fehlt die Luft und
an die Stelle von Verrottung tritt stinkende Fäulnis. In einer
Kompoststätte darf es nicht schlecht riechen, andernfalls ist wirklich etwas „faul", also falsch.

In ganz gleicher Art bauen wir nun Schicht auf Schicht übereinander, bis der Haufen einen guten Meter hoch geworden ist.
Er soll nicht senkrechte Seitenflächen haben wie aufgesetzter
Stapelmist, sondern soll schräg nach oben zusammenlaufen, so
daß so etwas wie eine oben stumpfe Kartoffelmiete entsteht.

Wer Stalljauche haben kann, verzichtet auf die Zwischenlagen
von organischen Düngern und begießt mit ihr durchdringend den
fertig aufgesetzten Haufen.

Zum Schluß muß der Haufen noch eine Haut bekommen, wie

* Der Firma Ludwig Engelhart in München 25, Sylvensteinerstr. 14
oder des Cornawerks Wölper & Co. in Ulm

auch der Regenwurm, unser Vorbild, eine hat. Die muß licht- und winddicht sein, aber Luft und Wasserdampf durchlassen. Von allem, was da vorgeschlagen wird, hat sich altes Gras am besten bewährt. Das muß entweder vor oder spätestens in der Blüte gemäht sein, damit es keine Samen bilden kann, oder spät im Herbst, wenn alle Samen schon ausgefallen sind. (Man holt es schlimmstenfalls von Straßenböschungen; der neuzeitliche Gärtner muß mit der Sense mähen können!) Der dicke Flausch, in den man den Haufen hüllt, soll dem Innern eine möglichst gleichmäßige Wärme von etwa 18 Grad sichern. Ein gut Teil des Grases arbeiten die Würmer in den Haufen. Die Decke verfilzt allmählich zu einem dünnen Teppich, mit dem man fast ein Jahr lang arbeiten kann, bis er schließlich in einem Komposthaufen untergeht.

Im Haufen selbst verrottet Gras sehr schlecht, am schlechtesten Rasenschnitt. Es legt sich zu dicht zusammen. Ist es naß, fault es; trockenes wird heiß und schimmelt; die Regenwürmer weichen aus. Schimmelpilze und hohe Erwärmung sind unerläßlich bei der Verrottung von Stadtmüll. Wir bleiben bei den natürlichen Gegebenheiten, wie wir sie im Schatten unseres Holzapfelbäumleins vorfinden. Wir müssen ja auch nicht Wurmeier oder andere Krankheitskeime zum Absterben bringen.

Wer genug Gras hat, deckt im Garten allen jeweils offenen Boden damit zu, besonders den unter Beerenobststräuchern, und die Obstbaumscheiben. Das hält die Bodenfeuchtigkeit beisammen, schützt vor Unkrautwuchs, läßt das Bodenleben bis ganz an die Erdoberfläche herauf arbeiten und wird, ohne jede Arbeit für uns selbst, von den im Schutze dieser Bodendecke hausenden Regenwürmer zu Kompost gemacht.

(Wer in warmem trockenem Mittelmeerklima mit Kompostwirtschaft anfangen will und noch keinen Rohstoff für Kompost hat, der beginnt mit „stone mulching". Er belegt die Beeterde mit dünnen Steinplatten; unter diesen bleibt die Erde feucht und krümelig und es sammeln sich unter dem Plattenbelag Regenwürmer. Die nächste Stufe bildet dann eine Schicht von irgendwelchem Grünzeug, über das man wieder die Steinplatten legt.)

Wir müssen uns noch etwas mit den Erdzwischenschichten beschäftigen, die wir in den Komposthaufen einbringen sollen. Da gibt es keine Zahlen; wir sind da noch auf Fingerspitzengefühl – also Kunst – angewiesen. Diese Erde soll lehmig sein, also Löß, sandiger Lehm oder lehmiger Sand. Sie soll den Rohstoff geben zu jenen Ton-Humus-Komplexen, die der wichtigste Bestandteil von Dauerhumus sind. Der aber ist die Grundlage für das rechte Gedeihen der Gesamtheit unseres Bodenlebens. Der Erfahrung nach genügt von normal lehmigem Garten- oder Ackerboden ein Belag von Kleinfingerdicke auf einer 20 cm starken Schicht von Grünzeug. Bei dichtem Tonboden reicht die Hälfte, sonst wird der Kompost so schwer wie der Boden, den er doch lockern soll. In einer Landschaft mit reinem Sandboden muß man den Lehm von anderswoher holen, etwa in der Form von trockenen Lehm-ziegeln, wie man sie bei Hafnern bekommen kann. Die weicht man in Wasser zu einer dünnen Brühe auf, mit der man die Grün-masse begießt. Oder man holt Tonbrocken aus einer Ziegelei, macht auch aus diesen eine Brühe oder läßt sie im Winterfrost zerfallen. Dann muß man dieses Pulver rechtzeitig mit Sand oder Torfmull mischen, sonst pappt es wieder zu einer geschlossenen Masse zusammen. (Wo noch in Anfangszeiten von lehmigen Bö-den viel Unkraut samt den Wurzeln anfällt, genügt das an diesen hängende Erdreich vollauf.)

Geradezu wissenschaftlich vornehm ist Einstreuen des wir-kungsvollsten Tonminerals Montmorillonit, das als Pulver unter dem Namen Montigel im Handel ist*.

Während unser Komposthaufen an einem Ende immer weiter fortwächst, sinkt er am anderen merklich zusammen. Wir schauen innen nach: alle Regenwürmer haben ihn verlassen; der Mohr hat seine Schuldigkeit getan – er ist gegangen. Jetzt be-herrschen die Kleinen und Allerkleinsten das Arbeitsfeld und es ist der richtige Augenblick gekommen, den Haufen umzusetzen, das heißt, ihn noch einmal ganz durcheinander zu mischen. Wir ziehen den Grasmantel ab und rücken den Haufen um einen oder zwei Meter weiter, oder legen ihn auf das Nachbarbeet hinüber dadurch, daß wir mit dem Krail das Obere nach unten ziehen, das Äußere nach innen, das Untere nach oben, das Innere nach außen und dabei dem Haufen wieder die alte höhere Form geben,

---

* bei Ernst-Otto Cohrs in 213 Rotenburg, Postfach 73

ihn annässen, wenn er zu trocken sein sollte, und ihn mit dem Gras wieder zudecken.

Küchenabfälle, besonders gekochte, können eine Fliegenplage verursachen, wenn sie auf dem Komposthaufen nicht sofort mit Erde zugedeckt werden. Im Winter, wenn Frost das unmöglich macht, gibt man die Küchenabfälle in ein leeres Silo oder in eine Kiste und breitet irgendeine Decke darüber, damit nicht Amseln, Krähen, Eichelhäher alles in der Gegend herumstreuen.

Wenn der Haufeninhalt mit oder ohne Umsetzen so weit verrottet ist, daß nur noch die holzigen Teile ihre Form behalten haben, ist er fertig zu jeder Art der Verwendung. Das hat vom Aufsetzen an im warmen Sommer sechs bis acht Wochen gedauert; der Winter zählt bei solcher Rechnung nicht mit, da rührt sich im Haufen nichts, im noch kalten Frühjahr nicht viel.

Auf einem ganz neu eingerichteten Kompostplatz kommt die Verrottung nur langsam in Schwung. Wir haben ja an Bodenleben zunächst nur jene nicht allzu große Gesellschaft, die schon an Ort und Stelle war. Sie kann sich an Arten nur allmählich vervollkommnen. Da lohnt es sich sehr, bei einem schon erfahrenen Kompostmacher um eine Mark einen Kübel voll reifem Kompost zu kaufen. Auf einer „eingefahrenen" Kompoststatt dagegen geht im Sommer die Verrottung ganz unglaubhaft schnell voran. Da lernt man es, von dem sauberen schichtenweisen Aufbau des Haufens, mit dem man sich in Kunst und Wesen des Kompostierens einarbeiten muß, zu überlegtem „schöpferischem" Arbeiten zu kommen.

Wir können nun feststellen, daß reifer Kompost nach Walderde duftet, also nach dem Vollkommensten, was es an Erdarten bei uns gibt. Auch vorher schon war an der Kompoststatt, wenn wir immer sauber gearbeitet haben, nie irgendein übler Geruch. Schaut also ein Nachbar sorgenvoll über den Zaun, wenn neben diesem ein Komposthaufen aufgebaut wird, so können wir ihn mit bestem Gewissen beruhigen – er wird weder durch Geruch noch durch Ungeziefer behelligt werden. Es ist sogar gar kein übler Anblick, wenn an einem sonnigen Wintertag über dem Haufen eine luftige Säule der winzigen Trauertanzmücken schwebt. Es schadet aber weder dem Nachbarn noch uns, wenn wir zwischen Zaun und Komposthaufen ein paar Büsche entweder des einheimischen Roten Holunders (Sambucus racemosa) oder des amerikanischen Riesenholunders (Sambucus canadensis maxima) pflanzen, dessen Blütenteller manchmal einen Durchmesser von vierzig Zentimeter haben können. (Sambucus racemosa ist eine Wald-Schlagpflanze und wird nicht älter als fünfzehn Jahre.)

Jene natürliche Zutat zum Kompost, die am meisten Schwierigkeiten bereitet, ist ein Zuviel an Regen. Zuviel Niederschlagswasser im Kompost bedeutet zu wenig Luft; ohne Luft aber gibt es kein Leben, nicht im Boden, nicht im Kompost.

Nach meinen bisherigen Beobachtungen ergibt ein Jahresniederschlag von 600 bis 700 mm das richtige Maß von Feuchtigkeit in die Komposthaufen, die man ja nur in den Tropen unter luftige Dächer bringen wird. In meinem alten Münchner Garten bin ich mit 800 mm Niederschlag noch zurechtgekommen, weil die Kompoststatt unter hohen Eschen und Linden lag. Ein Teil des Regens verdunstete von dem Laub weg, ein anderer rann an Ästen und Stämmen zu Boden. In meinem neuen Garten über dem Ammermoos aber stimmt der Klimaatlas nicht. Er gibt als Jahresdurchschnitt 850 mm an; wir hatten aber in drei aufeinanderfolgenden Jahren etwas über 1000 mm, dann 1225 mm und schließlich über 1400 mm. Das hatte zur Folge, daß man den Kompost nicht zu der für den Garten richtigen Zeit verwenden konnte, sondern immer wieder warten mußte, bis er einigermaßen abgetrocknet war. Deshalb habe ich schon seit langem Versuche gemacht, die Komposthaufen durch Abdecken mit Planen vor einem Übermaß an Nässe zu schützen. Die zuerst erprobten durchsichtigen Folien aus stärkerem Polyvinylchlorid erwiesen sich als ungeeignet. Sie sind in der Kälte unbewegbar starr, werden am Sonnenlicht bald brüchig und sondern ständig von ihrer Oberfläche Salzsäure ab. (Das Riesenmolekül Polyvinylchlorid, das zu zwei Dritteln aus Chlor besteht, kann die äußeren seiner über dreihunderttausend Ionen nicht festhalten.) Hängt man sie zum Trocknen über eine Hecke, sterben die berührten Blätter ab; legt man sie auf die Wiese, bekommt man dort große viereckige gelbe Flecken.

Ich glaube, jetzt das Richtige zu haben in einem Leichtplanenstoff, der aus Polyäthylenbändchen gewebt und beiderseits mit farblosem chlorfreiem Polyäthylen beschichtet ist*. Er ist leicht, auch in der Kälte zäh und gegen den zerstörenden Einfluß von Ultraviolettlicht gesichert. Ein gutes Größenmaß ist 2,20 m Breite und 4,00 oder 6,00 m Länge, mit Blechösen an den Rändern. Man hält die Plane mittels schräg durch diese eingesteckte zähe Stöckchen am Boden fest (sie wachsen mir in der Bambushecke um das Schwimmbecken herum von selber zu).

Der über den Winter 1968/69 mit einer solchen Plane zugedeckte Haufen hat im März 1969 den schönsten Kompost ergeben, den ich bisher überhaupt erzeugen konnte: locker, dunkelbraun, feinkrümelig und duftend wie Walderde. Der trockene warme März verlockte zum vorzeitigen Aufdecken; der April aber war kalt und naß, der Kompost wurde wieder dicht und schwer; man mußte lange warten, bis man ihn überhaupt ausbringen konnte, und dann hatte ich den Eindruck, daß Wachstum und Keimung verzögert würden. Eine biologische und chemische Untersuchung des Kompostes in dem großartigen Labor des Blaubeurer Kompostwerks bestätigte meine Vermutung: die Probe enthielt wieder Ammoniak! In dem trockenen reifen Kompost war der Stickstoff voll zu Nitrat oxydiert worden; unter Luftmangel und Nässe ging der Prozeß wieder zurück, statt Verrottung entstand Fäulnis und damit Gift, welches das an sich reife Bodenleben sich nicht richtig auswirken ließ. Dabei wurde doch der Gehalt des Komposts an Azotobakter (stickstoffsammelnden Bakterien) schon als „prachtvoll" bezeichnet.

Schon jetzt läßt sich sehen, daß unser Komposthaufen eine saubere, ja appetitliche Angelegenheit ist. Ehe wir weiterbauen und dann nachschauen, was sich in dem Haufen alles tut, müssen die wichtigsten der Fragen beantwortet werden, die sich immer wieder erheben.

Da ertönt angesichts des ganz neuen und noch ganz leeren Gartens mehr Schrei als Frage: „Ja, woher denn das alles nehmen und nicht stehlen?" Ja, warum denn nicht „stehlen", wenn das nur heißen soll, mehr oder minder herrenloses Gut von draußen hereinzunehmen? In meinen Anfangsjahren habe ich auch vom gemeindlichen Straßenkehrer Herbstlaub zu mir herein-

* Wird unter dem Namen Deltaplan geliefert von der Firma Leopold Siegle in 89 Augsburg, Postfach 1.

fahren lassen – gegen eine Maß Bier, wie es damals noch hieß; weil der „Straßer" weiter draußen im Land auch keine Geißen mehr hält, hat er nichts dagegen, wenn ein anderer ihm die Böschungen mäht.

Wer aber wirklich auf Neuland anfängt, etwa gar zusammen mit dem Bau eines neuen Hauses, der muß mit Kompost ganz anderer Art beginnen. In der Regel ist der neue Bauplatz eine mehr oder minder mäßige Wiese. Von der wird auf allen Flächen, die Haus, Garten und Baubetriebsplatz werden, die Grasnarbe ganz dünn, höchstens 2 cm stark abgehoben, entweder mit der norddeutschen Plaggenhaue, der süddeutschen Sandschaufel oder mittels einer leichten Planierraupe. Diese Grassoden werden zusammen mit Kalkpuder und irgendwelchem organischen Dünger zu Komposthaufen aufgebaut. Bis das Haus fertig ist, ist es auch der Kompost; man hat mit ihm einen unbezahlbar kostbaren Baustoff für den neuen Garten, der durch kein käufliches Mittel irgendwelcher Art ersetzt werden kann.

(Geradezu gefährlich für den kommenden Garten ist die übliche Art, den Mutterboden zusamt einer solchen Grasnarbe abzuschieben und auf einen Haufen zu werfen. Wo frische Grünmasse in den Boden kommt, holt sich die Natur gern als Hilfsarbeiter Drahtwürmer und Maulwurfsgrillen herbei; man hat viel Mühe und Schaden, bis man sie wieder los ist.)

Jede freie Mutterbodenfläche muß Pflanzenmasse liefern, ob Vorratshaufen oder Beet. Im Frühjahr wird angesät Alexandriner- oder Persischer Klee, Erbs-Wickgemenge auf Lehmböden, Gelbe Einjährige Lupine auf Sand; wenn erst im August angesät werden kann, Winterraps und Winterrübsen. Meine dreihundert Meter Kartoffel-, Gemüse und Staudenbeete liefern so viel Kompost, daß ich damit über deren Bedarf hinaus fast fünfzig Obsthochstämme und Spindelbüsche voll ernähren kann.

Sodann wird gefragt: „Was für Kalk?" Nach allen Erfahrungen und Überlegungen kann ich nur noch raten zu gemahlenem kohlensaurem Kalk. Besser ist noch, wo man ihn in landwirtschaftlichen Lagerhäusern bekommen kann, gemahlener kohlensaurer Magnesium-Kalk. Seit neuestem wird es eine Art von Mode, Basaltmehl einzustreuen. Basalt kommt nur vor in Hessen und im südbadischen Hegau, deshalb kostet die Fracht mehr als die Ware*. Basaltmehl enthält Kalk und Magnesia im richtigen Verhältnis, dazu noch Spurenelemente, soviel man haben will. Professor Dr. Laatsch hat schon vor Jahrzehnten festgestellt, daß sich mit Basalt besonders leicht Dauerhumus herstellen läßt.

Jetzt eben kommt aus Frankreich unter dem Namen Algomin oder Korall-Algenkalk ein Kalkmehl in den Handel, das aus getrockneten Meeresalgen besteht. Es enthält Magnesia in günstigem Verhältnis zu Kalk und, als Meereserzeugnis, in organischer Bindung alle Elemente, deren Boden-, Tier- und Pflanzenleben bedürfen. Zusatz von Algomin hat in Versuchen sogar reichlich kalkhaltigen Stadtmüllkompost zu höherer Lebendigkeit gebracht, muß also erst recht als Zusatz zu Gartenkompost diesen schneller und besser zur richtigen Rotte bringen. (Der Zusatz von Kalk zum Kompost hat nicht die Aufgabe, Kalkmangel im Boden zu beheben; er ist zur vollkommenen Rotte ebenso notwendig wie die feinen Kalkschuppen, die der Regenwurm in den Inhalt seines großen Darms hineingibt.)

Nie fehlt die Frage, ob man als „organischen" Dünger nicht den Inhalt der Abortgrube oder wenigstens den Schlamm aus der Faulkammer nehmen könnte. Hier gibt es nur ein hartes Nein. Die Wurmzeiten nach dem letzten Krieg sind vorbei. Was mit menschlichen Abgängen gedüngt ist, kann nicht gesunde Nahrung für Menschen sein. Die Kuh, die noch besser weiß, was ihr frommt, läßt auf der Weide wohlweislich die Grasbüschel stehen, die auf Kuhfladen gewachsen sind. Wer gar nicht weiß, wohin mit dem Zeug, der dünge damit seine Hecken oder den Hag außen ringsherum. Als gleich nach dem Krieg die kleinbäuerlichen Flüchtlinge überall sich ein paar Quadratmeter Wiese oder Acker zu Gemüseland machten und zum Düngen nichts anderes hatten als Latrine, da waren nach dem Zeugnis mehrerer befreundeter Landärzte mehr als Dreiviertel ihrer Patienten verwurmt. Kinder sind damals gestorben oder gerade noch durch eine Operation gerettet worden, weil ihre Eingeweide mit faustgroßen Knäueln von lebenden und toten Ascariden verstopft waren. Ich könnte noch ekelhaftere Geschichten aus jenen Zeiten erzählen. Keine Medizinalbehörde hat etwas dagegen unternom-

* Basaltmehl wird geliefert von Ernst-Otto Cohrs in 213 Rotenburg, Postfach 73, und von den Basaltwerken in 7717 Immendingen/Baden

men. Ein Wurmträger scheidet täglich einige hunderttausend Wurmeier aus, die monatelang lebensfähig bleiben. Auch die große Typhusepidemie von Neuötting in Oberbayern ist nicht durch eine verschmutzte Wasserleitung entstanden, wie es die Tageszeitungen berichteten, sondern so: anläßlich einer Feier der Ersten Kommunion gab es zum Essen grünen Salat, der mit Latrine gedüngt war – von diesem Mittagstisch aus ging die Seuche weit hinaus ins Land. Es ist ein gewaltiger Unterschied zwischen einem frischen Kuhfladen von grüner Weide und Latrine. Immer noch ist es bei Viehhütern Südamerikas üblich, auf eine wenn auch große offene Wunde, die ihnen ein Stierhorn in die Wade gerissen hat, als bestes Heilmittel frischen Kuhmist zu legen.

Auch der Begriff „Lehm" macht Kopfzerbrechen. Was wir in den Kompost an Erde bringen müssen, um die unersetzlichen Ton-Humus-Komplexe zu bekommen, muß nicht reiner Lehm sein. Mit Ausnahme reiner Sand- und reiner Humusböden sind die meisten Garten- und Ackerböden lehmhaltig genug. Das läßt sich mittels zweier verschiedener Prüfungen leicht feststellen: man presse eine erdfeuchte Probe des Bodens in der Hand zusammen; wenn sie beim Öffnen der Hand zerfällt, hat sie zuwenig Lehm. Oder man verrühre eine Probe in einem schlanken Glas mit Wasser; bei genügend lehmhaltigem Boden legt sich nach dem Absetzen des Sandes ein toniger Schlammanteil über diesen.

6. Die Kunst, mit Kompost umzugehen

Dem geneigten Leser wird es bewußt geworden sein, daß Kompost nicht ein Stoff, ein Körper gleichbleibender Eigenschaften ist. Der Kompost von heute war vor acht Tagen noch etwas anderes und wird in einer oder zwei Wochen wieder etwas anderes sein. Es sieht so aus, als wäre er etwas Lebendiges. Was ihn aber so erscheinen läßt, ist das Wirken des milliardenfachen Bodenlebens in ihm; er ist dessen Träger, Nährvater, Mehrer und Hort. Von seinem Vorhandensein und erst recht von seinem Wirken und Wert wußten 1930, als ich der gestrigen, der mechanistisch ausgerichteten Landwirtschaftswissenschaft Valet sagte, nur einige wenige Spezialisten. Mehr als das, was Charles Darwin 1882 über „Die Bildung der Ackererde durch die Tätigkeit der Würmer" veröffentlicht hatte, war nicht bekannt. Beachtet wurde das Wirken der Regenwürmer nur von erfahrenen natursichtigen Praktikern, wie dem großartigen deutsch-böhmischen Major Karl Stellwag. Ich habe wirklich ahnungslos, aber offenbar auch „natursichtig" in meinen Komposthaufen „neuer Art" stets zunehmender Fülle des Bodenlebens Wiege und Bett bereitet.

Nun geht es darum, diesen reifen Kompost als eine Art von Sauerteig oder Hefe in der rechten Art in den Boden zu bringen, damit sein Leben auswandere, die Beete erfülle und die Erde aufgehen lasse wie Teig von gutem Brot.

Dieses Bild wird den meisten der Heutigen nichts sagen. Sie haben nicht erlebt, wie die Mutter am Donnerstag vor den großen Feiertagen mit Mehl, warmem Wasser und Hefe ein „Dampfl" anrührte und warm zugedeckt in das hinterste Eck auf dem großen Küchenherd schob, wo die gußeiserne Platte nur lauwarm war. Wenn dieses Dampfl, das ja nicht kalt werden durfte, nach zwei Stunden überzulaufen drohte, kam es in die große, aus Ahornholz geschnitzte Backmulde, die voll war von angewärmtem Mehl – „man nehme neun Pfund Mehl . . .", begann das Rezept in dem dicken alten Kochbuch – und all den köstlichen Zutaten, von denen keine aus der Fabrik kam. Wenn der beinahe fertige Teig dann „geschlagen" werden mußte, kam die Mulde auf einen Küchenstuhl, an den beiden Enden hingen mein Bruder und ich und versuchten mit unseren geringen Gewichten Kuchenteig, Mulde und Stuhl am Boden zu halten, wenn die Mutter mit beiden Armen in den Teig griff und ihn so lang „schlagen" mußte, bis er Blasen warf. Angewärmt mußte das Mehl sein, wenn der Teig richtig aufgehen sollte, angewärmt von der Frühlingssonne auch unser Beet. Es ist mir schon manches von diesen beinahe „übergelaufen", so daß ich einen Teil des Unterbodens habe herausnehmen müssen (das ist dann die beste Erde für die Zwischenschichten im neuen Komposthaufen).

Der freundwillige Leser wird mir zugeben, daß es einem Mann, der aus seiner Jugend noch solche Bilder bewahrt hat, oder jenem jüngeren, der erlebt hat, wie man in der russischen Bauernhütte schweigen oder beten mußte, solange der Brotteig zum Gehen im Winkel hinter dem Ofen stand – daß es solchen Leuten nicht schwerfällt, die immer noch schöner, immer noch farbiger gedruckten Vorschläge der Düngerindustrien und der Lagerhäuser beiseite zu schieben und sich zu bemühen, immer mehr hinter das Geheimnis des fröhlichen Lebens unseres Holzapfelbäumleins zu kommen.

Erst in den letzten Jahren ist es mir dank dem besonders schwierigen Boden, auf dem ich arbeiten mußte, ganz klar geworden, daß es nicht der Kompost ist, der unsere Kräuter und Sträucher und Bäume so gesund heranwachsen läßt, sondern das milliardenfache Bodenleben selbst und allein, weil es aus dem Kompost auswandern kann, weil es neben den Wurzeln unserer Obstbäume her in die ungedüngte Wiese hinausläuft, Dauerhumus schafft, Kali, Kalk und Phosphorsäure aus den Bodenmineralien freimacht und den Baumwurzeln zur Verfügung stellt.

Ich weiß jetzt, warum Kartoffelstauden schon im ersten Sommer neuer Kompostwirtschaft freibleiben von Kartoffelkäfern und ihren Larven, warum aber neugepflanzte Obstbäume noch ein paar Jahre lang voll von Blattläusen sitzen, bis diese ganz plötzlich verschwinden müssen.

Aber ich weiß nicht, warum unsere Kulturpflanzen nur dann ihre vollkommene Gesundheit und damit volle Abwehrkraft gegen jeden Schädling erreichen, wenn sie mit ihren Wurzeln in reichstmöglichem Bodenleben stehen. Es genügt mir durchaus, mit Goethe „das Erforschliche erforscht zu haben und das Unerforschliche ruhig zu verehren". Daß gesundes Leben nur von reichem Lebendigem kommt, ist mir Weisheit und Erkenntnis genug.

Damit dieses Lebendige nun in der rechten Art in unsere Beete kommt, müssen wir den Kompost feinverteilt mit deren Boden mischen, aber nur mit der obersten lufthaltigen Schicht. Der Kompost darf ja nicht austrocknen, sonst geht das Leben in ihm in scheintote Dauerformen über; deshalb das Vermischen mit der obersten Bodenschicht oder das Abdecken mit Gras oder Laub. Auch unter unserem Holzapfelbaum liegt der schon reife Kompost unter einer Decke von Herbstlaub. Jener Teil unserer Kleinsthelfer, die in dichterem Boden arbeiten, wandert von selber in diesen hinunter. Um leicht und fein mit dem Kompost arbeiten zu können, geben wir ihn durch ein Wurfgitter mit 15 mm Maschenweite. Auf ein saatfertig hergerichtetes Beet mit 6,00 m Länge und der üblichen Breite von 1,20 m fahren wir zwei gute Schubkarren voll dieses gesiebten Komposts und breiten ihn mit einem kurzzähnigen Holzrechen gleichmäßig aus; das gibt eine Decke von genau 1 cm Stärke. Mit einem Wolf-Krümler vermischen wir sie mit der obersten etwa 6 cm tiefen Schicht der Beeterde und rechen diese wieder glatt – und das alles bei schon oder noch warmem Boden. (Ich habe mir angewöhnt, möglichst viele meiner Beete schon im Herbst saat- oder pflanzfertig herzurichten.)

Was bei dem Sieben des Komposts nicht durch das Wurfgitter gegangen ist, kommt als Impfung in den neuen Komposthaufen.

Bei den Beerensträuchern und den Obstbaumscheiben können wir uns die Arbeit etwas leichter machen. Wir können dort den Kompost nicht mit der Erde mischen, weil dicht unter der Oberfläche der wichtigste Teil des Wurzelwerks der Sträucher und Bäume hinstreicht, das wir nicht stören sollen. Wir breiten da den ungesiebten Kompost – zusamt erst halbverrottetem Holz usw. – in einer Stärke von 2 cm aus und decken ihn im Frühjahr mit einer handhohen Schicht von Gras oder Laub zu. Unter reichtragenden Obstbäumen darf diese Kompostschicht 3 cm stark sein oder auch zur Hälfte aus verkompostiertem Stallmist bestehen. Man hat das ganze Jahr über den Eindruck, daß die Erde der Baumscheiben bis in ziemliche Tiefe hinab wirklich „aufgeht", ohne daß dazu etwas getan werden muß. Schon die bloße Abdeckung der Baumscheiben vermehrt den Gehalt des Bodens an Phosphorsäure*.

Das Abdecken von Beeten oder Baumscheiben mit Gras oder Laub hat wohl den Zweck, die Flächen zu beschatten, feucht zu halten und vor Wind, Sonne und Austrocknen zu schützen, mehr aber noch den, das Bodenleben zu füttern. Deshalb kann diese Decke den Sommer über dick sein; im Winter muß sie dünn bleiben, einmal, um die Wühlmäuse nicht zu verlocken, ihre Winterstuben darunter zu bauen, und zum anderen, damit der mindestens für schwere Lehmböden so wichtige Winterfrost genügend tief eindringen kann.

Deshalb werden Beete, die man schon im Herbst saat- oder pflanzfertig hergerichtet hat, mit einer zweifingerdicken Schicht von Gras, Stroh oder Laub abgedeckt. Wenn nebenan der offene Boden schon handtief gefroren ist, dann ist unter solcher Decke immer noch Leben. Zieht man sie irgendwo rasch beiseite, dann kann man sehen, daß geradezu dicht an dicht die Regenwürmer tätig sind, sie in den Boden einzuarbeiten.

Das ist, genaugenommen, die ganze Kunst. Aber es ist doch eine, denn die Ausübung verlangt Fingerspitzengefühl für den Zustand der Erden: der Boden darf nicht naß und damit schmierig sein, das gibt Luftabschluß und allenfalls Fäulnis, und er darf nicht zu trocken sein, sonst wird alles zu luftig – das bedeutet Verlust an Humus.

Hat man Kompost reif und fertig zu einer Zeit, in der man ihn nicht ausbringen kann, dann läßt man den Haufen unberührt und gut zugedeckt warten auf seine Zeit. Unkundige schwätzen von Verlust an Wirkung und Kraft; nichts davon ist wahr. Die-

---

* Dazu Justus von Liebig: Einen Boden durch geeignete Mittel, aber ohne Zufuhr von mineralischen Nahrungsmitteln, verbessern, bereichern, fruchtbar machen, heißt einen Teil des toten, unbeweglichen Kapitals, das sind die chemisch gebundenen Bestandteile, frei beweglich und verwendbar für die Pflanze machen.

ser Reifkompost behält lang sein volles Leben; die abgewander-
ten Regenwürmer haben sogar ihre Eipakete zurückgelassen.

Eine Prüfung durch Dr. Rohde/Mahlow Anfang September
1969 brachte eine sehr wichtige Erkenntnis: Die immer noch sehr
tonige Sohle meiner Kompoststatt, über der zehn Jahre lang immerzu Komposthaufen jeden Reifegrades lagerten, war frei von
Nitrat-Stickstoff und von Phosphat, aber überaus reich an Kali.
Der Regen konnte also aus den Haufen weder Stickstoff noch
Phosphorsäure auswaschen; sie wurden vom Humus festgehalten. Das Kali aber war von dem auch nach unten wandernden
Bodenleben aus den Tonmineralien freigesetzt worden.

Ich konnte einmal mit einer zweiäugigen Lupe mit sechzig-
facher Vergrößerung in einen hellbeleuchteten Brocken von
Reifkompost (aus Stadtmüll) hineinschauen – ich muß irgend-
wann in ferner Jugend ein Modell eines Bergwerks gesehen
haben, in dem überall Männlein werkten und arbeiteten, so
fühlte ich mich durch den Einblick angerührt: da waren Säle mit
smaragdgrünem Samt ausgekleidet, andere goldfarben; es gab
Weißes zu sehen, Braunes und Schwarzes, und hurtig liefen wie
die Männlein von einst Erdmilben hin und her – ein Bild tätig-
sten Lebens!

Wer unreifen Kompost, den Unkundige Frischkompost nennen, in den Boden bringt, bekommt statt Nitrat Ammoniak, statt
Sulfat Sulfid, also Gifte in diesen hinein und erntet Schädlinge.
Man kann ihn nur als Bodendecke verwenden; das geht mit grobem Stadtkompost gerade noch an, Gartenkompost ist dafür zu
kostbar. Auch Geduld gehört zu unserer Kunst, die Fähigkeit, die
Reife abwarten zu können. Die Natur kennt keine Hast und
kümmert sich nicht um die unsrige.

Solcher Behutsamkeit im Umgang mit unserem Kompost muß
eine gleiche im Umgang mit unserem Boden entsprechen – also
fort mit Spaten und Grabgabel! Unmittelbar nach der jeweiligen
Ernte wird der Boden der Beete mit dem Krail durchgehackt und
dabei nur gelockert, nicht gewendet. Das Obere bleibt oben, das
Untere unten! Die Zinken eines richtigen Krails sind 18 bis 20 cm
lang – das genügt vollauf. Was darunter liegt, bleibt unberührt
als Arbeitsreich der Regenwürmer. Mit einem Wolf-Krümler
werden die obersten 6 bis 8 cm der Bodenbrocken zerkrümelt und

das Beet ist fertig zur Aufnahme des Komposts. Im allgemeinen gibt man den Beeten im Herbst eine Kompostschicht von Klein-fingerdicke und für Starkzehrer zeitig im Frühjahr auf den Qua-dratmeter etwa 50 g von Horn-Knochen-Blutmehl. Das Kali, das bei dieser Art zu düngen vollkommen fehlt, macht das Boden-leben aus dem Ton oder Lehm des Bodens pflanzenverfügbar frei.

7. Die große Prüfung

Was der geneigte Gartenfreund bisher gelesen hat, wird wenige Fachleute der alten Schule davon überzeugt haben, daß hier ein neuer und viel besserer Weg sich auftut, und schon gar keinen, der in irgendeiner Weise vom Kunstdünger oder vom Gift her sein Geld verdient. Man wird sagen, das sei alles ein Sonderfall dank besonders günstiger Gegebenheiten, oder sonst irgend etwas, was meine jahrzehntelangen Erfahrungen als nicht beweiskräftig erscheinen lassen soll. Von mir gänzlich unbeabsichtigt ist aber das Verfahren einer Prüfung von einer Härte unterzogen worden, die nicht leicht ein anderer überhaupt auf sich genommen hätte.

Als in meinem Münchner Garten der Schatten meiner nun hundertjährig gewordenen Linden und Eschen unüberwindbar und mein Wunsch, den Rest des Lebens nicht in der Großstadt zubringen zu müssen, unwiderstehlich geworden war, schenkte mir der immer hilfreiche Zufall fünfundsechzig Meter hoch über dem Ammermoos eine große Wiese in 600 m Seehöhe mit freiem Blick nach Süden bis aufs Gebirg. Vor dem Kauf ließ ich ein paar Löcher graben und fand einen steinfreien Boden ohne eine Spur von Kalk – beides geradezu Erfüllung eines fast lebenslangen Traumes. Im siebzigsten Lebensjahr baute ich noch einmal ein Haus und einen Garten, allerdings mit nun fünfzig Jahren Erfahrung auf beiden Gebieten. Es rächte sich aber, daß mir dieser so wunderbar steinfreie Boden durchaus unbekannt war – er erwies sich als der schlimmste in meinem ganzen Berufsleben. In München war ich von Besuchern aus freundlicheren Landschaften oft bedauert worden wegen der vielen Steine in meinem Boden – ich wollte, ich hätte sie auch hier!

Mehr als sechs Jahre habe ich gebraucht, bis ich diesen vermeintlichen Lehmboden wirklich erkannt habe. Ich konnte niemand fragen, weil ringsum nur Grünland ist, das nirgends umgebrochen wird. Das Grundstück heißt Ziegelwiese und war Vorratsland für eine längst aufgelassene Ziegelei. Der Boden ist nicht Lehm, sondern Ton, und zwar ein voreiszeitlicher, tertiärer, über den viermal ein paar hunderttausend Jahre lang zweihundert Meter Gletschereis hingegangen sind. Das hat ihn bis aufs äußerste verdichtet, das Schmelzwasser hat ihn vollkommen entkalkt. Trotzdem ist er mit 7,0 pH ganz neutral. Meine Wiese, die 1 : 10 nach Osten hängt gegen die tiefer liegenden ebenen meiner Nachbarn, stellt mit diesen zusammen ein geologisches Fenster dar: hier liegt der tertiäre Untergrund des Voralpenlandes offen, von dem der Würmgletscher alles Eiszeitliche, Moränen ebenso wie Schotter, abgeschoben hat. Als meine Nachbarbauern merkten, daß ich da einen Garten anlegen wollte, rieten sie mir dringend ab; das sei nun einmal Grünland, auf dem man nicht einmal Kartoffeln bauen könnte, sie müßten die ihren auch kaufen – Grund [genug], nun Kartoffeln zu bauen. Ausgerechnet das Stück, auf das der Wirtschaftsgarten kommen sollte, hatte ein früherer Pächter für Kartoffel- oder Weizenland umgebrochen und nach vollem Mißerfolg schwerstens verunkrautet liegengelassen.

Auch als Baugrund war mir ein solcher Boden noch nie untergekommen. Als es in die offene Baugrube geregnet hatte, war er zu einer wohlgeschmierten Gleitfläche geworden. Es ist fast ein Wunder, daß mein Haus nicht auf dem Abhang langsam zu Tal gewandert ist. Nach einem Gewitter hört man es in den Entwässerungsrohren unter dem Haus rauschen.

Jedenfalls zeigte es sich bei der Gärtnerarbeit, daß dieser Boden weder in nassem, noch in trockenem Zustand bearbeitet werden kann. Jeder Gartenarbeiter brauchte im Frühjahr zwei Spaten: mit dem ersten konnte er ein backsteingroßes Stück Erde herausheben, mit dem zweiten mußte er es von dem ersten herunterschieben und dann beide Spaten in Wasser tauchen. Heute noch erzählen sich die Leute als Witz: wenn man eine Schaufel voll von diesem Boden beiseite werfen wollte, flog die Schaufel mit! Ich wagte nicht zu überschlagen, was da der Kubikmeter Erdarbeit kosten würde.

In dem schönen Sommer 1959 lag der Boden in pflasterstein-großen harten Würfeln da; als diese beim Austrocknen Risse bekamen, versuchte ich sie mit einem schweren Vorschlaghammer zu zertrümmern – da gingen die Risse wieder zusammen – gegen solche Zähigkeit gab es kein Mittel. Auch der Versuch, den Boden in einen mittleren Zustand, in dem er sich mit schwerster Fräse zerschlagen ließ, mit Torfmull und Sand zu mischen, schlug fehl. Der Sand wurde vom Regen wieder herausgewaschen; noch nach Jahren schwammen unter der mit größtem Kraftaufwand geebneten Oberfläche der Beete die zweifaustgroßen Tonknollen in der Torfmull wie die bairischen Zwetschgenknödel in den Semmelbröseln.

Wir haben gelernt, daß alle Stoffe sich in einem der drei sogenannten Aggregatzustände befinden: sie sind entweder fest oder flüssig oder gasförmig. Für meinen Gartenboden gibt es einen vierten: die Knolle. Deren Größe kann man im Laufe der Jahre von Kopfgröße auf die einer Walnuß bringen, weiter nicht. Eine völkische Eigenschaft der Deutschen ist der Neid; er ist angeboren, und es braucht Jahrzehnte strenger Selbstzucht, bis man seiner Herr geworden ist. Im Herbst 1966 hat er mich wieder überfallen: ich sah am unteren Main Frauen die Kartoffeln mit bloßen Händen aus dem Boden klauben – mit bloßen Händen im Boden wühlen!

1965 mußte ich bis Anfang Juli warten, um die Kohlpflanzen hinauszubringen. Man konnte den Boden nicht anrühren, er war wieder Modellierton geworden. Als es zu regnen aufhörte, wurde ganz vorsichtig gehackt, damit die Erde schneller austrocknen sollte. Da kamen zwei Tage mit fast 30 Grad, die Knollen wurden so steinhart, daß ihre Kanten die Haut aufritzten. Es war unmöglich, aus ihnen ein bepflanzbares Beet zu machen; der Rechen rollte über die Knollen hinweg wie über Kugellager. Was da vor mir lag, war ein mir wohlvertrautes Bild: ich war im Ersten Weltkrieg Eisenbahnpionier gewesen, und was ich hier erzeugt hatte, war das Schotterbett eines Bahngleises! Ich sah ein, daß man mit bäuerlichen Mitteln, mit Pflug und Egge diesem Boden wirklich nicht beikommen kann. Ich stellte mir in diesem Augenblick den gutmütigsten meiner bäuerlichen Nachbarn vor: er hätte zornig den Rechen hinter sich gefeuert, hätte geflucht („ja steigt's mir doch alle miteinander am Buck'l nauf!"), wäre heimgegangen und nie wiedergekommen.

Obwohl ich von Natur aus jähzornig bin, konnte ich mich nicht durch einen solchen Ausbruch erleichtern, sondern mußte ganz nüchtern einen Ausweg aus dieser üblen Lage finden. Zum ersten Mal mischte ich meinen Kompost mit der gleichen Menge Torfmull und mit grobem Sand, füllte damit und mit der Erde von Maulwurfshaufen das Kugellager bis zu einer Ebene auf, setzte da hinein die Kohlpflanzen und als es wieder weiterregnete, wuchs langsam alles zusammen. Auch das Weißkraut und der Rosenkohl fingen an zu wachsen; als der Boden beschattet und warm geworden war, war er ganz plötzlich schönste dunkle Gartenerde.

Ich habe absichtlich in den ersten Jahren keinen Kalk gegeben, der vielleicht doch zu einer Krümelstruktur geführt hätte. Es gibt einen alten Bauernspruch: Kalk macht reiche Väter und arme Söhne. Man kann mit Kalkmergel die „alte Kraft" aus dem Boden holen, bis er „ausgemergelt" ist. Als ich mit Dr. Erhart Hiltner von der Bayerischen Landesanstalt für Pflanzenanbau und Pflanzenzucht zusammenarbeitete, kam eine Abordnung von Bauern aus der Oberpfalz zu dem damaligen Leiter, Ministerialrat Christmann. Sie erinnerte ihn daran, daß er fünfundzwanzig Jahre früher Landwirtschaftslehrer in ihrer Gegend war und ihnen gezeigt hatte, wieviel mehr sie mit Hilfe einer Kalkung auf ihren sauren Böden ernten könnten. Sie hätten den Versuch nie wiederholt; auf den damals gekalkten Äckern wüchsen aber jetzt kein Hafer und keine Kartoffeln mehr. Ich habe dann doch etwas Kalk und Basaltmehl gegeben; als Warnung gab es sofort an Kartoffeln einigen Befall von Schorf!

In den übernassen Jahren 1965 und 1966 zeigte es sich, daß die ganze Bewegung des Niederschlagswassers nur in den obersten fünfzehn Zentimetern des „wechselnassen" Bodens vor sich geht. Wohl war das Land 1936 vom Wasserwirtschaftsamt drainiert worden; in dem fetten Tonboden aber ziehen die Gräben, die einfach mit Ton wieder aufgefüllt worden waren, schon längst nicht mehr. Selbst in der Pfalz hatten sich die schwereren Böden von der Verdichtung durch die großen Niederschläge des Jahres 1965 im Juni 1966 noch nicht erholt. Da regnete es wieder von März bis September. Der Juli hatte das Ansehen von Oktober, der August das von November. Zu einem für den Gärtner wertlosen Ausgleich waren Februar und März die wärmsten seit

125 Jahren. Es war erschütternd, zu sehen, wie bei den schweren Septemberregen das Wasser in Bächen quer über die Beete und die Wiesen lief. Alle Bodenporen waren wochenlang voll Wasser, also ohne Luft, und ohne Luft hört das Bodenleben und mit ihm das Wachstum der Pflanzen auf. Während einer heißen Pause von nur vierzehn Tagen im Juni ist aber derselbe Boden so geschwunden, daß sich die Obstbaumscheiben mit Rissen von Zollbreite ringsum vom gewachsenen Land absetzten. Denn sowie es im Sommer nur zwei Wochen nicht regnet, dörrt der seichte Boden so aus, daß nicht nur die Beete, sondern auch die unberührte Wiese ganz zerklüftet werden. Da der Ton des Unterbodens (der B-Horizont) kein Wasser aufnimmt, kann er auch keines nach oben abgeben. Selbst in Beeten, die schon zehn Jahre lang bearbeitet und bewirtschaftet werden, lassen sich schlank zugespitzte Bohnenstangen auch mit schwerstem Pfahltreiber nur 25 cm tief einschlagen. Der Unterboden ist dicht und zäh wie Flinz oder mürber Sandstein. (In drei Metern Tiefe haben wir eine Schicht von weißem blättrigem Molasse-Sandstein gefunden.) Wenn die Stangen in feuchtem Boden noch so stramm sitzen, so wackelt doch das ganze Gestell, wenn es vierzehn Tage lang nicht regnet. (Ich habe einmal eine sägerauhe vierkantige Latte, die als Höhenpflock ein paar Jahre lang 80 cm tief im Boden steckte, mit zwei Fingern wieder herausziehen können!)

Schließlich habe ich dicke Bücher über landwirtschaftliche Bodenkunde gewälzt, aber mein Boden ist nicht in ihnen aufgeführt, wohl ein Zeichen dafür, daß man so etwas überhaupt nicht in gärtnerische Kultur nimmt. (Der Boden müßte ein wechselnasser Vertisol sein, aber es fehlt trotz ständigem Schrumpfen und Quellen jede Spur von Pseudogley).

Die Nässe und Schwere dieses Bodens hat die ganze Landschaftsinsel kälter gemacht als höhergelegenes Land auf der anderen Seeseite über wasserdurchlässiger Moräne. Das Jahresmittel der Temperatur liegt um 6,5 Grad C. In Wintern mit häufiger Schneeschmelze ließ sich die klimatische Höhenlage meines Grundstücks, das am Osthang eines 75 m höheren bewaldeten Berges aus zu Nagelfluh verfestigter Rißmoräne liegt, im Vergleich zum Osthang des Peißenbergs zu 800 m Seehöhe bestimmen.

Eine genaue Nachprüfung hat ergeben, daß der Boden in den Beeten auch im zehnten Jahr der Bewirtschaftung auf noch nicht mehr als 14 cm Tiefe gelockert ist. Die Länge der Zinken des Krails mit 18 bis 20 cm bedeutet nichts; wer immer ein Beet durchhacken soll, mich selbst nicht ausgenommen, will bald fertig sein und scheut sich, mit den Zinken den noch harten Unterboden anzureißen.

Ich weiß nun, was ein Stunden-, ja ein Minuten-Boden ist. Man darf ihn nur anrühren, wenn er von natürlicher Feuchte her allmählich trockener werden will. Mit künstlicher Beregnung läßt sich nichts ausrichten. Hat man trotz aller Vorsicht das Beet dann doch voll harter Knollen, dann werden diese abgerecht und auf einen Vorratshaufen gebracht, von dem man sie nach dem Winterfrost – aber wirklich nicht eher! – als guten Boden wieder wegholen kann.

Ich habe auch feststellen müssen, daß eine Beimischung von Torfmull und Sand in die oberste Bodenschicht diese noch nicht zu Gartenerde werden läßt; es bleibt eine Mischung. Erst wenn Kompost dabei ist, wächst die Mischung zu echtem Boden zusammen. Seither mische ich den Kompost grundsätzlich mit der gleichen Menge Schwarztorf-Erde und mit Quetschsand aus kalkigem und dolomitischem Kies, wie ihn die Maurer hier verwenden (Quarzsand würde nichts helfen). Trotz all solcher Mühe werde ich es nicht erleben, daß aus dem Ziegeleiton doch noch richtige Gartenerde wird. Unter dem Einfluß langer oder schwerer Nässe wird die schönste Krümelstruktur wieder zu dichtem pappigem Lehm. Im Winter 1969/70 hatten wir fünf Monate lang eine fast ständig geschlossene Schneedecke; der Boden unter ihr war nie gefroren. Es kostete schwere Mühe, die ganz verdichtete Erde wieder einigermaßen aufzulockern. Da gab es am 16. Mai in zwei Stunden 62 mm Niederschlag – und zehn Wochen Arbeit waren verloren. Es gibt da wie bei einem Lebewesen einen so schweren Schock, daß drei Wochen lang nichts mehr wächst, nichts keimt. Der schönste Sommer kann einen solchen Rückschlag nicht mehr gutmachen.

In solchem Klima und auf so schwierigem Boden ernte ich seit Jahren ohne Gift jene Menge und Güte aller Bodenfrüchte, die im nächsten Kapitel beschrieben sind.

Umgekehrt bauen jene, die es sich beruflich oder geistig nicht leisten können, von ihren wissenschaftlich so prächtig aufgezäumten Rössern herunterzusteigen und damit der Mutter Erde etwas näher zu kommen, aus diesen schwierigen klimatischen Gegebenheiten die Gründe dafür auf, daß sie meine Ergebnisse nicht anzuerkennen brauchen: Ja, bei dem da oben am Gebirg, in diesem Höhenklima, da gibt es ja alle unsere Schädlinge gar nicht. Seid getrost, sie sind wirklich alle da! Ich brauche nur einen Fehler zu machen, das Wetter im Frühjahr braucht mir nur einen Streich zu spielen und ich kann, allerdings nur eine kurze Zeit, alles vorzeigen, was in einer noch halbwegs gesunden Landschaft an Schädlingen leben kann. Mit einer so durch und durch vergifteten Landschaft allerdings, wie Südtirol eine geworden ist – es gibt ähnliche in kleinerer Fläche auch bei uns –, kann ich nicht in Wettbewerb treten.

Der geneigte Gartenfreund wird mir zugeben, daß eine Bewirtschaftungs- und Düngeform wie die mit Kompost „neuer Art", die eine so unerhört harte Prüfung so erfolgreich bestanden hat, sich auf jedem Fleck, auf dem man überhaupt Kartoffeln und Gemüse bauen kann, genauso bewähren wird.

8. Der Kompost im Gemüsegarten

In dieser kühlen Landschaft, auf diesem wechselnassen Tonboden, auf dem seit mindestens dreizehnhundert Jahren nichts anderes gewachsen ist als Gras, habe ich 1959 meinen Versuchsgarten angelegt mit rund dreihundert Metern Beeten in der üblichen Breite von 1,20 m, auf denen Kartoffeln, Gemüse, Beerenobst, Stauden und Rosen gezogen werden in allen Arten und Sorten, die in dem gegebenen Klima gerade noch gedeihen können. Die Beete liegen in Nord-Süd-Richtung; alle Wege sind belegt mit Ziegelsplitt- oder Sandsteinplatten. Das war nicht billig, anders aber hätte man mindestens in den ersten Jahren den Garten gar nicht betreten können. Sie werden von Unkraut freigehalten durch Simazin (Gesatop), das im Frühjahr in wässeriger Lösung in die Pflasterfugen gegeben wird. Diese saubere Ordnung hat es ermöglicht, auch auf allen Kulturflächen zu ebenso sauberen Ergebnissen zu kommen. (Es werden nicht viele Hochschulinstitute gleich scharf aufgezogene Freilandflächen haben.) Gerade als Außenseiter kann ich mir keinen Anschein von Dilettantismus leisten; alles muß aufs genaueste meßbar und zählbar sein.

In meinem alten Münchner Garten war mir die Freiheit von Schädlingen nicht als Wunschziel meiner Arbeit in die Hände gefallen, sondern als ihr Ergebnis. Ich hatte ja völlig ohne Ziel begonnen, wollte nur sehen, was dabei herauskommen würde, wenn ich in meinen Maßnahmen das Gegenteil von dem tue, was wissenschaftlich und üblich als allein richtig angesehen wurde. Jetzt aber konnte ich genau untersuchen, was diese Freiheit fördert, was ihr entgegensteht und was ihr eigentlicher Verursacher und Träger ist.

Auf dreien meiner zwölf Meter langen Beete Nr. 19 bis 24 stehen Kartoffeln in einjährigem Fruchtwechsel mit Lauch und Sellerie oder mit Spätkohlsorten und Rosenkohl. Auf Beet 24 wird seit 1960 und so lang ich den Garten bearbeiten kann, die

Frühkartoffel Saskia angebaut mit Kompost als alleiniger Düngung in folgender Art:

Unmittelbar nach der Ernte in der zweiten Julihälfte wird das Beet durchgehackt und mit Erbs-Wickgemenge angesät, das später herunterfriert und eine ziemlich dichte Decke bildet. Unter dieser darf das Unkraut sich austoben. Die Zahl der Arten von Unkräutern wurde im Fortschreiten der Jahre immer kleiner – immer weniger waren nötig, um den Boden ganz gesund zu machen. 1967 waren es nur noch Veronica tournefortii, Rote Taubnessel und Vogelmiere; 1968 war die Rote Taubnessel fast verschwunden; 1969 herrschte die Vogelmiere allein, die offenbar zu der Gesellschaft Tonboden + Kartoffeln gehört. In ein paar trockenen Frühjahrstagen wird mit einem eisernen Rechen der ganze Teppich heruntergezogen, die Beetoberfläche mit dem Wolf-Krümler durchgefahren, so daß noch stehendes Unkraut vertrocknet und weggerecht werden kann. Dann werden mit einem Handpflug in genau 60 cm Abstand voneinander zwei Furchen gezogen und mit Kompost gefüllt. Um den 20. April herum kommen auf den Kompost in genau 33 cm Abstand die vorgekeimten selbstgezogenen Saatkartoffeln. (Bei genauer Einhaltung der Maße stehen auf dem Quadratmeter Beet oder Ackerfläche 5 Stauden.) Die Furchen werden mit dem Rechen zugezogen, die Kartoffelstauden vor den Eisheiligen angehäufelt. Dann geschieht nichts mehr bis zur Ernte; das Unkraut kann wachsen nach seinem Belieben – es gehört dazu, es ist harmlos.

Diese altbäuerliche Art, den Dünger in Pflugfurchen einzubringen, hat sich besser bewährt als die Düngung der Beetflächen mit der gleichen Menge; der Mehrertrag betrug gute 15 v. H.

Schon 1961, als der Boden noch so roh war, daß Häufeln hieß, einen Tonbrocken in der Größe eines Backsteins an die Stauden lehnen und hoffen, daß der Regen ihn herunterwaschen würde, waren die Pflanzen so gesund, daß sie von den ringsum in der Gemeinde sonst übel hausenden Kartoffelkäfern nicht befallen werden konnten.

1963 standen die Sorten Delos und Carmen in der Blüte Anfang Juni 95 cm hoch; um sie mußte ich Sorge haben. Als in den heißesten Wochen des Jahres fast täglich mehrere Gewitter niedergingen und der Boden mit einer dicken Matte von Vogelmiere bewachsen war, wurden die Stauden überhaupt nicht trocken und waren von Krautfäule mehr als gefährdet. In Bayern wurden um diese Zeit Tausende von Hektaren Kartoffelland von Hubschraubern aus mit Kupferoxychlorid besprüht – ich tat nichts. Bei der Ernte fand sich unter gut 100 kg Knollen eine einzige kranke!

1964 gab es in der Umgebung schweren Befall mit Kartoffelkäfern und völligen Zusammenbruch großer Bestände der Sorte Saskia durch Krautfäule. Auf meinen 72 Metern Kartoffelreihen gab es keinen Schädling irgendwelcher Art. Die Saskia wurde gerade noch bei Beginn der großen Trockenheit reif und geerntet; sie brachte, auf den Hektar umgerechnet, 372 Doppelzentner. Die Trockenheit hatte den Boden unter den Kartoffeln steinhart werden lassen; er ließ sich nur in großen Schollen losbrechen; die sahen aber aus wie Basaltlava, schwarzbraun und porig, ja löcherig von lauter Wurmgängen. Die Gare war schon fast 20 cm tief geworden; der Tonboden darunter war dicht und hart wie Beton.

In dem nassen Jahr 1965 stand der damalige Pächter meiner Wiese fast weinend vor meinen kerngesunden Kartoffelstauden. Er hatte seinen Acker unterhalb meiner Anhöhe auf schwarzem anmoorigem Boden, dem besten Kartoffelboden, den es hier gibt. Er war acht Tage nicht hinuntergekommen – da hatten die Käferlarven den ganzen Bestand bis auf die Strünke kahlgefressen und er hatte eben den Acker umgepflügt. Zur gleichen Zeit rief verzweifelt von der anderen Seite des Dorfes, wo es ebenfalls anmoorige Äcker gibt, eine Bäuerin an, die Kartoffelkäferlarven fräßen alles zusammen; was sie denn machen solle. Da gab es natürlich nur noch einen Rat: Gift!

Das nächste Jahr war noch nasser und kälter; weit über Oberbayern hinaus fiel alles Kartoffellaub der Phytophthora zum Opfer; schon Mitte Juli war amtlich gewarnt worden. Während der Ernte – sie brachte 350 dz/ha – trat sie auch an der Saskia auf, ohne irgendeinen Schaden anzurichten. Alle 72 Stauden waren kerngesund geblieben.

1969 waren auf den drei Kartoffelbeeten zusammen 216 Pflanzkartoffeln gelegt worden. Sie ergaben 215 kerngesunde Pflanzen; eine war vorzeitig an Phytophthora gestorben und

hatte fünf kleine braunfaule Knollen hinterlassen – mir ein
Gegenstand der Freude! Denn sie bewiesen, daß der Schädling
immer da ist – aber er kann an der gesunden Pflanze nichts ausrichten.

In einer Zeitschrift für „Organischen Landbau" fragte ein miß-
trauischer Kollege an: „Ist bei Professor Seifert wirklich alles
hundertprozentig?" Ich mußte zugeben, daß die Ernte an vollgesunden Kartoffeln nur 99,6% betrug. Im schulmäßigen Anbau
rechnet man nicht mit 0,5, sondern mit gut 15% Ausfall.

Von der später reifenden Kartoffelsorte Carmen hatte ich mir
von einem befreundeten Gut in Oberbayern Pflanzgut geben
lassen. 10% erwiesen sich als krank. Als Vorfrucht hatte Carmen
immer Spät- und Rosenkohl. Sie wurde sauber durchgezüchtet
und brachte 1969 im vierten eigenen Nachbau nach Abzug der
kleinen Futterkartoffeln einen Hektarertrag von 550 dz! Dieselbe Menge brachte die Sorte Irmgard im zweiten Nachbau.

Die Frühkartoffel Saskia stand 1970 bereits im achten eigenen
Nachbau und zum elften Mal auf der gleichen Fläche. Der Ertrag
lag in den elf Jahren zwischen 295 und 372 Doppelzentnern je
Hektar; es war immer etwas schwierig, die nötige Menge von
Pflanzkartoffeln für das nächste Jahr zu gewinnen, weil die
Knollen erstaunlich gleichmäßig groß waren. Die Saskia ist in-
zwischen schon wieder als „abgebaut" aus dem Handel gezogen
worden.

Gegen diese meine Zahlen wird nun eingewendet, das sei eine
Milchmädchenrechnung. Man dürfe nicht den Ertrag von Garten-
beeten in bäuerliche Wirtschaft umrechnen. Das ist im allgemeinen richtig, aber nicht in dem vorliegenden, ganz besonderen
Fall; denn ich ziehe meine Kartoffeln

1. auf einem Boden, auf dem der Bauer gar keine anbauen kann;
2. mit einer kaum halb so starken Düngung, wie sie in der Landwirtschaft als unerläßlich gilt;
3. mit viel weniger Aufwand an Arbeit; nach dem Legen und
   ersten Häufeln – auch das wurde schon einmal weggelassen –
   geschieht nichts mehr, kein Striegeln oder Hacken gegen Unkraut, keine chemische Vernichtung von Unkraut oder Schädlingen.

1. Der Kompostplatz des Verfassers: Der rechte Haufen besteht aus dem Anfall vom Frühjahr mit viel Holz; er ist mit altem Gras zugedeckt und
fertig zur Bepflanzung mit Zucchini. Der linke Haufen enthält den reif
gewordenen Anfall vom Herbst des Vorjahrs, der zum Teil noch mit der
Polyäthylenfolie zugedeckt ist. Von vorn wächst der neue Haufen nach
hinten.

2. Einfache, aber ‚gehaltvolle‘ Kompoststatt in einem Obstgarten am Chiemsee.

3. Der Versuchsgarten des Verfassers.

4. Die Pflanzkartoffeln werden auf den Zentimeter genau ausgelegt, damit man meßbare Ernten bekommt.

5. Die mittelspäte Kartoffel Carmen im fünften eigenen Nachbau ist in der Blüte 80 cm hoch mit lauter vollgesunden Pflanzen (Ernte 1969 550 dz/ha!).

6. Reicher Besatz der Wurzeln von Stangenbohnen mit Bakterienknöll-chen.

7. Rosenkohlsorte Abunda mit 1000 g Rosen je Staude.

8. Wildes Wüten von Wühlmäusen und Maulwürfen in noch rohem neuem Gartenboden.

9. Mitte September werden 3 cm grober Kompost auf die Baumscheiben gebracht und dünn mit Gras zugedeckt.

10. ‚Mutterapfel‘ am 14. Juni 1969 vom Hagel bis ins Kernhaus aufgespalten, glatt verheilt und frei von Schorf.

11. Der Querschnitt einer etwa 60jährigen Esche im Münchner Garten des Verfassers läßt eine Verdoppelung des Zuwachses erkennen, den eine ‚homöopathische‘ Düngung des Standorts mit ‚Hornmist‘ in den Jahren 1931–34 bewirkt hat.

12. Abschwemmung einst fruchtbaren Lößbodens bei Freising als Folge von Humusschwund.

13. Riesige Kompoststatt an der Parkmauer von Schloß Nymphenburg.

14. Die frühmittelalterliche Heckenlandschaft von Lenggries im oberen Isartal.

Bildnachweis: Bild 6 Dr. Eberhard Spohn, Heidelberg; Bild 11 Dr. Otto Kraus, Bad Tölz; alle übrigen vom Verfasser.

Wieviel Pflegearbeit dem Bauern im schulmäßig aufgezogenen Kartoffelbau zugemutet wird, entnehme ich einer sehr gut geleiteten landwirtschaftlichen Wochenzeitung von Mitte Juni 1964:

„Um der gefürchteten Krautfäule und Dörrfleckenkrankheit vorzubeugen, setze man jetzt schon 200 g Dithane in 100 l Wasser ein. Spritzungen nach der Blüte sollen mit Kupfermitteln wie 800 g/100 l Cuproxy durchgeführt werden. Bei Auftreten von Blattläusen sind zu dieser Spritzbrühe 50 ccm/100 l Systox (ein ganz besonders schweres Gift!) zuzusetzen.

Beim Auftreten der ersten Kartoffelkäfer und ihrer Larven 200 g/100 l Multanin einsetzen. Es wirkt auch gegen die häufig auftretenden Zikaden. Zur Förderung des Krautwuchses können je 100 l Spritzbrühe 2–3 kg Harnstoff beigemischt werden.

Das Unkraut rechtzeitig durch Hack- und Häufelpflug bekämpfen. Vor Hacke- oder Häufelpflug 400 kg/ha Ackerland – K-Kartoffelvolldünger in die Reihen oder auf das trockene Laub streuen.

Mit 10 dz/ha Magnesiumkalk schafft man auch bei später Anwendung bessere Widerstandsfähigkeit gegen Krautfäule und Fußkrankheiten." Der Fachmann üblicher Ausbildung und Erfahrung muß nun annehmen, daß meine Saskia ein ganz minderwertiges Zeug sind. Nun – das Kraut ist bis zur Ernte beispielhaft schön und gesund; die Knollen zeigen nicht den kleinsten Schaden (sobald der überflüssigerweise in den Boden gegebene Kalk wieder verbraucht oder ausgewaschen war, verschwand auch der ganz geringe Befall von Schorf). Und der Geschmack? Wir befragten Freunde; ein ausgesprochener Feinschmecker war höchst verwundert darüber, daß Kartoffeln so großartig gut schmecken können; von zwei sehr kundigen Hausfrauen stellte die jüngere, die das Vor-Kunstdünger-Kartoffel-Zeitalter nicht mehr erlebt hat, begeistert fest, diese Kartoffeln seien die köstlichsten, die sie je gegessen habe.

In Gebieten mit Pflanzkartoffelanbau ist es verboten, Pfirsichbüsche anzupflanzen. Die Pfirsichblattlaus trägt die Viren von kranken Kartoffelstauden an die noch gesunden. Um zu beweisen, daß das nur für vergiftete Landschaften gilt, habe ich eigens in nächster Nähe meiner Kartoffelbeete an die Südwand der Werkzeughütte ein Pfirsichspalier gepflanzt. Ich hatte nun mit

den neu hereingenommenen Kartoffelsorten gesunde und virus-
kranke Stauden nebeneinander. Aber entweder waren die gesunden Pflanzen gleich so gesund, daß die Viren an ihnen nichts aus-
zurichten vermochten, oder das Pfirsichspalier war so gesund,
daß es auf ihm überhaupt keine Blattläuse gab. Für den hier
zuständigen Fachmann ist die eine Feststellung genauso unange-
nehm wie die andere.

Der Pfirsichbusch hat einmal Aufsehen erregt. Es waren drei
akademische Obstbaulehrer aus Südtirol gekommen. Meinen
Obstgarten beachteten sie kaum; da war auch noch nichts zu zeigen. Vor dem Pfirsich-Spalier aber standen sie lang. Ich erfuhr
dann, daß es in ganz Südtirol keinen so gesunden Pfirsichbusch
gibt. Alle werden im Frühjahr so stark von der Kräuselkrankheit
(Taphrina deformans) befallen, daß der ganze erste Laubaus-
trieb abfällt, mit ihm die Ernte, und die Büsche ein zweites Mal
Blätter treiben müssen. Nun, der meine kriegt im kalten nassen
Frühjahr auch Kräuselkrankheit an sechs, acht, zehn Blättern.
Aber auch diese wenigen sterben nicht ab, sie bleiben grün, sind
nur blasig-aufgetrieben, arbeiten mit gesundem Blattgrün wie
die unversehrten anderen Blätter auch. Wieder dasselbe Bild:
der Schädling ist da, aber er kann nichts ausrichten, sobald die
Pflanze wieder gesund ist – und gesundmachen kann sie keine
Spritzung mit Schwefel oder Kupfersalzen, sondern nur der richtige Kompost.

Wo aber im schulmäßigen Anbau der Kartoffeln der Boden in
der üblichen Art vergiftet ist, weil es eben anders nicht geht, ist
das Bodenleben aller nützlichen Arten so beraubt, daß ganz üble
Nematoden (winzige Fadenwürmer) allein übriggeblieben sind
oder die Oberhand bekommen haben und mindestens den Pflanzkartoffelanbau ganz zum Erliegen bringen. Auf so verseuchten
Böden dürfen erst nach einer Ruhezeit von mindestens sechs
Jahren überhaupt wieder Kartoffeln angebaut werden.

Die Bestätigung dafür, daß die geernteten Kartoffeln die
übliche Handelsware an Haltbarkeit und Geschmack weit übertreffen, kann man sich nur bei jener älteren Generation von
Hausfrauen holen, die noch weiß, wie vor sechzig Jahren die
Kartoffeln dort geschmeckt haben, wo man von Kartoffeln etwas
verstand (und wo die Bauern heute noch Kunstdünger nur an

jenen Teil ihrer Kartoffeln geben, der an die Städter verkauft wird). Es ist üblich, ein kleines Buch oder einen Blumenstrauß mitzubringen, wenn man am Sonntag zu einer befreundeten Familie zum Kaffee kommt. Ich mache mehr Freude, wenn ich ein paar Kartoffeln, eine riesige Sellerieknolle, ein paar „pfundige", nämlich mehr als pfundschwere Möhren oder einen Krautkopf mitnehme. Spätestens am Donnerstag habe ich einen Hymnus in Händen, den ich hier nicht abdrucken kann, weil er als durchaus unglaubhafte Übertreibung erscheinen oder mich in den Geruch maßloser Eitelkeit bringen würde. So einer stammt aber zum Beispiel von der sechsundachtzigjährigen Mutter eines berühmten Berliner Theologen.

Selbstverständlich habe ich die Böden alle paar Jahre genau untersuchen lassen, um sicher zu sein, daß die geringe und einseitige Düngung – ohne ein Gramm Kali – bei so hohen Ernten und so hohen Niederschlägen nicht Raubbau bedeutet. Eine Prüfung von bayrischen und holländischen Instituten brachte jeweils folgenden Befund:

1960, zu Beginn meiner Arbeit, war der Boden mit Kali und Phosphat schlecht versorgt. Es wurde mir eine Düngung mit 50–70 g/qm Nitrophoska Blau oder einem ähnlichen synthetischen Volldünger empfohlen.

1964 betrug der Gehalt an Kali das Achtfache, der an Phosphorsäure ebenfalls das Achtfache des Gehaltes von 1960.

1969 war der Gehalt des Bodens an Kali auf das Siebzehnfache von 1960 gestiegen, der an Phosphorsäure auf das Einundzwanzigfache.

Das Gesamturteil vom April 1969 hieß: Normaler Stickstoffvorrat, Kaligehalt in Ordnung, Magnesiumvorrat genügend, Phosphathaushalt sehr günstig, sowohl in der Reserve wie im leicht aufnehmbaren Vorrat.

„Allgemeiner Eindruck: sehr günstig. Guter Nährstoffzustand mit einem guten Bodenzustand und guter biologischer Bodentätigkeit. Ein mäßiger Gebrauch von Mistkompost ist bereits genügend, um diesen guten Zustand zu erhalten."

(Die Wurzeln der Stangenbohnen waren überaus reich mit großen Wurzelknöllchen besetzt; das ließ darauf schließen, daß auch noch viele freilebende Bakterien Stickstoff sammeln.)

Also: ohne auch nur ein Gramm Kunstdünger gegeben zu haben, ist der Boden trotz sicher hoher Auswaschung durch Jahresniederschläge bis zu 1400 mm und trotz außergewöhnlich hoher Ernten mit allen notwendigen Nährstoffen ausreichend versorgt, und ich brauche keine größeren Mengen an Kompost zu geben als bisher.

Damit kann das Wirtschaften mit Kompost „neuer Art", wie ich es ausgearbeitet habe, auch wirtschaftlich mit der üblichen Kunstdüngerwirtschaft in Wettbewerb treten; der Aufwand für Herstellung und Ausbringung von Kompost ist entscheidend geringer als die übliche Pflegearbeit und der Aufwand für Kunstdünger und Gift. Dabei ist die größere Gesundheit alles Gewachsenen, der höhere Gehalt und die höhere Haltbarkeit der Ernten noch nicht in Rechnung gesetzt.

Daß auch der Erwerbsgartenbau beim Übergang von der schulmäßigen Form zur Kompostwirtschaft sehr gut fährt, hat sich an einem Beispiel aus den letzten Jahren eindeutig gezeigt: ein junger, beruflich offener, tüchtiger schwäbischer Erwerbsgärtner, der bei dem üblichen Anbau mit Erdbeeren in Schwierigkeiten geraten war, hatte sich vor vier Jahren und dann noch einmal vor drei Jahren von mir beraten lassen. Nach weiteren zwei Jahren kam er im Oktober ganz stolz wieder, um mich wissen zu lassen, er sähe sich gezwungen, seine Anbaufläche von neun Hektar auf vierzehn Hektar zu erweitern, weil er anders der Nachfrage nach seinen Erzeugnissen auf den Allgäuer Märkten nicht mehr nachkommen könne. Außerdem suche er noch drei Hektar Wiesen, um auf dieser Fläche Frühkartoffeln anzubauen nach meinem Beispiel.

Ein beruflich und politisch recht wichtiger Vertreter des bayrischen Erwerbsgartenbaus, dem bisher die Möglichkeit der Erzeugung höherwertiger Gemüse kein Anliegen war, wurde sehr hellhörig, als ich ihm mitteilte, daß sich auf dem neuen Weg auch das bessere Geld verdienen ließe.

Es werden in meinem Garten alle Gemüsearten gezogen, für die das Klima gerade noch ausreicht, bis zu Finocchi (Knollenfenchel), Freilandgurken und Zucchini. Sie sind nicht nur gesund und von ganz besonderem Wohlgeschmack, sie geben auch an Höhe

des Ertrags den mastig getriebenen der Erwerbsgärtner nichts
nach. Hier ein paar Zahlen aus den vielen Aufschreibungen:

Rosenkohl Abunda, 100 cm hoch, jede Staude fast 1000 g
Rosen; Diethmarscher Frühweißkraut, küchenfertig geputzt,
2200 g;
Dauerweißkraut GZG Marne, ebenso, 3600 g;
Ein Kopf von September-Weißkraut drohte zu platzen; er
wurde mit Hilfe des größten Küchenmessers zwischen einem
Doktoranden der Gartenbauwissenschaft und seinem Doktor-
vater geteilt; jeder bekam 6³/₄ Pfund. Einen Kopf von Blau-
kraut Dauerrot mit 4600 g zeigte ich im folgenden Frühjahr
im Südwestdeutschen Fernsehen. Er lag schon zehn Wochen im
zu warmen Keller; jede Woche wurde (für einen Rohkost-
salat) eine Scheibe heruntergeschnitten. Der jeweilige Rest ver-
trocknete nicht, verschimmelte nicht, wurde nicht faul.
Sellerie mit lackglänzendem Laub, je Knolle 850 g, innen
schneeweiß. Eine von diesen kam zu der vorgenannten alten
Dame in den Keller, dazu eine eben im Supermarkt gekaufte.
Als man sie in die Küche holte, war die Marktware innen
schwarz und ungenießbar, die kompostgedüngte innen schneeweiß und auch nach dem Urteil anderer ein Festessen.
Die Gelben Rüben (Mohrrüben) beweisen ganz besonders die
Überlegenheit der Düngung mit Kompost gegenüber jeder anderen. Im allgemeinen kann man sie vor den Maden der Möhrenfliege nur durch eine massive Vergiftung des Bodens rund
um jede junge Pflanze schützen. Die Gifte werden in dem
ätherischen Öl, das den Hauptwert der Möhren und Karotten
darstellt, gelöst und auch in zwanzig Wochen nicht abgebaut.
Der verantwortungsbewußte Erwerbsgartenbauer weicht nun
aus auf windausgesetzte Felder und bringt die Rüben frühe-
stens im vierten Jahr wieder auf das gleiche Land. Mein Garten ist ausgesprochen windgeschützt; Möhrenfliegen sind genug da, denn die am übernächsten Haus angebauten Gelben
Rüben müssen weggeworfen werden, so vollkommen sind sie
zerfressen. Im November 1964 hatte das für den Anbau 1965
vorgesehene Beet Kompost bekommen, im April 1965 war es
vor der Ansaat mit Holzasche vom Kaminfeuer eingestaubt

worden. Am 18. Oktober ergaben die Sorten Rote Riesen und
Lange Rote Stumpfe ohne Herz auf den Quadratmeter 12,5
kg einwandfreie Rüben in Stücken von 500 bis 650 g, auf den
Hektar gerechnet also die mythische Menge von 1250 Doppelzentnern. Sie wurden nur als Saft vor dem Frühstück verwendet, die letzte am 28. April 1966. Aller ärztlichen Empfeh-
lung zum Trotz wird kaum jemand 192 Tage hintereinander
am Morgen Karottensaft trinken; dafür schmeckt er zu erdig.
Ich habe acht Jahre an der Schiffbarmachung der Mosel mit-
gearbeitet und in dem reichen Wortschatz der Moselwinzer die
richtige Bezeichnung für die besondere Art dieser Gelben Rüben gefunden: ihr Saft schmeckt nicht erdig, sondern fruchtig,
so, als hätte man heimlich etwas Beerensaft dazugetan.
Aller Vernunft und allen Mahnungen zum Trotz habe ich im
folgenden Jahr auf dasselbe Beet noch einmal Karotten gesät
und eine einwandfreie Ernte ohne jede Made erzielt.
Saft von rohen Roten Rüben schmeckt wirklich so erdig, daß
man sie mit etwa drei Vierteln soviel Äpfeln durchdrehen
muß – das gibt eine für Auge und Zunge ganz köstliche Mischung!

Wir müssen zwei Sorten von Roten Rüben gleichzeitig an-
bauen: Forma Nova ist für Salat nicht zu brauchen; wir haben
keinen Kochtopf, der hoch genug wäre, sie zu fassen. Rote Kugel
bekommt auch bis zu 1500 g Gewicht.
Natürlich muß man fragen, ob da nicht doch überdüngt ist.
Aber alle diese Bodenfrüchte zeigen keine einzige der üblen
Eigenschaften des mit Stickstoffsalzen oder auch Jauche mastig
getriebenen Gemüses: wässerigen, ja fast salzigen Geschmack,
Hohlräume, Fehlen jeder Haltbarkeit.
Wahrscheinlich ist eine Überfütterung mit Kompost gar nicht
möglich; das Bodenleben richtet genausoviel Nahrung zu, als
der Pflanze zuträglich ist. Umgekehrt kann ein Jahr lang jeder
Nachschub an Kompost und Dünger ausfallen, ohne daß der Er-
trag gemindert würde.
Jedenfalls läßt die Haltbarkeit auch der größten Knolle oder
Rübe nichts zu wünschen übrig. Obwohl sich unser Keller nur
bei strengstem Frost wenigstens bis auf $+5$ Grad C herunter-

kühlen läßt – er liegt nur zum Teil in der Erde –, haben wir nicht einmal mit vorzeitigem oder starkem Keimen der Kartoffeln irgendwelche Not.

Spätweißkraut, Spätwirsing, Spätblaukraut, Schwarzwurzeln, Chicoréewurzeln, ein Teil von Lauch werden im Freien im kalten Kasten küchenfertig geputzt überwintert. Sie frieren ein paarmal zu Stein und Bein zusammen und tauen wieder auf – ohne jeden Schaden. Wenn es im Frühjahr auch im schattierten Beet zu warm wird, kommt der Inhalt noch für ein paar Wochen in den Keller. Das letzte Irish Stew (aus Weißkraut, Kartoffeln, Kümmel und Lammfleisch) kommt Mitte Juni auf den Tisch!

Wenn nun in dem Versuchsgarten alle Gemüsearten und ebenso auch alles Beerenobst gezogen werden sollen, was Klima und Boden gerade noch zulassen, so findet man die hier gegebene Grenze nicht in den Büchern. Man muß selber sehen, was geht und was nicht; das dauert ein paar Jahre, bis man sichere Ergebnisse hat. Jeder Garten hat seine eigene beste Himbeer-, Stachelbeer-, Johannisbeersorte, seine eigenen Tomaten-, Buschbohnen-, Salat- und Radieschensorten. Was in dem einen Garten großartig gedeiht, kann schon beim Nachbarn wertlos sein.

Bei einjährigen Arten und Sorten bekommt man schon in einem Jahr Bescheid. Man kann ihnen ja volles Bodenleben mitgeben; bei ausdauernden Arten jedoch wie bei Beerenobst kann man den Kompost nicht einkrümeln, sondern nur oben auf den Boden legen und mit Gras zudecken. Man sieht Endgültiges erst in ein paar Jahren, wenn das Bodenleben von selbst in die Beeterde hinuntergewandert ist.

Hauptprüfungszeit ist der Mai mit seinem Wechsel von Frost und erster Hitze, von Trockenheit und kalter Nässe. Das gibt Erkältungen bei der Pflanze und beim Menschen; der bekommt eine Lungenentzündung oder eine Grippe, die Bohnen, die Stachelbeer- und Johannisbeerbüsche kriegen Läus' – aber kaum länger als acht Tage und das auch nur in den ersten Jahren.

Die Frau will das erst nicht mit ansehen und verlangt Spritzen mit dem fast ungiftigen, aus Pyrethrumblüten und Derriswurzeln hergestellten Parexan; der Mann muß auf sauberer Durchführung seiner Versuche bestehen, tut also nichts – und nach einer guten Woche ist der ganze Spuk verschwunden. Nur ein paar

Bohnenpflanzen, die beim Aufgehen zertreten worden sind, haben es nicht geschafft. In jeder der eingekräuselten Blattschöpfe der Johannisbeer- und Stachelbeerbüsche sitzt ein Marienkäfer mit einer Larve und räumt sauber auf. Gesamtverlust: ein paar verkrüppelte Blätter, über die der Trieb wieder hinauswächst.

Man muß sich fragen, wo die Marienkäfer herkommen; sie haben ja seit Jahren in dem Garten nichts mehr zu fressen. Sie werden im Frühjahr zwischen den obersten Erdkrümeln gefunden.

Eine noch härtere Folge von sehr kalt und sehr heiß, sehr naß und sehr trocken brachte im Frühjahr 1966 einen etwas stärkeren Befall an den Johannisbeer- und Stachelbeerbüschen; er verschwand nach zehn Tagen. Ringsum aber waren alle Obstbäume so voll von Blattläusen, daß sie die Blätter abwarfen.

1967 war die Anfälligkeit der Beerenobstbüsche überwunden. Trotz vieler Frostnächte im April standen im Frühjahr alle Stachelbeer- und Johannisbeerbüsche, die im Herbst 1966 eine stärkere Kompostgabe und eine dicke Grasdecke über die Wurzeln bekommen hatten, in noch nie gesehener Üppigkeit und mit überreichem Blütenbehang – ohne eine einzige Blattlaus.

Im Frühsommer allerdings lagen die fast mannshohen Johannisbeerbüsche Heinemanns Rote Spätlese am Boden, niedergedrückt von einem unmäßigen Behang an Beeren. Zur Ernte mußten wir Freunde bitten, sich zu holen, soviel sie wollten. Die Frauen meinten, das wäre das richtige Pflücken: mit beiden Händen einfach in die Überfülle greifen. Anscheinend hatte das Bodenleben die immer noch zäh-tonige Erde, die unter Beerenobstbüschen ja nicht bearbeitet werden kann, nun voll erobert. Hätte man das ahnen können, hätte die halbe Gabe Kompost zu einer gewöhnlichen Vollernte auch genügt. Es wurde die Hälfte der Sträucher herausgeworfen – und zu Kompost zerschnipselt –, damit der Rest mehr Raum und Luft hat. 1970 wurde bis auf ein Belegstück auch der Rest dieser Johannisbeerbüsche wegen „unerträglicher" Fruchtbarkeit zu Kompost gemacht.

Als Pacht für meine Wiese bekomme ich eine Fuhre Kälbermist, der mit Sägmehl eingestreut ist. Er wird mit etwas Erde, Grünzeug und Kompost vermischt zu einem Mistkomposthaufen aufgesetzt. Von dem habe ich einiges unter Johannisbeer-, Stachelbeer- und Himbeerbüsche gepackt und dick mit Gras zugedeckt; (Wühlmäuse sind auf diesen Beeten nur Wanderer, die keinen Schaden machen). Die Himbeerbüsche haben mit einer großartigen Ernte geantwortet. Die Büsche der Johannisbeersorte Heinemanns Rote Spätlese haben den weiteren Standraum benutzt, um geradezu verrückte Beerenmengen zu tragen. Ich darf das Beet offenbar nicht mehr düngen; ich werde nur noch eine Grasdecke geben als Futter für das Bodenleben und als Schutz vor Unkraut. (Klingt das nicht schon ein wenig nach Schlaraffenland?)

Nie muß man beim Himbeerpflücken schauen, daß man keine Made mitbekommt – es gibt keine. Es gibt auch an den Himbeerbüschen kein Rindensterben und weder in den Brombeerblüten noch in den Knospen der Schwarzen Johannisbeeren Milben, bei den Erdbeeren keine Graufäule. Weißfleckigkeit der Blätter von Erdbeeren ist harmlose Eigentümlichkeit einer Sorte. Alle Hymnen in den Katalogen auf die einzelnen Erdbeersorten sind bedeutungslos; jeder Garten hat seine eigenen drei besten Sorten.

Bei der Johannisbeersorte Rondom wissen wir noch nicht, ob sie volle Gesundheit erlangen wird. Sie wird befallen von der Johannisbeerblattgallenlaus; das schadet nicht viel, sieht aber schlecht aus. Die Beeren sind aber so außergewöhnlich groß und schön, daß wir wohl zu einem Entgegenkommen bereit sein werden und eben im Frühjahr ein paarmal die Blätter mit Parexan ansprühen.*

Landeskundige vermuteten 1966 schon im Sommer, daß es keine reifen Tomaten geben würde. Gegen den Herbst hin zeigte sich, daß sie hier auf der rauhen Höhe an der Grenze ihrer Lebensmöglichkeit stehen. Die Blätter wurden von unten her allmählich von Phytophthora befallen (gegen die absichtlich nicht gespritzt wurde). Was an Früchten zur Reifezeit in ein paar warme Tage geriet, blieb blank und einwandfrei; kalter Regen verursachte Braunflecken.

Genaugenommen gehören auch der Pfirsichbusch und das Aprikosenspalier nicht in ein nasses Klima in 800 m Höhe. Sie blühen grundsätzlich zwischen Schneestürmen, wenn es nur ein paar Hummeln, aber noch keine Bienen gibt. Wenn mittags die

---

* Das hat sich als unnötig erwiesen; die Sorte hat sich eingewöhnt.

Sonne durchkommt, wird gewartet, bis die Blüten trocken sind. Dann bekommt die Frau einen Aquarellpinsel in die Hand und muß Biene Maja spielen. Einmal ist es schon vorgekommen, daß ich zum Haus hinübergerufen habe: „Maria, du brauchst nicht zu kommen; es sind vier Bienen da vom Schreiner Dreer!" So familiär geht das bei uns zu.

Selbstverständlich warten die Schädlingsheere rund um unsere Ziegelwiese ständig darauf, daß wir einen Kulturfehler machen, der ihnen das Hereinkommen gestatten würde. Da hatte ich im Frühjahr 1969 die Selleriepflanzen gleich in den Torftöpfen, in denen ich sie bekommen hatte, und außerdem noch zu hoch ausgepflanzt. Die Töpfe trockneten zu einer Art Leder zusammen, so daß die Wurzeln nur durch den Boden der Töpfe hinauskonnten: vollkommene Mißernte durch den Befall der Blätter mit Sellerierost. (Im Oktober desselben Jahres wurden an einem etwas krausgewachsenen Winterwirsingkopf vier Kohlweißlingraupen ganz verschiedenen Alters gefunden: der Hagel im Juni hatte der Pflanze das Herz herausgeschlagen.)

Befreundete Landwirte hatten sich auch eine Eierfabrik eingerichtet und baten mich, auszuprobieren, wie man dem ohne Einstreu gewonnenen trockenen Mist am besten beikommt. Er ließ sich nicht verrotten; trotz immer wiederholtem Umsetzen und Mischen mit halbreifem Kompost und mit Grünzeug blieb er eine zähe dichte Masse und wurde nach achtzehn Monaten hinausgeworfen. Leider hatte ich vorher die Erde in meinen Anzuchtkästen mit einer in der üblichen Art hergestellten Brühe von diesem Mist gegossen. Die Jungpflanzen gerieten in eine Wachstumsstockung und waren damit empfänglich für jeden Schädling: zwei Drittel der Pflanzen erwiesen sich bald darauf als schwer befallen von Kohlgallrüßlern und Drehherzgallmücken. Einzig denkbare Ursache: dem fabrikmäßig hergestellten Mastfutter wurden verbotenerweise die Antibiotika Aureomyzin, Bacitrazin oder Penicillin zugesetzt.

Die Schwächung der Kohlpflanzen durch die doch so außergewöhnlich geringen Mengen von Antibioticis im Anzuchtbeet hatte es zwei Kohlweißlingsweibchen ermöglicht, zwei kleine Eigelege anzubringen. Was es aber sonst allen Schädlingen, tierischen wie pflanzlichen, unmöglich macht, sich auf kompostgedüngten Pflanzen irgendwelcher Art festzusetzen, das wird in noch so vielen Doktorarbeiten nicht ergründet werden. Da wogten in dem warmen Sommer 1964 Wolken von Kohlweißlingen über den Krautbeeten. Ich stand etwas schadenfroh dabei – sie konnten ja kein einziges Ei an meine Pflanzen legen – wohl aber an andere. Das bewies ein völlig unbeabsichtigter Vergleichsversuch auf der anderen Seeseite:

Die Frau eines befreundeten Professors der Landwirtschaftswissenschaft, eine ausgezeichnete Gutsherrin, war vor den Erfolgen meiner Kompostwirtschaft doch so beeindruckt, daß sie sich einen Komposthaufen gebaut hatte. Mit dessen Inhalt düngte sie im Frühjahr 1964 ihr Weißkraut. Auf den gleichen Boden pflanzte die Frau ihres Stallschweizers auch Weißkraut, gab dazu aber als Angehörige der jüngeren, also doch besser ausgebildeten Generation, einen synthetischen Volldünger mit allen Kernnährstoffen und Spurenelementen, das Beste also, was Industrie und Wissenschaft bieten. Auch da drüben gab es, wie überall, Wolken von Kohlweißlingen. An das Weißkraut der Gutsfrau legten sie kein Ei, um so mehr an das der Schweizersfrau, das bös zerfressen wurde. Wie sollte sich diese das Ganze erklären! Sie hatte doch wissenschaftlich richtig gehandelt, ihre Brotherrin aber nach altem Bauernaberglauben. Sie konnte die Antwort nur auf der sozialen Ebene finden: Weil wir die Ärmeren sind, fressen uns die Raupen auch noch das Kraut weg!

Dazu eine Geschichte von ganz anderswoher: Eine junge Lehrerin hat einen Schulgarten zu betreuen. Sie fängt an, Kompost zu machen. Schon im ersten Jahr der Anwendung sind die Kartoffelstauden frei von Schädlingen – außerhalb des Gartenzauns sind die der Bauern von Käferlarven zerfressen wie eh und je. Im zweiten Jahr sind wieder alle Kartoffelstauden gesund, im dritten aber in einer Reihe einige von Kartoffelkäferlarven befallen. Sie bespricht das Unerklärliche mit ihrem Vater. Der gesteht, er habe ihr helfen wollen und einen alten Kunstdüngersack über dieser Reihe ausgeschüttet.

Daß nicht nur leichtlösliche Kunstdüngersalze Schädlingsbefall verursachen, sondern auch so hochangesehene (und teure), aber ebenfalls leichtlösliche organische Dünger wie Peru-Guano, mußte ich im Frühjahr 1970 auf eigenartige Weise erfahren:

In den großen Beeten, die mit alpenländischer, mit Kaukasus-
und Hymalaja-Flora bepflanzt sind, sind alle Bodenflächen so
dicht mit Schattenstauden bedeckt, daß Büsche und Sträucher in
ihnen Not leiden. Denen half ich im Frühjahr 1970 mit einer
leichten Gabe von Peru-Guano erfolgreich auf. Aus blanker
Dummheit tat ich das auch bei dem Aprikosen- und dem Pfirsich-
spalier – sie haben ja den größten Teil ihrer Wurzeln unter Steinplatten – und der Pfirsichbusch antwortete mit schwerer Kräuselkrankheit. Er sah scheußlich aus und hätte nun alle Blätter abwerfen müssen, dazu die Früchte, und dann neues Laub treiben
sollen. Nichts dergleichen: die kleinen kranken Blätter vertrockneten und fielen ab; die großen wurden grün und arbeiteten auch
verkrüppelt weiter. Keine Frucht wurde abgestoßen, aus den ge-
sundgebliebenen Triebspitzen trieb Laub, als wäre nichts gewesen.

Das Aprikosenspalier wurde ganz weiß von Wachs, mit dem
großen Blattlauskolonien sich abschirmten – nach ein paar Wochen war der ganze Spuk verschwunden und keine Marille ab-
geworfen. Eine von Grund auf gesunde Pflanze hat eigene Kraft
genug, sich aus einer solchen Vergiftung heil herauszuarbeiten.

Um dieselbe Zeit zeigte mir ein tüchtiger Obstbauer in einem
Dorf am Gebirgsfuß einen gesunden wüchsigen jungen Apfelbaum, der plötzlich innerhalb eines halben Sommers an Monilia
abgestorben war. Die Ursache war bald gefunden: Aus dem Dorf
war ein Bauer ausgesiedelt und hatte seinen Stall an einen Metzger verpachtet. Der richtete darin eine neuzeitliche Kälbermast
ein und war froh, wenn ihm jemand den lästigen Stallmist ab-
nahm. Beim Anfahren von solchem Mist in den Obstgarten lag
tiefer Schnee, ein Teil des Mistes fiel auf eine Hälfte der Baumscheibe und blieb dort bis zur Schneeschmelze liegen. Daß der
Metzger nicht wie ein verantwortungsvoller Bauer, sondern wie
ein Metzger wirtschaftet, dem es nur auf die schnellstmögliche
Erzeugung von viel Fleisch ankommt, ergab sich noch aus einer
ganz üblen Feststellung: in dem im Winter zu einem Haufen aufgesetzten Mist fand sich ein Kalbskopf, der im Juni noch nicht
verfault, sondern offenbar durch chemische Mittel konserviert
war. Ursache: es ist verboten, aber leicht möglich, durch Zusatz
von Antibioticis und Hormonen zum Futter eine schnelle Ge-
wichtszunahme der Tiere zu erreichen. Eine Prüfung des Schlacht-

viehs auf solche Stoffe gibt es nicht. Auch im neuen Lebensmittelgesetz gibt es nur Vorschriften über Giftreste auf der äußeren Oberfläche, nicht über die im Innern, weder bei pflanzlichen noch bei tierischen Erzeugnissen. Mit Antibioticis und Hormonen wird ein schwunghafter Schwarzhandel getrieben; bayrische Tierärzte beklagen sich bitter darüber, daß sie beim Kampf gegen diese Vergiftung des Fleisches ganz allein stehen, ja von den Schwarzhändlern und ihren Hintermännern mit Prozessen wegen Geschäftsschädigung bedroht werden können.

Vor mir liegt das Ergebnis einer amtlichen Untersuchung von 21 Hähnchen aus Bayern, Belgien, Deutschland, Holland, Polen, USA auf Gehalt an Chlorkohlenwasserstoffen. 19 enthielten die schweren Gifte Dieldrin, Hexachlorcyclohexan, Lindan, DDT. Sie stammen aus dem Hühnerfutter. Das Lebensmittelgesetz bietet dagegen keinen Schutz.

Zwei von mir angeschriebene Schriftleiter landwirtschaftlicher Wochenblätter lehnten es ab, eine Warnung vor ungeprüftem Hühner- und Kälbermist zu drucken. Als ich den Schriftleiter des Mitteilungsblattes des Zentralverbands des Deutschen Gartenbaus fragte, ob es nicht doch allmählich an der Zeit wäre, seine Mitglieder auf die Möglichkeit aufmerksam zu machen, ohne Gift zu arbeiten, meinte er, er könne es nicht wagen, solche Unruhe unter seine Leute zu bringen.

Nachtrag: Die Erträge an vollkommen gesunden Kartoffeln betrugen 1971 bei der Frühkartoffel Saskia, die zum zwölften Mal auf der gleichen Fläche angebaut wurde und im neunten eigenen Nachbau stand, 360 dz/ha;

bei der etwas späteren Kartoffelsorte Irmgard, die im vierten eigenen Nachbau in einjährigem Wechsel mit Rosenkohl stand (auf dem halbschattig gewordenen Beet war für sie die Wachstumszeit zu kurz) 460 dz/ha;

bei der Sorte Carmen, die im sechsten eigenen Nachbau stand in einjährigem Wechsel mit Gelben Rüben, 675 (!) dz/ha.

Zwischen dem ersten Häufeln und der Ernte geschah nicht der kleinste Handstreich. Das Unkraut – jetzt Grüner Fuchsschwanz mit etwas Franzosenkraut und viel Vogelmiere – darf wachsen, was es Lust hat; es gehört dazu.

9. Lob des Unkrauts

Vor langer Zeit war ich einmal mit viel jüngeren Gartenarchitekten und ihren Frauen auf einer Studienfahrt im Schwäbischen unterwegs. Als wir am Abend in einer Gastwirtschaft im Zabergäu – aus dem die schöne Zabergäu-Renette stammt – auf das Essen warten mußten, kam einer der jungen Leute auf den ausgefallenen Gedanken, ich solle eine Damenrede halten. Ich hatte noch nie so etwas versucht und wußte nur, daß da immer lustigseinsollendes flaches Zeug geredet wird. Mein Humor ist aber noch immer als grimmig empfunden worden. So fing ich aus dem Handgelenk einen Vortrag an über das Unkraut. Das gab recht verdutzte Gesichter; die haben sich aber allmählich aufgeheitert und wurden schließlich ganz freundlich, als ich mit wissenschaftlicher Genauigkeit nachweisen konnte: Unkraut ist Heilkraut.

Der geneigte Gartenfreund wird mir da kaum zustimmen. Und doch ist das Unkraut durchaus nicht das so gänzlich überflüssige Teufelszeug, das uns Gartenarbeit so schwer macht. Wie der Schädling letzten Endes nichts anderes ist als die Gesundheitspolizei der Natur, die alles Kränkliche und Lebensschwache beseitigen soll, damit Raum werde für Kraftvolleres, für an die örtlichen Gegebenheiten besser Angepaßtes, so ist Unkraut ihr Mittel, ein durch Kulturfehler oder sonstwie gestörtes Gleichgewicht im Boden wiederherzustellen.

Um das zu erkennen, braucht es kein wissenschaftliches Institut, keine Chromatographie, kein Mikroskop, braucht es nur offene Augen und einige Pflanzenkenntnisse.

Da ist etwa durch eine Wiese ein Feldweg oder ein Graben gezogen worden und es sind seitlich ein paar Haufen von überschüssigem Mutterboden liegengeblieben. Es wächst auf diesen nicht wieder Gras, mit dem der Boden vorher bewachsen war, obwohl Grassamen genug in ihm liegen. Denen paßt der durcheinandergeworfene Boden nicht mehr, um so mehr aber einer großen Zahl aller möglichen Unkräuter, von denen doch dreißig

Jahre lang nichts zu sehen war. Da kommt etwa der bunte Hohl-zahn, kommen Acker- und Öldisteln, Vogelknöterich, Kamille oder Hederich, wenn nicht gar Bilsenkraut. Die gedeihen alle prächtig und werfen Tausende von Samen aus. Man bekommt geradezu Angst, wie denn das weitergehen soll. Aber siehe, schon im nächsten Jahr ist der Übermut nicht mehr so wild; all das strotzende Zeug wird ganz bescheiden. Nach drei oder vier Jah-ren sind die Erdhaufen fast wieder verschwunden, weil dasselbe Gras auf ihnen wächst, wachsen kann wie vor dem harten Ein-griff, der das ganze reiche und so sehr empfindliche Bodenleben durcheinandergeworfen hatte. Das Unkraut hat mit kraftvoller Hand das alte Gleichgewicht wiederhergestellt.

Der geneigte Gartenfreund wird mir erwidern, daß das viel-leicht so sein möge. Aber mit Kompost bringe man doch unmäßig viel Unkraut in den Garten.

Um zu beweisen, daß das Aberglauben ist, habe ich die Rolle des Unkrauts in meinem neuen Garten genau verfolgt. Der sollte eben dort angelegt werden, wo ein früherer Pächter das Land umgebrochen und roh liegen gelassen hatte. Das hatte Disteln ge-geben, etwa zehn auf jeden Quadratmeter, gute fünftausend im ganzen. Wo waren sie hergekommen? Es gibt auf Kilometer ringsum nur Wiesenland und Wald. Sie wurden ausgestochen und kamen in den Kompost. Im nächsten Jahr gab es auf zehn Qua-dratmetern eine Distel, und wenn ich jetzt eine finden will, muß ich suchen, wie andere Leute nach vierblätterigem Klee.

Im ersten richtigen Anbaujahr stellte sich eine sehr kraftvolle und zählebige Unkrautgesellschaft ganz anderer Arten ein: Ackerhahnenfuß, Ackerminze, Ackervergißmeinnicht, Weiße Tagnelke, Ampferknöterich (Polygonum lapathifolium) – alle Anzeiger eines dichten feuchten Bodens. Da es weitum nur Wie-sen gibt, in denen diese Pflanzenarten gar nicht vorkommen, und da das einzige Unkraut, das ich im Münchner Kompost mitge-bracht haben konnte, Eschen waren, deren Samen im Herbst in Massen in den Haufen geweht waren, konnten diese Kräuter nur aus dem Boden selbst stammen. Es liegt nun einmal in jedem Erdboden ein Vorrat von Unkrautsamen, der für Jahrzehnte ausreicht. Er keimt je nach den Umständen in ganz verschiede-nen, aber immer genau umrissenen Gesellschaften.

Kompost lockerte diesen Boden wenigstens in trockenen Zeiten. Die erste Gesellschaft verschwand. Es mußte mit Ausstechen nachgeholfen werden, weil einige ihrer Glieder ein gewaltiges Wurzelwerk entwickelt hatten. Ganz plötzlich erschienen nun in Mengen Vogelmiere und der Persische Ehrenpreis (Veronica tournefortii) auf den Kartoffelbeeten, die den bestbearbeiteten Boden hatten: Anzeiger für humushaltigen, nährstoffreichen Lehm. Auch sie konnten nicht aus dem Komposthaufen kommen, weil noch keine ihrer Art in ihn hineingeraten waren.

Auf dem Parade-Kartoffelbeet, auf dem immerzu die Frühkartoffel Saskia mit Kompost als alleiniger Düngung angebaut wird, gab es 1964 einen wüsten Überfall von Franzosenkraut, durch Kartoffelpflanzgut (für ein anderes Beet) eingeschleppt. Es mußte ausgerauft werden, weil es in dem dichten Bestand nicht abtrocknen konnte und damit Gefahr von Phytophthora bestand, und kam auf den Komposthaufen. Seither wird das Franzosenkraut in dem großen Gemüsegarten ab und zu in einzelnen Stücken gefunden. Erst 1965 erschienen spärlich die zu jedem Kartoffelacker gehörenden Unkräuter Melde und Gänsefuß. 1966 waren sie schon wieder abgelöst von einem neuen und so seltenen Unkraut, daß es erst mühsam botanisch bestimmt werden mußte; es war der Grüne Fuchsschwanz (Amaranthus viridis). Er stand plötzlich in allen Beeten, immer nur in einzelnen Stücken, die sich im Vorbeigehen mühelos herausziehen ließen. Woher ist er gekommen, da es ihn auch draußen auf der Straße nicht gibt?

1970 war auch der Fuchsschwanz wieder ganz selten geworden, Vogelmiere herrschte allein. Sie bedeckt den Boden unter den Kartoffelstauden, hält also vielleicht sogar anderes Unkraut fern. Nach dem Klauben der Kartoffeln wird sie mit dem eisernen Rechen abgezogen. Daß der Boden übervoll ist mit ausgefallenem Vogelmierensamen, ist ohne Belang.

Wer dafür sorgt, daß keine reifen Samen in den Komposthaufen geraten, und jede Art von Aufwuchs außen auf dem Haufen dadurch unmöglich macht, daß er ihn mit einer dicken Schicht von altem Gras zudeckt, der bekommt von ihm aus kein einziges Unkraut in die Beete. Wer aber jedes Kraut und Unkraut, das auf diesen wächst, verkompostiert, der bewirkt, daß immer weniger Unkraut notwendig ist, um den Boden in den richtigen Zustand zu bringen.

Wenn Kompost Unkraut schafft, dann nur deshalb, weil er es aus dem Boden zum Leben ruft, damit dieser schneller geheilt werde. Diese Heilung wird bewirkt durch das immer reicher werdende Bodenleben bis hin zur Mykorrhiza, der geheimnisvollen Verpilzung der Wurzeln von Bäumen und Sträuchern. Ist der Boden wieder voll des rechten Lebens, dann ist die Pflanze über ihm so gesund, daß kein Schädling sie angreifen kann.

Die Heilkraft des Unkrauts wird also über Kompost und Boden auf die Kulturpflanzen übertragen. Damit erfüllen diese die Forderung des Paracelsus, daß unsere Nahrungsmittel Heilmittel sein sollen.

Nicht nur so mancher Brief von erfahrenen alten Gärtnern, auch eigene genaue Beobachtung hat eindeutig bezeugt, daß mit Kompost aus Unkraut gedüngte Bodenfrüchte jeder Art tatsächlich Heilmittel sind, sehr im Gegensatz zu dem meisten, was man auf dem Markt zu kaufen bekommt. Wie wäre es sonst zu erklären, daß ich mich trotz eines immer noch zu großen Maßes an geistiger und körperlicher Arbeit heute mit achtzig Jahren frischer und leistungsfähiger fühle als mit sechzig, daß sogar meine Zeichnungen heute kraftvoller sind als damals, daß alte Schäden ausgeheilt sind und die immerwährenden schweren Schmerzen der Vergangenheit angehören? Und so munter bin nicht ich allein; das beweist eine kleine Geschichte:

Wir haben als sehr geachteten Wächter einen Chow-Chow; der ist weitum bekannt. Jemand sagte zu unserer Hausgenossin: „Bei euch draußen gibt es ja noch einen zweiten Chow! Ich habe ein junges Mädel mit einem über die Wiesen laufen sehen!" Es war meine Frau: sie war damals 68, läuft aber mit 72 noch genauso munter.

Alte Märchenweisheit zeigt auf, was es mit den Unkräutern auf sich hat: sie sind die wirklichen Gartenzwerge, die echten Heinzelmännchen. Wer zornig auf sie ist, wer ihnen mit Gift zuleibe rückt, dem spielen sie einen Schabernack nach dem anderen. Wer mit ihnen im rechten Sinn umzugehen versteht, dem sind sie immer bereite geduldige und treue Helfer und Heiler.

Diese Weisheit ist mir früh schon von unabhängigen Landwirten nahegebracht worden, ohne daß sie mir in ihrer vollen Tragweite bewußt geworden wäre. 1923/24 hatte ich in Oberbayern einen großen Gutshof gebaut mit allen damaligen technischen Errungenschaften der Neuzeit, zusammen mit einem aus politischen Gründen aus Deutsch-Südwest verdrängten, dort hochangesehenen Landwirt. Er hatte dabei in der Inflation sein Vermögen verloren und mußte anderer Leute Verwalter spielen. Als Schüler der Kolonial-Landwirtschaftsschule in Witzenhausen beherrschte er die völlig mechanistisch ausgerichteten Wirtschaftsformen jener Zeit auch in der ihm neuen Umwelt; es gelang ihm als Mitglied des Deutschen Grünlandbundes mit Hilfe großer Mengen von Kunstdünger, der damals billig war für den, der es verstand, ihn spät genug zu bezahlen, die einstigen bunten Bauernwiesen des Gutes in kurzer Zeit in rein grüne Grasäcker mit dem höchstmöglichen Ertrag an Proteinen und Stärkewerten zu verwandeln. Meinem in Chemie bewanderten Verstand gefiel das wohl.

Ein paar Jahre später hatte ich für einen anderen Bauherrn einige Tagwerk Wiesen am Staffelsee zu verpachten. Ich machte den Pächter, den Bauern, Sägewerksbesitzer und Bürgermeister Josef Schlickenrieder von Uffing, aufmerksam auf die offensichtlich großen Erfolge, die sich mit entsprechend hohen Gaben von Kunstdünger in der Grünlandwirtschaft erzielen lassen. Da meinte er: „Das könnt ihr ja machen auf euren großen Gütern – ihr habt ja auch das Geld für den Tierarzt. Wir Bauern aber wollen, daß unser Vieh seine Medizin schon im Futter findet; deshalb sollen der Salbei und der Kümmel, der Bocksbart und die Margeriten in unseren Wiesen bleiben!"

Mit diesem kurzen Satz hat der einfache Bauer das ganze mechanistische Weltgebäude des 19. Jahrhunderts, in dem auch ich von meinen medizinischen Freunden und Beratern erzogen worden war, über den Haufen geworfen.

Bald nach 1933 traf ich mich mit einem bayrischen Regierungslandwirtschaftsrat, der ein Staatsgut im Raum von Freising zu betreuen hatte. Auch er hatte, der neuesten Mode jener Zeit folgend, seine Wiesen mit vieler Mühe in Einheits-Knaulgrasprärien umgewandelt, zum äußersten Mißvergnügen seiner Kühe. Die brachen ständig aus auf die doch so minderwertigen unkrautbunten Wiesen der bäuerlichen Nachbarn, gingen an den Bäumen hoch, wenn ihnen das Ausbrechen unmöglich gemacht wurde, und zwangen den Betriebsleiter dadurch in die Knie, daß sie nicht mehr aufnahmen. Er war bäuerlicher Abkunft, erinnerte sich der Zeiten, in denen er die Kühe des väterlichen Hofes gehütet hatte, erinnerte sich der so unkrautreichen Wiesen, auf denen es nie Schwierigkeiten gegeben hatte – ging zu seinen Nachbarn, ließ sich Heublumen geben, also Samen von Unkraut jedweder Art, und als diese die Wiesen wieder bunt gemacht hatten, brachten seine Kühe brav Jahr für Jahr ihre Kälber.

Später hat die Wissenschaft die Ursache für die bockige Undankbarkeit der Kühe gefunden, mit denen man es doch so gut gemeint hatte: sie können die schönsten und reichsten Proteine und Kohlehydrate nur verwerten, wenn sie im Pansen gewisse Wildhefen haben, die wegen ihrer eigenartigen Form Kreuzhefen genannt werden. Die aber gibt es nur im Nektar der Blütenpflanzen, also blumigen „Unkrauts", nicht in nektarlosen Gräserblüten; die Bienen tragen sie von einer Blüte zur anderen. Es müssen also Salbei und Glockenblumen und Lichtnelken in den Wiesen bleiben. Nur in der wohlerhaltenen Ganzheit ist ewige Fruchtbarkeit geborgen.

10. Der Kompost im Obstgarten

Je edler die Frucht ist, die der Boden hervorbringen soll – und niemand wird bestreiten, daß Äpfel und Zwetschgen edler sind als Rüben oder Kartoffeln, und Weintrauben noch edler selbst als Birnen und Pfirsiche – um so vollkommener, also gesünder muß er sein. Die bloße Messung seines Gehalts an Kalk und an den Kernnährstoffen Stickstoff, Kali, Phosphor bedeutet da wenig. Wiederum will ich statt vieler Theorien alter Art berichten, wie ich meine Obstbäume frei von allen Schädlingen und zu Trägern reicher gesunder Ernten gemacht habe, und welche Überlegungen mich auf diesen Weg geführt haben.

Die Aufgabe des Obstbauers ist heute nicht so sehr die, reiche Ernten zu erzeugen, sondern das Erzeugte vor Schädlingen und Krankheiten zu retten. Wer nicht unentwegt mit Karbolineum und Dinitroorthokresol unterwegs ist, mit Netzschwefel, Kupferoxychlorid, Schwefelbarium, DDT, E 605, Systox, Dipterex, Fuclasin, Bladan, Karathane, Kelthane, Gusation, Pomarsol, Tuzet, Multanin und wie all die dreizehnhundert giftigen und giftigsten Spritz- und Stäubemittel heißen, der erntet nicht mehr viel, und das wenige ist fleckig und unansehnlich. Je mehr aber gespritzt wird, um so häufiger werden bislang ganz harmlose Lebewesen zu Schädlingen und zwingen zur Anwendung von noch mehr und noch stärkeren Giften. Daß dabei der Obstbauer immer weniger, der Gifthändler jedoch immer mehr verdient, ist klar; daß weder der Boden noch der Obstbau durch solche Wirtschaft gesünder werden, ebenso. Daß Obstbau dieser Art immer unwirtschaftlicher werden und schließlich zugrunde gehen muß, will niemand einsehen.

Es gibt zwei Wege, eine Krankheit zu bekämpfen, sei es beim Boden, bei der Pflanze, beim Tier oder auch beim Menschen: man kann versuchen, den vermeintlichen Erreger zu töten; man kann aber auch danach streben, das betroffene Lebewesen von seinen natürlichen Grundlagen her so gesund und widerstandsfähig zu machen, daß ihm die Schädlinge nichts anhaben können. In der Menschenheilkunde bekommt in der neueren Zeit die Vorbeugung, die Vermeidung der Krankheitsursache, immer mehr Bedeutung gegenüber der bloßen Bekämpfung der Krankheitserscheinungen. Im Pflanzenbau sind wir noch nicht so weit; und doch ist auch hier der gleiche Weg der einzige, der zu sicherem und dauerndem Erfolg führt.

Wenn ein Obstbaum in eine Klimalage und in einen Boden gepflanzt ist, die ihm zusagen, und wenn er an seinem Standort das richtige Maß von Sonnenschein, Wind und Feuchtigkeit hat, dann kann man ihn vom Boden her so gesund machen, daß er gefeit ist gegen alle landläufigen Krankheiten und Schädlinge.

Diese Überlegungen hatte ich jahrelang nicht angestellt, weil ja mein Vater seinen Buben vorzeitig nicht nur die Freude am Gemüsegarten, sondern auch die am Obstbau gründlich ausgetrieben hatte. Wir hatten alle Schattenseiten eines fanatischen Obstbaus in rauhem Klima auf schlechtem Boden so ausgiebig kennengelernt, daß ich in meinem eigenen Garten, den ich 1930 angelegt hatte, keinen Obstbaum gepflanzt habe. Erst der Erfolg, den Kompost auf den Staudenbeeten und in dem kleinen Gemüsegarten gebracht hatte, gab den Mut, es doch auch mit Obstbäumen zu versuchen. Daß es gelingen würde, mit nichts anderem als eben diesem Kompost ohne jede Begiftung fleckenreine Äpfel zu erzeugen und geradezu nach Belieben Ungeziefer an die Bäume hin- und wieder wegzuzaubern – das konnte niemand ahnen. So schien in dem warmen sonnigen Jahr 1959, als wir uns über dem Ammersee neu anbauten, nichts dagegen zu sprechen, neben dem viel größer werdenden neuen Gemüsegarten auch einen großen Obstgarten anzulegen. Es wurden gegen sechzig Hochstämme* und Spindelbüsche in Münchner Kompost gepflanzt. Sie gediehen so gut, daß die Hochstämme schon im folgenden Frühjahr in die Krone veredelt werden konnten.

(Die Freude darüber, daß mir bei der Planung des Obstgartens

---

* Es klingt altmodisch, daß ich Hochstämme gepflanzt habe. Ich wollte aber keine Erwerbsanlage bauen, sondern am Schluß, wenn die zwischengepflanzten Spindelbüsche verschwunden sind, einen Bauerngarten haben, den ich unter den blühenden oder fruchttragenden Kronen hindurch überschauen kann.

niemand dreinredete, war so groß, daß ich tatäschlich jahrelang
gar nicht daran gedacht habe, daß diese vielen Bäume ja auch
einmal Äpfel und Birnen und Zwetschgen und Renekloden tragen würden, und daß das Schwierigkeiten geben müßte. 1968
wurden wir von Zwetschgen einfach überwältigt. Wir luden
junge Freunde ein zur Ernte. Die brachten sieben Großstadt-
kinder mit; die sollten erleben, wie es ist, wenn man einen Baum
schütteln darf und es blau und süß nur so herunterdonnert.
Schließlich saß mit Hilfe einer kleinen Leiter ein dreijähriger
Knirps in der Krone eines Baumes und griff nach rechts und griff
nach links – reines Schlaraffenland!)

Ich wußte noch nicht, daß in der Nähe schon vor fünfzig Jahren eine große bestens betreute Obstanlage bald wieder zugrunde
gegangen war. In den Bauerngärten hier herum stehen alte
Apfelbäume, gänzlich ungepflegt, Wohnstätten für Meisen, Klei-
ber und Spechte, also „schädlich" im Sinne des heutigen Erwerbs-
obstbaues. Sie bringen so alle fünf, sechs Jahre eine Ernte von
schorfigen Äpfeln uralter, längst vergessener Sorten. Besser steht
es um kern- und wurzelechte Zwetschgenbäume, die auch als
Ruinen – ich besitze so eine auf der Nachbargrenze – öfter guten
Ertrag an zwar nicht großen, aber steinlösenden süßen „Haus"-
zwetschgen bringen. (In Oberösterreich hat man sich um die Erforschung dieser alten Rassen sehr bemüht. Berühmt sind von
solchen in den Alpen die Kaunser Zwetschgen vom Eingang ins
Kaunertal in Tirol und die Grinser von Grins am Arlberg.) In
dem Hag auf meiner Nordgrenze kommt eine ganze Anzahl
solcher Ausläufer und Sämlinge hoch, an denen meine Nachfol-
ger Freude ohne andere Arbeit haben werden als die des Erntens.

Die Baumscheiben wurden des leichteren Mähens halber qua-
dratisch mit 1,50 × 1,50 m angelegt. Auf sie kam Kompost
und im Sommer Gras. Freiheit von Blattläusen wollte sich jahrelang nicht einstellen. Die Hochstämme waren über die Kompost-
insel hinaus in den wechselnassen Boden vorgedrungen. Die
Apfelspindelbüsche und ein Teil der Apfelhochstämme wurden
von Wühlmäusen vernichtet. Die Birnspindeln auf Quitte kamen
mit der ursprünglich kleinen Pflanzscheibe aus und brachten,
wenn auch das Laub noch nicht fleckenrein war, mit klimatisch
durchaus anspruchsvollen Sorten gute Ernten der Handels-

klasse A, obwohl außer einigem Schnitt nichts zu ihrer Pflege geschah. Ein Hochstamm „Schweizer Orangenapfel", der sich von Wühlmausfraß wieder erholt hatte, brachte ganz köstliche Früchte, würziger* und haltbarer als Cox Orangenreinette, ein von Wühlmäusen noch nicht erreichter Hochstamm „Lohrer Rambour" eine Vollernte fleckenreiner Äpfel.

Aber es war kein Staat zu machen mit diesem Obstgarten. Die Zwetschgenbäume waren grundsätzlich verlaust, die Apfelhochstämme ab und zu. Ich war entschlossen, alles Gepflanzte wieder herauszureißen; dazu trug auch die Erkenntnis bei, daß es unmöglich war, mit den Wühlmäusen fertig zu werden, die das ganze Grundstück in Massen bevölkerten. Ihre Gänge liegen so tief im harten Ton, daß sich keine Falle stellen läßt, ohne den Garten ganz zu zerwühlen. Es besteht ein ganzes Straßennetz im Untergrund. Wo eine Pflanzgrube ausgehoben wird, ist die an diese Straßen schon angeschlossen. Weder Berührungs- noch Fraßgifte noch Giftgas richteteten etwas aus. Für sie angeblich giftige Pflanzen wie Cynoglossum, Kaiserkronen, Knoblauch fressen sie weg. Nur die kleinkronige Narzisse „la Riante", die in feuchtem Boden wie Unkraut wuchert, hält Wühlmäuse wirklich fern. Früher hatte im Alpenvorland jedes Dorf seinen „Mauser", der nichts weiter zu tun hatte als Wühlmäuse und Maulwürfe, ihre Wegbereiter, zu fangen. Den Hauptverdienst brachten ihm die Maulwurfsfelle. Als der Maulwurf als angeblich nützlich unter Schutz gestellt wurde – in Wirklichkeit lebt er von Regenwürmern und verhungert, wenn man ihn mit Engerlingen zusammensperrt – hörte dieses ländliche Gewerbe auf. Gelänge es mir wirklich, mit nicht verantwortbarem Aufwand an Zeit,

---

* Zu dem Basler Biologen Portmann kamen seine obstanbauenden Freunde: sie hätten nun schöne fleckenreine Äpfel erzielt, aber sie schmeckten nach nichts. Ob er ihnen keinen Rat wüßte, wie diese Äpfel wieder Duft und Köstlichkeit von einst bekommen könnten? Kaum ein Heutiger weiß ja noch, was für eine geradezu göttliche Frucht ein Meraner Weißer Wintercalvill aus der Zeit vor dem Ersten Weltkrieg gewesen ist. Andere erzählten, daß sie nun dank vielem Spritzen kein Ungeziefer mehr hätten, aber auch keine Meisen. Man müsse doch Meisen haben! Portmann riet ihnen, im Keller eine Zucht von Mehlwürmern einzurichten!

Arbeit und Geld auch nur einen Teil des Gartens freizumachen von Wühlmäusen, so würden ihre Gebrüder aus dem unerschöpflichen Vorrat in den weiten Wiesen ringsum sofort in breiter Front nachrücken. So habe ich einfach kapituliert – nach der Meinung meiner Freunde die erste Kapitulation meines Lebens – und bin gut damit gefahren. Wir achten uns gegenseitig – die Wühlmäuse sind da, aber ich kann nicht feststellen, wovon sie leben. Selbst Schwarzwurzeln bleiben unbeschädigt. Nach der Schneeschmelze sieht man im Obstgarten genau, wie sich Wühlmäuse und Maulwürfe in ihm getummelt haben – aber sie bleiben den Baumscheiben fern! Massenhaftes Auftreten von Mäusen, Wühlmäusen, Schnecken und Maulwurfsgrillen scheint verursacht zu sein durch groben Mangel an innerem Lebensgleichgewicht des Gartens, vor allem Mangel an kraftvollem Bodenleben.

Ein schweres Gewitter im Sommer 1966 warf den Entschluß um. Ich sah, wie alles Niederschlagswasser in breiten Bächen den Obstanger hinunterlief. Der Boden hat zu wenig Porenraum, er ist sofort mit Wasser gesättigt, es gibt keine Luft im Boden, also auch kein reiches wirkungsvolles Bodenleben – ich muß mit meinen Bäumen aus diesem Boden heraus!

Den Mut dazu, für die paar Jahre noch einmal von vorn anzufangen, gaben mir die großartigen Erfolge, die der Vorstand* des Obst- und Gartenbauvereins in einem großen Dorf am Alpenfluß mit Kompost im Obstgarten hatte.

Er hatte an der Südseite seines Hauses ein Birnspalier der Sorte Madame Verté. Es blühte überreich, ohne je eine Frucht zu tragen. Es fehlte offenbar am richtigen Pollen; er pfropfte deshalb nach und nach fünf andere Birnsorten auf – ohne Erfolg; reichste Blüte – keine Frucht. Im sechzehnten Jahr hatte er es satt und wollte das Birnspalier herausreißen; seine Frau bat noch einmal darum, weil es doch so schön blühe. Da warf er ein paar Schaufeln Kompost, den er nach meiner Fibel gemacht hatte, an den Baum – und erntete 60 Pfund Birnen!

Daraufhin pachtete er vom Wasserwirtschaftsamt das trockengefallene tiefe Schotterbett eines Gebirgsflusses, fuhr von Schutt

* Ich nenne dessen Namen nicht, damit der Mann nicht auch von Besuchern überlaufen wird.

und Erde hinein, was er kriegen konnte, bis er obenauf eine Mutterbodenschicht von etwa 12 cm Dicke (!) hatte, und pflanzte darauf auf flache Hügel von Kompost Hochstämme der an Boden und Klima anspruchsvollsten Apfelsorten Roter James Grieve, Roter Boskoop, Ingrid Marie, Jonathan – jeder Fachmann hätte gesagt, daß das einfach grober Unfug ist. Aber an den bis zum Boden hängenden Ästen sitzen dicht an dicht fleckenlose Früchte, eine an der anderen, an feinstem Geschmack und an Haltbarkeit – Jonathan bis August! – allem überlegen, was aus Südtirol zu uns kommt. Nichts wird gespritzt, es wird Kompost gegeben – und geerntet. Wie jede Kompostwirtschaft, so widerspricht auch diese in einer Landschaft, in der es nur noch Wiesen und Wald gibt, allem, was über Obstbau gelehrt wird und in den Büchern steht.

Ein unverbesserlicher oder gar übelwollender Skeptiker wird sagen: das Ganze ist ein Einzelfall, der nichts beweist. Nun, der berühmte englische Landwirtschaftswissenschaftler Sir Albert Howard – den industriehörige Deutsche als Botaniker bezeichnen, um ihn abzuwerten – hat in ganz anderem Klima und auf ganz anderem Boden den gleichen Versuch gemacht mit demselben Erfolg. Nachdem er durch Einführung der Kompostwirtschaft den Teebau auf Ceylon und den Kaffeebau in Ostafrika vor dem sicheren Untergang gerettet hatte, übernahm er auf seine alten Tage in England einen völlig verwahrlosten Obstgarten, dessen Bäume mit Mehltau und allem Ungeziefer befallen waren, das es in England gibt. Er machte den ausgemergelten Boden mit Kompost wieder gesund, und schon nach drei Jahren waren auch die Bäume wieder völlig in Ordnung.

Also: Wenn Kompostwirtschaft es möglich macht, in einer so dünnen Mutterbodenschicht über Bauschutt einen so vollkommenen Obstbau zu treiben wie dort am Gebirgsfuß, dann muß das über meinem Ziegeleiton genausogut gehen!

So wurden im Frühjahr 1967 alle Spindelbüsche, auch die verhockten alten Storren, herausgenommen und neu auf 40 cm hohe Pflanzhügel gesetzt, die aus einer Mischung von Erde und grobem Kompost aufgeschüttet waren. Apfelspindeln kamen in einen Korb aus Drahtgewebe; das wird nicht für immer gehen, aber für meine Lebenszeit reicht's. Die Baumscheiben der Hochstämme wurden mit der gleichen Erd-Kompostmischung um etwa 15 cm aufgehöht.

(Schon seit langem war ich dazu übergegangen, den Kompost auf die Baumscheiben schon im September zu geben, wenn der Boden noch richtig warm ist. An Gras wird nur so viel darüber gegeben, daß es im Winter nur eine dünne Decke bildet, die den Wühlmäusen keinen besonderen Anreiz gibt, darunter ihre wohlgepolsterten Wohnhöhlen einzurichten. Seit die Komposthaufen über den Winter wasserdicht zugedeckt sind, wohnen sie in diesen, ein Stockwerk tiefer im Lehm die Maulwürfe.)

Im sicheren Bewußtsein kommenden Triumphes wurde ich frech und pflanzte auf einen neuen Hügel einen Spindelbusch von Golden Delicious, den an Klima so anspruchsvollen neuen Modeapfel. Er kam aus einer sehr guten Baumschule, war aber sofort dicht bevölkert von ganz grausigen Läusen mit langen Beinen. Die Blätter bekamen breite schön zinnoberrote Streifen – ein Todeskandidat! Eine Pyrethrum-Derris-Sprühdose erhielt ihn am Leben.

1968 trieb er ganz gut aus und setzte erstaunlich viele Äpfel an. Als die Triebe etwa 15 cm lang waren, waren sie alle in einen dicken Pelz aus grüner Apfelblattlaus gehüllt. Es wurde nichts gespritzt – die Triebe wurden abgeschnitten und auf die Erde geworfen; mochten die Ameisen wieder hinauftragen, was sie Lust hatten. Die nächsten Triebe wurden noch einmal genauso lang – und waren blank und frei von jeder Laus. Ein ganz klarer Befund: der erste Trieb stammte noch aus der Baumschule, der zweite war auf dem eigenen Mist gewachsen – auf dem Kompost. Die Äpfel waren etwas knubbelig, weil in ihrer frühesten Jugend Blattläuse daran gewesen waren.

1969 trieb der Busch kräftig durch, war frei von jeder Spur eines Schädlings und trug reich saubere Früchte, die leider am Baum nicht ganz reif wurden; ein Hagel Mitte Juni hatte volle vier Wochen Wachstumszeit ausfallen lassen.

Die 1967 verpflanzten Spindelbüsche, dazu einige neue, trieben 1968 einwandfrei sauber aus und brachten eine noch kleine Ernte ausgesprochener Paradefrüchte. 1969 war der Fruchtansatz so reich, daß ich hätte ausdünnen sollen. Der Lohrer Rambour hatte 1967 etwa 150 Pfund ganz reine Äpfel gebracht, 1968

80 Pfund und 1969 wieder gute 150. Auch diese letzteren mußten gerade noch vor dem ersten Frost zum größeren Teil unausgefärbt geerntet werden.

Der Hagel am 14. Juni 1969 brachte eine Art Wunder. Alle Früchte waren so angeschlagen, daß man die Fingerspitze in die offenen Wunden legen konnte; sie verheilten entweder ganz glatt oder mit ein wenig Korkgewebe. Keine Frucht faulte. Das Wunder aber war dies: während im schulmäßigen Obstbau nach jedem Regen von mehr als sechs Stunden Dauer über die Schale der Äpfel und Birnen eine chemische Schutzschicht gelegt und immer wieder erneuert werden muß, damit die Sporen des Schorfpilzes nicht eindringen können, blieben alle diese aufgerissenen ungeschützten Früchte frei von jeder Spur von Schorf; es gab auch im Keller keinen Lagerschorf*.

Damit hat der Kompost auch die schwierigste Aufgabe des ganzen Obstbaus ohne jedes Aufheben, also elegant gelöst.

Damit nicht wieder ein Aufpasser behauptet, das sei nur halbe Wahrheit, weil es sich nur um robuste Sorten handle, die von selbst so gesund seien, seien die Apfel- und Birnsorten genannt, die als Spindelbüsche oder Hochstämme im Sommer und Herbst 1969 und 1970 sich genauso verhalten haben:

Clapps Liebling	Köstliche von Charneu
Frühe Clapps	Neue Poiteau
Frühe von Trévoux	Marienbirne
Stark Earliest	Geheimrat Oldenburg
James Grieve	Schweizer Orangenapfel
Roter James Grieve	Mutterapfel
George Cave	Lohrer Rambour
Ingrid Marie	Roter Boskoop
Gravensteiner	Golden Delicious (!)

Brettacher, den die Fachleute empfehlen, meine Bauernfreunde aber verwerfen, haben wir veredelt mit Ribston's Pepping, Mutterapfel, einen faulen Träger, mit Zabergäureinette.

---

* In dem wettermäßig sehr unguten Jahr 1970 gab es auf ein paar Erstlingsfrüchten einiger neuer, noch unbekannter Sorten noch Schorf; es wird sich erst zeigen, ob sie sich den hiesigen „spartanischen" Gegebenheiten einfügen können.

Drei Wochen nach dem Hagelschlag, als der ganze Garten noch in einer Erstarrung lag, kamen Vertreter von Praxis und Lehre des schulmäßigen Obst- und Gartenbaus. Ein Spezialist für Schädlingskunde konnte gelbgrün gewordene Buschbohnen gut und gern als viruskrank ansehen. Als der Boden endlich wieder trocken und warm geworden war, standen sie so dunkelgrün wie die besten anderen und trugen reiche Frucht. Schließlich brachte er ein Sauerkirschenblatt mit zwölf winzigen Blattläusen. Meine Antwort: ich muß die Baumscheiben noch zwei Finger breit höher herausheben!

Aus all den hier angeführten Beobachtungen geht recht klar hervor, daß Kälte und Nässe das heilende Wirken des Bodenlebens stark behindern. Um so rascher sieht man den Erfolg im wärmeren Klima. Eine Verehrerin österreichischer Abkunft, die sich in Barcelona mit spanischen Ungeziefern und Giften herumschlagen muß – sie nennt meine Fibel ihr Trostbüchlein – hatte nach nur einjähriger Kompostwirtschaft an einem großen Weinspalier eine Ernte von einer Vollkommenheit, wie sie dort noch niemand erlebt hat. Der Gegenbewerber, Leiter des zuständigen Landwirtschaftsamtes, hatte seine Reben zwölfmal mit Kupfer spritzen müssen – und kam schon äußerlich an die „unbegifteten" Trauben nicht heran. Von der Freude über diesen Erfolg habe ich ein Quentchen abbekommen: in dem Bericht stand: „Sie sind doch ein Goldstück!"

Vom Genfer See wurde mir geschrieben, daß schon im ersten Jahr der Bedeckung der Baumscheiben unter den Apfelbäumen der Befall mit Blattläusen nur noch geringfügig war und daß die Früchte zweier Bäume, die bis dahin wegen Stippigkeit ungenießbar waren, zu 80% Eßäpfel wurden.

Aus zwei weit auseinanderliegenden Landschaften wurde mir berichtet, daß Apfelbäume, die in den steilen Hang ehemaliger Weinberge gepflanzt worden waren, kümmerten, nicht blühten, nicht trugen – schließlich kein Wunder: der Standort ist für Apfelbäume zu trocken und zu heiß. Als der Wurzelbereich dick mit Gras belegt wurde, wurden die Bäume sofort gesund, blühten und trugen reiche Frucht. In den Böden hatte sich ein offensichtlich reiches Bodenleben in seinen Dauerformen über Jahrzehnte völliger Ruhe hinweg erhalten, noch dazu eines, das noch nicht in die heutige Giftwirtschaft geraten war. Die dichte Decke aus Gras brachte kühle Feuchtigkeit in den Boden und ließ dessen Lebewelt in alter Fülle wieder lebendig werden.

Wie leicht es ist, in gutem Klima und auf mildem Lehmboden gesündesten Obstbau mit einem erstaunlich geringen Aufwand an Arbeit zu treiben, wenn man nur dem Teufel Gift auch nicht den kleinen Finger gibt, da er doch immer nach der ganzen Hand greift, davon konnte ich mich im Herbst 1961 auf dem Gut Grange in Broadhambury in der Grafschaft Devon überzeugen: dort standen in einer vierzigtausend Quadratmeter großen Obstanlage, etwas zu dicht gepflanzt, Halbstämme der Apfelsorte Laxtons Superb mit etwas Ellisons Orange. Es war ein großartiger Anblick: alle Bäume gesund bis in die letzte Triebspitze und so übervoll mit fleckenreinen Äpfeln, daß viele Äste gebrochen waren. Es gab ja keine Hilfskräfte, welche die Äste hätten stützen können; nur zur Ernte kommen Frauen aus dem Dorf. Duft und Geschmack der Äpfel waren restlos vollkommen. Ich fragte den Gutsherrn H. E. B. Gundry, womit er dünge. „Mit Schlick aus dem Bach und mit Hühnermist." Ich hatte den Hühnerstall gesehen: wenn es da ein paar Hände voll für jeden Baum gab, war es viel. Der Mann hatte in dem Bach, der durch das Gut fließt, ein Wehr gebaut, um den Schlick aufzufangen. Ich fragte weiter, womit und wie oft er spritze. „Einmal vor der Blüte mit Lehm und Schwefel." „Und sonst?" „Das Gras wird fünfmal gemäht und bleibt liegen."

Wir in Mitteleuropa haben es nicht so leicht. Je weiter sich der Erwerbsobstbau vom altbäuerlichen entfernt, je mehr die Anlagen zu großen Monokulturen werden mit Spindelbüschen und Obsthecken, je genauer man diesen Obstbau wissenschaftlich rationell betreibt, um so kostspieliger wird der Kampf gegen die Schädlinge. Die Behauptung der Vertreter der Pflanzenschutzmittelindustrie, daß das belanglos sei, da ja die Kosten der chemischen Schädlingsbekämpfung nicht mehr als 1 v. H. des Verkaufspreises betrügen und die Zahl der Spritzungen gleichgültig sei, wenn nur am Schluß an den Früchten kein Gift mehr hafte, läßt sich leicht widerlegen. Nach einer genauen Aufstellung aus dem sehr gut aufgezogenen dänischen Erwerbsobstbau betragen bei einem Gewinn von 11,1 v. H. des Umsatzes die Kosten für Düngemittel 5,1 v. H., für Chemikalien bei zehn bis zwölf Spritzungen 4,9 v. H., beides ohne Arbeitslohn. Also frißt eine Steigerung der Spritzungen auf zwanzig bis fünfundzwanzig schon allen Verdienst auf.

Dieses Gespenst steht auch vor dem hochgerühmten Südtiroler Obstbau, den ich besser kenne als den deutschen. Ich füge hier einen Abriß seiner Geschichte ein – seine Zukunft ist sehr offen.

Die wärmeren Lagen von Südtirol sind heute ein einziger geschlossener Obstwald; er zieht sich vom Vintschgau über Meran und Bozen bis ins Etschland hinunter. Es werden im Durchschnitt jährlich fast drei Millionen Doppelzentner Äpfel und eine halbe Million Doppelzentner Birnen erzeugt. Der Hauptabnehmer ist Deutschland. Anbau, Pflege und Vermarktung dieser riesigen Erntemengen sind mit geradezu wissenschaftlicher Genauigkeit in Genossenschaften organisiert. Entstanden ist dieser Obstbau auf eine sehr eigene Art:

Bozen war schon seit dem Mittelalter eine ausgesprochene Handelsstadt. Die Kaufherren dort waren hochangesehene wohlhabende Leute und berühmt schon wegen ihrer prächtig gebauten Sommersitze auf dem Ritten und im Überetsch, auf denen sie der Hitze des Talbodens nach oben auswichen. Durch ihre Hände gingen die Erzeugnisse Italiens über den Brenner nach Norden, ursprünglich Tuche, dann Wein, schließlich Trauben und Obst. Auch in München, dem nächsten Umschlagplatz, war der Handel mit Südfrüchten und Obst in den Händen von Südtirolern.

Vor der Jahrhundertwende pachteten sie von den Bauern zwischen Bozen und Meran deren Wiesen, pflanzten darauf Obstbäume und handelten nun mit selbstgebauten Äpfeln und Birnen. Die Etschländer Bauern verlängerten eines Tages die Pacht nicht mehr; sie hatten nun schönste ertragreiche Obstgärten, verstanden sich auf Anzucht, Pflege und Ernte und pflanzten von sich aus weitere Äpfel- und Birnbäume auf jeden Fleck, der sich dafür zu eignen schien. Selbst in den nassen Schilfwiesen längs der Etsch stehen die Bäume auf angehöhten Pflanzhügeln.

Der berühmteste aller Äpfel war der Meraner Weiße Wintercalvill. Als ich zu Ostern 1913 als bescheidener Architekturstudent mit einem Kameraden von Sterzing aus zu Fuß nach Bozen hinunter- und nach Eppan hinaufwanderte, um dort zu zeichnen, hatte mir mein Vater, ein Obstnarr, aufgetragen, mir einen solchen Apfel zu kaufen, um selber feststellen zu können, was echte Köstlichkeit ist.

Dieser Weiße Wintercalvill wurde nicht nach Pfunden oder Kilo gehandelt, sondern nach einzelnen Stücken. Von der Sortierung A kostete ein Apfel 3 österreichische Kronen, das waren 2,55 Mark. Sie gingen an den Zarenhof nach St. Petersburg. Von der Sortierung B kostete das Stück 2 Kronen, also 1,70 Mark; sie gingen nach Berlin an den Kaiserhof. Nur Sortierung C, das Stück zu 1 Krone = 85 Pfennige, das war der Wert eines bürgerlichen Mittagessens, kam unter die Leute. Auf ein Mittagessen mußte ich also verzichten, um mir einen solchen verhältnismäßig kleinen Apfel kaufen zu können – aber er war das Opfer wirklich mehr als wert.

Erst 1935 kam ich wieder nach Südtirol hinunter, da schon mit einem Wagen, um die großartigen altösterreichischen Gebirgsstraßen zum Splügen hinauf und über das Stilfser Joch für meine eigene Arbeit an der Deutschen Alpenstraße kennenzulernen. Ein älterer Münchner Architekt hatte das Meraner Obstgut geerbt, in dem der weiße Wintercalvill gezogen wurde, hatte Reißschiene und Winkel an den Nagel gehängt und lebte nun sehr viel erfreulicher in Meran. Den bat ich nun, mich einmal an Weißem Wintercalvill sattessen zu dürfen. Er ließ einen Korb voll bringen – gleichgültig grüne Äpfel ohne besonderen Geschmack. Auf meine erstaunte Frage, ob das der einst so gerühmte Apfel wäre, erklärte er mir, er habe als Leiter seines Obstgutes einen Diplomgartenbauinspektor aus Bayern; der wolle mehr ernten, habe deshalb mehr gedüngt und mehr bewässert – und die Herrlichkeit des sagenhaften Weißen Wintercalvills war dahin.

Am Weihnachtstag 1943 kam ich mit anderer Leute Fahrzeugen von Süden herauf wieder einmal durch Bozen. Ich hatte mir dort unter Bauern und Landwirtschaftsbeamten gute Freunde erworben. Die zeigten mir eine kleine Ausstellung von Südtiroler Obst, die sie für einen hohen Herrn aus Berlin aufgebaut hatten, der aber nicht gekommen war. Das war also das Ausgesuchteste der ganzen Südtiroler Obsternte, und ich durfte mir daraus noch einmal so viel von dem Schönsten herauspicken, wie

ich unter dem Arm heimtragen konnte. Denn ob ich mit der
Eisenbahn oder einem Lastwagen oder auf einer Lokomotive
oder zu Fuß wieder nach München kommen würde, das war
durchaus offen. Ich kam aber wirklich heim, wenn auch auf recht
abenteuerlichen Wegen. Die Südtiroler Äpfel waren das Schönste
unter dem leeren Christbaum, allerdings auch das einzige. Als
wir sie ein paar Tage lang genug bewundert hatten und ans
Essen gingen, entpuppten sie sich als große Enttäuschung: hinter der prachtvoll schöngefärbten und blanken Schale der
Morgenduft, Jonathan, Goldparmänen, Kalterer Böhmer und
wie sie alle hießen, war kein richtiger Geschmack; nur die
äußerlich so unscheinbare Winterbirne Olivier de Serres war
großartig.

Im Sommer 1944 sprach ich darüber mit einer alten Gräfin in
Kaltern am See. Sie bestätigte mir, daß die Südtiroler Äpfel,
verglichen mit einst, nur noch „Zuckerln" seien.

1913 kannte man im Obstbau nur eine einzige Winterspritzung mit Obstbaum-Karbolineum; als ich nach dem letzten
Krieg zum ersten Mal wieder nach Südtirol hinunterfahren
konnte, wurde mir der Wandel, der inzwischen in der Obst-
baumpflege sich angebahnt hatte, eindringlich genug vor Augen
geführt. Wir kamen vom Reschen herunter; im oberen Teil des
Vintschgaus lag noch Schnee. Unter jedem Obstbaum war dieser
zu einer großen runden leuchtend gelben Scheibe gefärbt – mit
dem hochgiftigen Dinitroorthokresol. Aus dem Obstwald kam
uns ein Fahrzeug entgegen, auf ihm ein großes Faß mit der
Spritzbrühe, gezogen von zwei Öchslein der so schönen kleinen
Tiroler Braunviehrasse; die waren aber nicht braun, sondern
leuchtend gelb gefärbt wie vierbeinige Kanarienvögel. Geführt
wurde das Gespann von zwei jungen Rittern in geschlossenen
Rüstungen, in denen nur ein Schlitz für die Augen frei war; die
Rüstungen bestanden aber nicht aus Blech wie vor fünfhundert
Jahren, sondern aus Gummi. Weiter talab waren die Wiesen
aper, aber unter jedem Baum nun kreisrund braun gefärbt,
wahrscheinlich von einem Karbolineum. Noch weiter gegen
Meran zu war das ganze Tal staubig grau, vermutlich von
Schwefel.

Ich bin dann öfter nach Südtirol gekommen mit neuen Aufgaben, Vorträgen und Gutachten, und habe mich bemüht, mir ein möglichst genaues Bild von der Eigenart und dem Stand des dortigen Obstbaus zu verschaffen. Zunächst bin ich auf eine erstaunliche Begabung für Organisation gestoßen. Alles ist genossenschaftlich geordnet, der Hauptverband der landwirtschaftlichen Genossenschaften in der Provinz Bozen unterrichtet jedermann über alles, was er über Bergbauerntum in den Hochlagen, über Obstbau unten wissen muß; er hat einen Warndienst für Frostschutz eingerichtet, eine vollkommene Beratung für Schädlingsbekämpfung von Wintersende bis wieder Wintersanfang; er berät über Winterlagerung in Kühlhäusern, Vermarktung, über das Ziehen von Bodenproben und die aus ihnen gefolgerte Düngung und was sonst der Bauer wissen soll. Das wäre alles ganz großartig, wenn es nicht aufgebaut wäre auf einer völlig mechanistischen Geisteshaltung, wie sie aus dem Ende des vorigen Jahrhunderts überkommen ist.

Man erfährt zum Beispiel genau, was auf den verschiedenen Standorten an Pflanzennährstoffen notwendig ist, was man gegen Bormangel tun muß und neuerdings auch gegen Mangel an Magnesia. Aber es gibt für alles nur Kunstdünger; der wird in wäßriger Lösung mit Düngelanzen in den Boden gepreßt, damit er sicher an die Wurzeln der Obstbäume herankommt. Humuspflege kennt man nicht, vom Bodenleben weiß man nichts, Viehzucht gibt es in der Obstlandschaft kaum noch, weil man mit dem vergifteten Gras keine Kühe füttern kann. Dafür wird gespritzt, unentwegt, ein Gift nach dem anderen, alle paar Jahre neue Gifte, wenn die alten nicht mehr wirken. Das Besprühen oder Waschen der Bäume mit den Giftbrühen von einzelnen Fahrzeugen aus ist schon unwirtschaftlich geworden. Man benutzt dazu die überallhin ausgebauten großen Beregnungsanlagen, die man des Frostschutzes halber haben muß (unter genauester Beachtung von Temperatur, Wind und allgemeiner Wetterlage werden die Blüten der Obstbäume buchstäblich in einen Eismantel gehüllt; die Wärme, die das Wasser beim Gefrieren abgibt – sie ist so groß wie die, die nachher zum Wiederauftauen des Eises nötig ist – schützt Staubgefäße und Griffel der Blüten vor dem Erfrieren). Hinter all dem steht die gewaltige wirtschaftliche Macht der deutschen, der schweizerischen, der italienischen chemischen Industrien und der Maschinenfabriken, deren Erzeugnisse der Hauptverband vertreibt.

Schon vor vielen Jahren hörte ich Bauern und Bäuerinnen klagen, daß sie bei achtzehn Spritzungen kaum noch etwas verdienen können. Nur Wissenschaftler, die nicht Landwirtschaft studiert haben und deshalb frei sind von den engen Scheuklappen, die jedem Landwirtschaftsbeflissenen anerzogen werden, wissen, daß es so nicht weitergeht. So berichtete mir einer, daß nach der ersten Anwendung von E 605 die Rote Spinne, eine Spinnmilbe, die immer schon ein harmloser Mitläufer gewesen war, plötzlich zum schlimmsten Feind des ganzen Obstbaus wurde. Sie kann nur noch mit neuen noch schwereren Giften etwas eingedämmt, aber nicht ernsthaft bekämpft werden. In all dem fürchterlichen Giftkrieg ist noch kein einziger Schädling ausgerottet worden.

Ich habe den Verantwortlichen dort vorausgesagt, daß sie alle paar Jahre einen neuen Schädling bekommen werden, der jetzt noch gar keiner ist, der nur durch diese Giftwirtschaft überhaupt zum Schädling werden kann – es ist genauso geworden.

Diese mit einem Anschein von Wissenschaftlichkeit als allein möglich erhärtete Art von Obstbau hat auch den Bauern zu einer geradezu widernatürlichen Einstellung gebracht. So wies ein Meraner Obstbauer, den ich wegen seiner Bemühungen um echte Heimatpflege im landwirtschaftlichen Bauen schätzen gelernt habe, auf das Gut des Nachbarn hinüber mit der Erklärung: Der „macht" sechs Waggon Äpfel! Das ist genauso, wie wenn ein Möbelfabrikant erklärt, daß er wöchentlich sechs Waggon Schlafzimmermöbel „mache" – wie ich es am Main gehört habe.

Daß man auf solchem Wege keine wirkliche Güte der Äpfel, keinen Duft, keine Würze, keine echte Haltbarkeit schaffen kann, ist selbstverständlich. Wenn ich mir im zeitigen Frühjahr für Bahnfahrten Südtiroler Äpfel oder Birnen mitnehme und muß sie dann doch wegwerfen, so kann man das allenfalls auf Fehler im Kühlhaus oder bei der Auslagerung zurückführen. Wenn aber Freunde, die mir für einen besonderen Dienst, den ich ihnen erweisen konnte, ihre Dankbarkeit ausdrücken wollen, mir Mitte Oktober eine Kiste Kanada-Reinetten mitbringen, die bis Ende März genußreif bleiben sollen, und ich muß sie noch vor Allerheiligen als ungenießbar-mehlig auf den Komposthaufen werfen – dann stimmt doch wirklich etwas nicht.

Man versucht schon lang, immer wieder von vorn anzufangen, rodet die großen alten Bäume aus und pflanzt an ihrer Stelle Obsthecken – man wird dabei nicht weit kommen. Denn alle Böden sind nun so vergiftet und damit so leer von jedem gesunden Bodenleben, daß auf ihnen keine Pflanze mehr gesund bleiben kann – und was nicht gesund ist, sucht die Natur durch ihre Gesundheitspolizei, eben die Schädlinge, zu beseitigen.

Schon fangen immer mehr Hausfrauen an, sich bei Äpfeln durch eine schönfarbige glatte Schale nicht mehr blenden zu lassen. Sie kaufen tatsächlich lieber schorffleckige in der Meinung, die seien sicher unbegiftet. Öfter stand ich auf dem so schön-bunten Bozener Obstmarkt unter deutschen Urlaubern, wo die Frau zaghaft den Mann fragte, ob denn das alles „gespritzt" sei. Ich konnte das nur bestätigen, selbst für die Zitronen, welche die Frau so gern ohne Diphenyl heimgebracht hätte, um die Schale verwenden zu können. (Das Begiften von Zitrusfrüchten mit Diphenyl ist auch in der deutschen Bundesrepublik vorläufig noch erlaubt, obwohl es von der Schale aus ins Innere eindringt.)

Selbstverständlich habe ich nicht nur gerügt und gewarnt, sondern zu helfen versucht. Der einfache Bauer aber wagt nicht, sich von seinen Kameraden abzusondern und neue „unerhörte" Wege zu gehen. So habe ich immer wieder an den Leiter des Landwirtschaftsassessorats hingeredet, mit Erfolg aber erst dann, als auch sein Arzt ihm bestätigte, daß meine Anschauungen die einzig richtigen seien. So hat er versprochen, an der Obst- und Weinbauschule in Laimburg bei Auer an der Etsch in einer Neuanlage ein Quartier organisch aufziehen zu lassen – es ist nichts daraus geworden.

Gleichzeitig aber schickte mir ein neuer, unbekannter Verehrer einen Brief eines Südtiroler Freundes; der schrieb, er müsse den Obstbau jetzt aufgeben, der Kampf gegen das immer größer werdende Heer der Schädlinge fresse jeden Verdienst auf. Und ein anderer schrieb in der ausgezeichnet geleiteten Zeitschrift ‚Der Landwirt', wenn man nicht bald der Schwierigkeiten Herr werde, dann müsse man sich eben mit der Motorsäge befreunden.

Das Roden der alten Bäume und ihr Ersatz durch niedrige Heckenformen ist kein Weg zu neuer Gesundheit, wenn man auf der alten Düngerlehre beharrt, mit der sich keine wirklich gesunde Pflanze erziehen läßt. Damit bleibt alles beim alten: verzweifelter Kampf gegen die Natur, die mit Hilfe ihrer mächtigen Feldpolizei, eben des immer mehr wachsenden Heers von Schädlingen und Krankheiten, die lebensschwachen Pflanzen auszutilgen bestrebt ist – und schließlich Sieger bleiben wird.

Gewissermaßen vor Torschluß haben sich kleine Arbeitskreise gebildet, deren Mitglieder versuchen, aus der ganzen Giftwirtschaft herauszukommen. Sie fangen an, nach der Wirtschaftsweise der „Anog" (Arbeitsgemeinschaft für naturgemäßen Qualitätsanbau von Obst und Gemüse) zu arbeiten, die der Paderborner Diplomobstbauinspektor Leo Fürst in harter Arbeit und gegen massivste Angriffe aufgebaut hat. Diese Wirtschaftsweise kommt vom schulgemäßen Obstbau her, von dem immer mehr Kunstdünger und alle Gifte weggelassen, nach und nach aber Pflegespritzungen mit Seealgendünger, Seealgenmehl* und Wasserglas hinzugefügt wurden. Das Ergebnis ist ein unbegiftetes Obst allerbester Güte, das im allgemeinen über Reformgeschäfte verkauft wird. Die höhere Qualität hat sich aber schon so weit herumgesprochen, daß geradezu riesige norddeutsche Apfelpflanzungen ihre ganze Ernte am Hoftor absetzen und sich auch gegen die große Apfelschwemme 1969 gut halten konnten.

Es ist für Südtirol buchstäblich fünf Minuten nach zwölf, einen solchen Weg zu gehen. Man bedenke, daß eine Südtiroler Bauernfamilie von zwei Hektaren Obstwiesen leben kann – von zwei Hektaren leerem Gras jedoch nie und nimmer.

Es ist mir bisher nur noch eine Arbeitsgemeinschaft für Erwerbsobstbau „ohne Gift" bekannt geworden, die der Kreisfachberater Volkmar Lust in Balingen in Württemberg aufgezogen hat. Sie arbeitet viel einfacher, um nicht zu sagen elegant nach der biologisch-dynamischen Wirtschaftsweise, über die noch zu reden sein wird, nur mit Kompost und organischen Düngern und einigen Pflegespritzungen mit Seealgendünger. Die von ihr er-

---

* Diese und andere organische Pflege- und Düngemittel liefert Ernst-Otto Cohrs in 213 Rotenburg, Postfach 73.

zeugten Äpfel sind einfach vollkommen. Als der Ertrag meiner eigenen Bäume noch nicht ausreichte, versuchte ich noch im Herbst in Balingen Äpfel zu bestellen; da wurde mir mitgeteilt: „Wir verkaufen unsere Äpfel, wenn die Bäume blühen!" Auch die große Apfelschwemme 1969 hat ihrem Absatz keinen Abbruch getan.

Selbstverständlich werden diese Arbeitskreise von den Vertretern alter Schule beschimpft. Es ist aber wirklich nicht zu verstehen, wie Obstbauern, denen doch an jedem Hinweis auf größere Sicherheit und Güte ihrer Ernte, auf höheren Anteil an Güteklasse A gelegen sein müßte, sich von den eigensüchtigen Gegnern jeder Art organischen Landbaus so ins Bockshorn jagen lassen, daß sie in blinder Sturheit – man kann es nicht anders nennen – lieber nach Möglichkeiten ausschauen, sie zu unterdrükken, statt mit fliegenden Fahnen zu dieser elegantesten Art von Obstbau überzugehen.

Der Herbst 1970 hat schließlich bewiesen, daß das Herausheben des Wurzelbereichs der Obstgehölze aus dem Ziegeleiton in Baumscheiben oder Pflanzhügel aus einer luftigen Mischung von Erdreich und ganz grobem reifem Kompost (mit viel Holzresten) der richtige Weg aus allen bisherigen Schwierigkeiten war. Das späte kalte Frühjahr und das Unwetter im Mai hatten die Wachstumszeit des Jahres um volle vier Wochen verkürzt. Ich mußte schon im Oktober nach vier Nächten mit bis zu fünf Grad Frost alles späte Obst ohne Baumreife abnehmen. Trotzdem wurden es Schaufrüchte mit vollen tiefen Farben. Sie waren und blieben frei vom kleinsten Schorffleck – auch die besten mir bekannten Obstbauer erreichen das nur mit einer oder ein paar Spritzungen mit Zineb oder Ziram, als harmlos geltenden Zinkverbindungen. Bis Ende Januar 1971 blieben Schweizer Orangenapfel und Lohrer Rambour ausgesprochen würzige Tafeläpfel. Was wir zur Ernte verschenkt hatten, auch die spätreifenden Hauszwetschgensorten, wurden von den Freunden gerühmt als allen Einfuhrfrüchten haushoch überlegen.

Es gab an den Äpfeln noch etwas Obstmaden; auch die werden, der bisherigen Erfahrung nach, noch verschwinden.

Es ist also durchaus möglich, in klimatischen Grenzlagen und auf schwierigsten Böden einen ertragreichen Obstbau zu treiben ohne Schädlinge – also auch ohne die Not, mit irgendeinem Gift arbeiten zu müssen. Das Geheimnis ist einfach, ist überall dasselbe: Pflege eines reichen Bodenlebens in einem luftig-humosen Wurzelbereich.

11. Der Kompost in der Forstbaumschule

Die Baumschule verlangt viel mehr Arbeit, auch Handarbeit, als Landwirtschaft und Gartenbau. Besonders in der Forstbaumschule werden Laub- und Nadelgehölze der verschiedensten Arten in riesigen Mengen aus winzigsten Samen im freien Land herangezogen; der Gemüse- und der Blumengärtner sät so feines Saatgut in Schalen unter Glas aus in ganz verschiedenartige, mit großer Sorgfalt hergerichtete Erdmischungen und sichert so den Sämlingen die besten Lebensbedingungen. Der Baumschulist, der immer auf großen Flächen arbeitet, hat nur den ihm von der Natur gegebenen, allenfalls durch frühere landwirtschaftliche oder waldbauliche Kultur veränderten Erdboden und muß versuchen, diesen für die sehr verschiedenen Ansprüche zuzurichten, welche die einzelnen Gehölzarten stellen. Unter diesen sind nicht wenige, die aus fernen Erdteilen stammen, an die natürlichen Gegebenheiten der Baumschule durchaus nicht angepaßt und sollen in ihr doch gut gedeihen.

Besondere Schwierigkeiten bereitet die Anzucht gewisser Gehölzarten, die in ihrem Wurzelbereich mit ganz bestimmten Pilzen zusammenleben. Der Pilz umspinnt mit seinem Geflecht die feinsten Wurzeln der Pflanze und dringt sogar in sie ein. Pflanze und Pilz sind in ihrem Leben so aufeinander abgestimmt und angewiesen, daß einer ohne den anderen nicht gedeihen kann (in der Wissenschaft heißen diese Wurzelpilze Mykorrhiza). Ich habe in einer englischen staatlichen Forstbaumschule nebeneinander gleichartige Kulturen von Nadelholzarten gesehen: die ohne Wurzelpilze wachsen mußten, waren spannlang, die mit ihrer Mykorrhiza versorgten mehr als zwei Mann hoch. Einige dieser Wurzelpilze (Hymenomyceten) kennt man als das unterirdische Geflecht verschiedener eßbarer Pilze wie Steinpilz und Reizker. Nun kann man Kulturen dieser Pilze noch nicht in der Apotheke kaufen wie etwa die von stickstoffsammelnden Bakterien, mit denen man Saatgut von Schmetterlingsblütlern impft, damit die-

se auf Böden gedeihen, denen der Azotobakter fehlt. Man muß
sie selbst heranziehen, bereithalten und den Kulturen von Fichte,
Föhre, Lärche, Zirbe, Birke, Eiche usw. schon in das Keimbett
mitgeben.

Einen besseren Brutofen als den richtig aufgesetzten und mit
Sorgfalt gepflegten Komposthaufen gibt es dafür nicht. Das beweist eine hessische Baumschule*, die auf nacktem totem Sand
angefangen hat zu arbeiten. Der ist erst nach der Römerzeit aus
dem Rheinbett heraus zu Dünen zusammengeweht worden. Die
Baumschule wurde noch dazu auf einem von Schützengräben und
Bombentrichtern umgewühlten ehemaligen Exerzierplatz angelegt; es standen gerade noch so viele Birken, Buchen und Eichen,
daß die Komposthaufen in deren Schatten gelegt werden konnten. Kein „normaler" Baumschulist käme auf den für ihn ver-
rückten Gedanken, hier, wo alles fehlt, was zu gutem Pflanzenwachstum nun einmal gehört, eine Baumschule anzulegen. Denn
mit dem üblichen Hilfsmittel – mit Düngesalzen versetzter Torfmull – ist nichts zu wollen, wo kein natürlicher Humus und keine
Spur von Lehm vorhanden ist. Dafür aber ist dort das Arbeiten
mit Kompost zu einer Wissenschaft entwickelt und zu einer Kunst
gesteigert worden, wie ich es in solcher Vollkommenheit nirgends
gesehen habe.

Die Haufen dort haben einen kleineren Querschnitt als sonst
üblich, damit die Verrottung rascher vor sich geht; sie sind nur
etwa 1,50 Meter breit und halb so hoch. Grundstoffe sind alle
erreichbaren „jungen" Erden wie Teichschlamm, Grabenaushub,
durch Winterfrost zermürbter Lehm, Wiesenmoor-Erde, verrot-
tete Rasensoden und feiner Basaltgrus, der erst einen Winter lang
mit Stalljauche aufgesetzt wird. Dazu kommt Laub aus Gräben,
Lachen und Auenwäldern, angerottetes Reisig und Rinden, wie
sie bei der Waldarbeit anfallen, und Asche von allerlei Holz. Das
Laub soll nicht so frisch aufgesetzt werden, wie es im Herbst von
den Bäumen fällt; es muß den Winter über auf dem Waldboden
liegenbleiben, um mit dessen Bodenpilzen durchsetzt zu werden
(es hat sich gezeigt, daß man auf Kompost aus solchem Waldlaub

---

* Forstbaumschulen von Conrad Appel in Eschollbrücken b. Darmstadt

vollen Erfolg auch bei der Anzucht von Nadelhölzern hat). Dazu kommt das Unkraut aus den Kulturen, das aber angewelkt sein muß, ehe es in die Haufen gegeben wird. Schließlich werden noch auf allen freien oder freiwerdenden Flächen landwirtschaftliche Zwischenkulturen angebaut, die große Massen Grünzeug für die Komposthaufen bringen.

Der tierische Stickstoff wird in Form von Stallmist und Panseninhalt aus dem Schlachthaus zugefügt. Die Haufen sind abgedeckt mit Sägespänen, die im Schweineschlachthof eingestreut waren und mit Schweineharn durchtränkt sind. Die Komposthaufen werden je nach der künftigen Verwendung aus allen oder nur aus einzelnen der eben genannten Grundstoffe aufgebaut und in der ersten Zeit sorgfältig auf die innere Erwärmung hin beobachtet. Diese soll nicht über 50 Grad C ansteigen. Das wird verhindert durch Festtreten, Zugabe von Wasser oder Umsetzen. Umgesetzt wird mit Maschinen.

Bewundernswert ist die Mitarbeit der Würmer in dieser Baumschule. Sie sind dort zu wohlabgerichteten Heinzelmännchen geworden. Kratzt man einen frischen Komposthaufen auf, so hat man in jeder Handvoll Masse zehn, zwanzig oder auch dreißig junge Mistwürmer. Haben diese die ihnen zugedachte Arbeit verrichtet, dann wandern sie geschlossen aus über dreißig und mehr Metern Entfernung in einen neuen Haufen, legen dort ihre Eipäckchen ab und verschwinden. So geht das Spiel, Arbeit und Wanderung, dauernd reihum.

Auf den weiten Sandfeldern stehen, vor Austrocknung und neuer Verwehung durch eigens gepflanzte Windschutzhecken gesichert, in langen Reihen unendliche Mengen von Forst- und anderen Baumschulpflanzen aller Altersstufen wie in anderen Baumschulen auch, aber in viel größerer Gesundheit. Über dem Boden sind die Pflanzen gedrungener als die übliche Ware, im Boden aber viel reicher bewurzelt. Sie zeigen ihre besondere Gesundheit an in einem frischeren Grün, das sonst nur durch Stickstoffgaben erreicht wird. Spritzen mit Chemikalien irgendwelcher Art ist unnötig, weil es keine schädigenden Bakterien oder Pilze gibt; Eichenmehltau, Kieferschütte, Douglasienschütte, Lärchenschütte, Keimlingsfäule, Wurzelläuse, Gallenläuse, Wollschildläuse, Blattläuse – alles ist unbekannt. (Dem Kundigen mag

gesagt sein, daß diese Baumschule nach der biologisch-dynamischen Wirtschaftsweise betrieben wird.)

Der grundsätzlich ablehnende Skeptiker wird nun sagen, daß
mit so viel Sorgfalt, Hand- und Maschinenarbeit herangezogene
Pflanzen viel zu teuer und höchstens von Liebhabern zu über-
setzten Preisen gekauft werden, wie die Freunde einer naturrei-
nen Nahrung für Gemüse, Obst und Südfrüchte, die ohne alle
Giftspritzungen erzeugt worden sind, gern einen höheren Preis
bezahlen. Nun, solche Liebhaber für Hunderttausende von Forstpflanzen gibt es nicht; Abnehmer, allerdings auch freudige Abnehmer, sind die Forstämter, und kein Forstmeister darf für
Forstpflanzen aus Eschollbrücken auch nur einen Pfennig mehr
bezahlen, als sie sonstwo kosten.

Meine Freunde und ich ziehen besonders für die schwierigen
Pflanzungen in der freien Landschaft Baumschulgehölze, die mit
Kompost herangezogen worden sind, allen anders erzeugten vor.
Sie sind gedrungener, haben festeres Zellgewebe und eine besonders gute Faserbewurzelung. Deshalb sind die Ausfälle bei den
harten Bedingungen, unter denen die jungen Pflanzen an Straßen
und Autobahnen, an Kanälen und in der freien Feldflur stehen,
weitaus geringer. Wir haben bei großen Pflanzungen im Hoch-
gebirge in einem sehr trockenen Sommer an einem Staudamm,
über den ständig ein kalter Wind herunterfiel, beim Auszählen
im Herbst nach der Pflanzung gesehen, daß 98 v. H. der Nadel-
wie der Laubgehölzer bestens angewachsen waren.

Auch in England sind eingehende wissenschaftliche Versuche
gemacht worden über die beste Art, die wichtige Mykorrhiza für
junge Forstpflanzen zu erzeugen*. Man hat mit einem Kompost
aus ausgekochtem Brauereihopfen mit 1 v. H. Blutmehl die
besten Erfolge in allen Versuchsreihen gehabt. Obwohl sich
Blutmehl, also eine Quelle tierischen Stickstoffs, eindeutig mineralischen Stickstoffverbindungen überlegen gezeigt hat, werden
die riesigen Aufforstungen jetzt mit einem Kompost aus Hopfen,
Adlerfarn und Ammoniumsulfat** fortgeführt. Für den auf die-

* M. S. Rayner and W. Neilson-Jones, ‚Problems in Tree Nutrition‘,
London 1944
** Das dürfte auf Einfluß der Imperial Chemical Industries zurück-
zuführen sein.

sem Gebiet Erfahrenen ist es klar, daß zwar der Zusatz von Adlerfarn zum Hopfen sich bestens auswirken wird, daß man aber mit Blutmehl, Hornmehl, Borsten- oder Federnmehl viel besser vorankäme als mit $(NH_4)_2SO_4$.

Mit Kompost aus Abfällen der Eichen-Linden-Hainbuchen-Gesellschaft, zu der Apfel-, Birn- und Kirschbaum gehören, also aus Laub und Reisig von Eichen, Linden, Hainbuchen, Bergahorn, Feldahorn, Vogelkirsche, Weißdorn, Schlehdorn, Hartriegel, Wildrosen, Brombeeren wird man noch am ehesten der gefürchteten Obstbaummüdigkeit der Baumschulböden begegnen können, welche viele Betriebe zwingt, auf immer neue Flächen auszuweichen.

Solches immer wiederholte Ausweichen ist dem heutigen Forstwirt aus Mangel an Arbeitskräften und Mitteln gar nicht mehr möglich. Eine kluge Kompostwirtschaft aber kann er leicht durchführen, weil ihm ja der bestmögliche Rohstoff ringsum in reicher Menge zur Verfügung steht und zuwächst. Wenn es schon ganz gewöhnlicher Gartenkompost möglich macht, ohne Fruchtwechsel ununterbrochen Kartoffeln hinter Kartoffeln auf der gleichen Fläche anzubauen, dann können auf Laub- und Nadelkompost aufgebaute Pflanzgärten über Generationen von Forstmeistern hinweg immer an derselben Stelle bleiben.

12. Eine sehr kleine Freiheit

Bis vor ein paar Jahren war ich der Meinung, man dürfe auch bei Kompostwirtschaft ausnahmsweise Gift verwenden, etwa in derselben Art, wie ein Arzt, der als Homöopath oder nach Lehren und Erfahrung der Naturheilkunde arbeitet, in einem schweren Notstand durch Morphium oder ein scharfes Antibiotikum die Zeit gewinnen zu müssen glaubt, bis seine langsamer arbeitenden Mittel zu wirken anfangen. Mit wachsender Erfahrung habe ich erkannt, daß man im Garten- wie im Ackerbau dadurch doch nur Zeit verliert. Selbst auf einem durchaus vergifteten Boden hat man schon im ersten Jahr der Anwendung von Kompost sicheren Erfolg, und in der Bekämpfung von Unkraut kommt man mit den recht vielen Arbeitsweisen der Vergangenheit weiter als mit Gift. Das richtige ist da, zwei, drei Jahre lang in Teilstücken über das Land dichte Ansaaten von Hülsenfrüchten hingehen zu lassen, die viel grüne Massen für Kompost liefern und jeweils aufgehendes Unkraut ersticken. Bokharaklee ist dafür noch viel zu wenig bekannt. Er lockert schon im ersten Jahr den Boden bis auf 60 cm Tiefe; im zweiten Jahr muß man ihn öfters mähen, damit er nicht in Samen gehen kann, und dann hat man sauberes Land. Auf Sandböden tun Lupinen verschiedener Arten ähnliche Dienste.

Nur bei der Pflanzung von Obstgehölzen gibt es eine Ausnahme. Auch wenn man sie aus bestgeleiteten Baumschulen bekommt, muß man im Frühjahr feststellen, daß der Austrieb aus mehr Läusen oder Milben besteht als Blattgrün. Wenn man sich entschließt, sie einfach zu verbrennen, verliert man ein Jahr und weiß nicht, ob man nicht im nächsten dasselbe erlebt. Hier kommt man aber durch Besprühen mit Spruzit, einem Auszug aus Pyrethrumblüten und Derriswurzeln, sicher zu dem Ziel, dem Blattgrün einen Vorsprung vor dem Ungeziefer zu schaffen. Wo es ganz wüst zugeht, wäre sogar ein Besprühen mit einem der systemisch arbeitenden Gifte erlaubt, die in die Pflanze eindringen und die Schädlinge von innen her umbringen. Denn selbst Stachelbeer- und Johannisbeerbüsche sind wieder frei von Gift, bis sie zum Tragen kommen. Aber es ist wirklich die „ultima ratio regis", wie früher auf den Kanonen der Könige zu lesen war, und keine Erlaubnis, mit solchen auf Spatzen zu schießen.

13. Die biologisch-dynamische Wirtschaftsweise

Es wäre kleinlich und ein Unrecht, würde ich nicht angeben, von wem und woher ich auf meinem 1930 eingeschlagenen Weg, in meinem neuerworbenen Garten alles anders zu machen als bisher, die wertvollste Unterstützung und Anregung bekommen habe. Genau in der Woche, in der ich diesen Entschluß gefaßt hatte, mußte ich an einer Tagung von Gartenarchitekten teilnehmen und dabei höflicherweise einen Vortrag über die biologisch-dynamische Wirtschaftsweise anhören. Ich kannte den Vortragenden als einen kenntnisreichen zuverlässigen Fachmann; was mir bis dahin als Unsinn erschienen war, klang aus seinem Mund so vernünftig, daß ich ihm schrieb, ich hätte den Eindruck, wir strebten beide nach demselben Ziel: nach größter Annäherung an das von der Natur selbst gegebene Beispiel. Er lud mich zu einer Vortragstagung in die Rhön ein; es war nicht leicht, nicht sofort wieder abzureisen. Ich traf aber dort einen jungen Landwirt, mit dem ich sieben Jahre vorher bestens zusammengearbeitet hatte. Er versicherte mir, der neue Weg sei besser als der damalige und gut gangbar. Um den neuen Dingen auf den Grund zu kommen, beschloß ich sofort mit dem Unglaubhaftesten, was da vorgetragen wurde, einen Versuch zu machen: mit dem Hornmist und dem Hornkiesel. Das erste ist eine kleine Handvoll von frischem Kuhmist, der in einem Kuhhorn eine gewisse Zeit in der Erde vergraben war. Er erhält dort die Kraft, in einem Eimer Wasser verrührt und über ein Hektar Land versprüht an die Pflanzenwelt etwa die Wirkung von warmem Regenwetter zu übertragen (dies war meine eigene laienhafte Vorstellung). Hornkiesel ist mehlfein zerriebener Bergkristall, in ähnlicher Weise behandelt, von dem eine winzige Menge an eine gleichgroße Fläche von Kulturpflanzen etwa die Wirkung von viel Sonnenschein heranbringt.

Ich besaß damals eine Sammlung besonders schönblühender

Phyllokakteen, die in der sehr hellen Waschküche im Keller überwintert wurden. Dort besprühte ich sie Ende November 1930 mit
einer Spur von dem in handwarmem Regenwasser eine Stunde
lang verrührten Hornkiesel. Am 1. Januar 1931 ging ich in den
Keller, um nachzuschauen, ob die Pflanzen begossen werden
mußten – sie standen alle voll von Blütenknospen! Das war ungeheuerlich! Die Blütenknospen waren sonst erst Anfang Mai
erschienen und nur in einem Viertel der jetzt vorhandenen Zahl.
Die Kakteen blühten dann wie große Blumensträuße, viel reicher
als im Botanischen Garten Nymphenburg, aus dem sie stammten.

Der Hornmist wurde damals einmal im Frühjahr, einmal im
Herbst auf den offenen Boden ausgesprüht; ich machte das absichtlich falsch, weil ich hoffte, dabei noch schneller irgendeine
Wirkung zu sehen, und besprühte die Wiese unter meinen Eschen
und Linden fünfmal im Sommer. Die Wirkung kam spät, aber
eindringlich.

Mein Garten war ein Reststück eines ehemaligen Parkes von
Eichen und Linden, in dem die damals sechzig- bis neunzigjähri-
gen Eschen wild aufgegangen waren. Durch die Umwandlung des
Parkes in Bauland war er trockener und sonniger geworden, was
die Eschen nicht vertrugen. Sie wurden alle befallen vom Kleinen
Eschenbastkäfer (Hylesinus fraxini) in einer Menge von gut
zwanzigtausend Stück im Stamm und den größeren Ästen. Der
Jahrestrieb war auf etwa zehn Zentimeter Länge zurückgegan-
gen.

Mir fiel zunächst nur auf, daß der herbstliche Anfall von
Eschenlaub von Jahr zu Jahr größer wurde. Beim Blick nach
oben stellte ich fest, daß sich innerhalb der alten schütteren Kronen neue dichtbelaubte aus meterlangen Jahrestrieben gebildet
hatten (wurde im Lichtbild festgehalten!). Schließlich fiel von
einem etwa sechzigjährigen Baum unmittelbar vor der Ateliertür
ein mehr als zwei Meter hohes Stück der hundertfach von aus-
kriechenden Käfern durchlöcherten Borke einfach ab. Darunter
erschien neue jugendfrische, fast grüne Rinde. Ein Forstdirektor,
der gerade dazukam, mußte zugeben, daß er in seinem ganzen
Leben so etwas nicht gesehen hatte. Die Eschen in den Nachbargärten fingen um diese Zeit an abzusterben; ein paar Jahre spä-

ter war von ihnen nichts mehr vorhanden. Das aber war noch nicht alles:

1931 hatte ich neben zwei etwa achtzigjährige Eschen zwei junge Bäume des Schlitzblättrigen Silberahorns (Acer saccharinum wieri) gepflanzt, um diese Baumart auf ihren gestalterischen Wert im eigenen Garten zu prüfen. 1939 waren sie so stark herangewachsen, daß ich die Eschen umschneiden ließ. Auf einem sauber polierten Stammabschnitt ließ sich genau feststellen, daß die Eschen seit 1931, also seit dem Besprühen der Wiese mit Hornmist, den doppelten Zuwachs gegenüber den zwanzig Jahren vorher hatten. Dabei hatte ich schon 1934 keinen Hornmist mehr gegeben, weil ich ständig über ganz Deutschland hin unterwegs sein mußte. Die Volldüngung des Gartens 1925 mit reichlichen Gaben von Kalk, Kali, Phosphorsäure, Stickstoff und Stallmist hat sich nur über zwei Jahre hin als Mehrung des Zuwachses ausgewirkt.

Seither habe ich mit vielen Forstleuten über die Möglichkeit gesprochen, Waldbestände durch irgendwelche Düngung zu besserem Wachstum zu bringen. Alle bekannten dasselbe: die üblichen Arten der Düngung: Einblasen von Ammoniakgas in den Rohhumus des Waldbodens, Einblasen von Kalk oder künstlichen Stickstoffdüngern in die Bestände wirken anregend über nicht mehr als zwei Jahre hinaus. Nach eigenen Beobachtungen in Holland erreicht man mit Stadtmüll in allerdings großen Gaben weit mehr. Ganz offensichtlich wirkt sich die Besprühung des Bodens mit der so aufs äußerste verdünnten Verrührung von Hornmist der biologisch-dynamischen Wirtschaftsweise – man könnte sie mit Hochpotenzen der Homöopathie vergleichen – mit einem Mindestaufwand an Geld und Arbeit unverhältnismäßig viel stärker und nachhaltiger aus – ich habe nicht gehört, daß irgendein Waldbauer von dieser Möglichkeit bisher Gebrauch gemacht hätte. Die Vertreter der biologisch-dynamischen Wirtschaftsweise sind zu einseitig auf Gartenbau und Landwirtschaft ausgerichtet, in ihrer Art also auch Spezialisten.

Ich berichte über diese Ergebnisse meiner bewußt abseits der Vorschriften angestellten Versuche deshalb so genau, um der Verachtung oder auch Gehässigkeit den Boden zu entziehen, mit der durchaus Unkundige glauben, diese biologisch-dynamische

Wirtschaftsweise als blanken Aberglauben abtun zu dürfen*.
Daß die Naturwissenschaften von heute, die mechanistisch
ausgerichtet sind, ja sein müssen, für die hier dargestellten Erscheinungen keine Erklärungen haben, auch nicht haben können,
braucht niemand zu hindern, sich ihrer zu bedienen, aus ihnen
Nutzen zu ziehen. Das, was man heute Schulwissenschaft nennt,
ist nun einmal zu eng, um alle Erscheinungen des Lebendigen er-
fassen zu können.**

Jeder ihrer Vertreter allerdings würde den Ruf eines exakten
Naturwissenschaftlers verlieren, wenn er sich nur einen unge-
spritzten und trotzdem käferlarvenfreien Kartoffelacker in der
Nähe anschauen würde. Er rettet sich dadurch, daß er über den
Besitzer eines solchen Ackers spöttelt: der habe eben eine beson-
dere Weltanschauung! Als ob die Art, nur das grob Meßbare und
Zählbare als erlaubt anzusehen, keine Weltanschauung wäre!
Mir ist hier jene, die als Grundlage die Ehrfurcht vor allem Le-
bendigen hat – wie auch die Albert Schweitzers – die liebere.

Was meine Arbeit von der biologisch-dynamischen unterscheidet, ist, daß ich keine Zeit habe – ich bin ja kein Gärtner, sondern immer noch ein beruflich voll ausgelasteter Landschaftsarchitekt –, die vorgenannten Präparate zur rechten Zeit anzu-
wenden und in meine Komposthaufen jene Düngerpräparate zu
bringen, die aus Brennesselstengeln und -blättern, Schafgarben-,
Kamillen- und Löwenzahnblüten, gemahlener Eichenrinde und
Baldriansaft auf eine naturwissenschaftlich noch nicht durch-
schaubare Art hergestellt werden. Daß sie die Verrottung be-
schleunigen, habe ich oft genug gesehen; daß sie gewichtigen Anteil an der Heilwirkung des mit ihrer Hilfe hergestellten Kompostes haben, ist sicher.

---

* Seit neuestem läßt das badisch-württembergische Landwirtschaftsministerium eine Anzahl bäuerlicher biologisch-dynamisch arbeitender
Betriebe beobachten.

** Es sei doch daran erinnert, daß an der Universität Freiburg ein
Lehrstuhl eingerichtet wurde für Parapsychologie, also für etwas, was
der exakte Naturwissenschaftler immer noch als Aberglauben ansehen
muß.

14. Kompostwirtschaft im bäuerlichen Betrieb

Als bäuerlicher Betrieb soll hier der jenes Kleinbauern verstanden sein, der durch alle Jahrhunderte auch die schlimmsten Notzeiten überlebt hat, den Schwarzen Tod, den Dreißigjährigen Krieg, die Leibeigenschaft, und der auch Herrn Sicco Mansholt und die ganze EWG überleben wird. Es sind immer noch Hunderttausende, denen nun die Möglichkeit gegeben ist, im eigenen Dorf oder als Pendler in der kurzen Industriearbeiter-Woche den größeren Teil ihres Einkommens zu gewinnen, in der sogenannten Freizeit als Feierabend- oder Wochenendbauern aber den gesünderen.

Ich kenne ein Industriewerk in Oberbayern, das unter seinen 1400 Arbeitern nicht weniger als 500 Kleinbauern auf ihren Höfen hält, allein durch verständnisvolle Einteilung von Arbeitszeit und Urlaub. Gerade diese Bauern sind die zuverlässigsten Facharbeiter geworden. Auf dem Land ist man zudem weithin zu der Erkenntnis gekommen, daß richtige Arbeit die beste Freizeitbeschäftigung ist – die kleinen Häuser hier werden an Samstagen gebaut.

Die Umstellung seines kleinen Betriebs auf Arbeiten mit Kompost und verkompostiertem Mist öffnet diesem Bauern wirtschaftliche Möglichkeiten, die er früher nicht haben konnte. Er ist nicht mehr der kleine Mann, der mit dem Kübel Milch, den er jeden Morgen zur Molkerei bringt, zu keinem großen Selbstbewußtsein kommen konnte. Er kann auf seinem Stück Land ohne jeden Fruchtwechsel immerzu bessere Kartoffeln erzeugen, als es der landwirtschaftliche Großbetrieb vermag, und wird sich für diese unabhängig vom Lagerhaus oder vom Großhändler sichere Abnehmer verschaffen. Er wird schon deshalb Absatz für seine Kartoffeln haben, weil die Bundesrepublik große Mengen von Speisekartoffeln einführen muß. Die Großflächen-Landwirtschaft erzeugt zur Hauptsache Futter- und Industriekartoffeln; was sie an Speisekartoffeln auf den Markt bringt, genügt schon im zeitigen Frühjahr den Ansprüchen gerade der bescheidenen Hausfrau nicht mehr.

Er wird besseres Kartoffelpflanzgut erzeugen können als der Landwirt, und das sogar dort, wo Nematoden den Pflanzkartoffelanbau zum Erliegen gebracht haben. Er ist der gegebene Partner jener Hersteller von Säuglingsnahrung aus Karotten und Spinat, in der keine Spur von Gift sein darf. Beerenobst, Spargel, Tomaten, Zwiebeln und Gehölz-Jungpflanzen kann er in besserer innerer Qualität anbieten als der Erwerbsgärtner, der sich noch lang nicht von seinen Giften trennen wird. Es gibt schon recht große Landschaften in Deutschland, in denen die Nachfrage der Hausfrauen nach „ungespritzter" Nahrung – besser würde man sagen „unbegifteter" – von den Reformgeschäften nicht mehr gedeckt werden kann. Für Genossenschaften hüben und drüben eröffnet sich ein weites Feld.

Der Feierabend-Bauer hat vor dem Gärtner das voraus, daß er den Zusatz an tierischem Stickstoff zum Kompost nicht als Horn-Knochen-Blutmehl kaufen muß, sondern als Mist und Jauche seiner paar Tiere selbst erzeugt. Er muß nur noch seine Augen dafür schulen, daß sie im Betrieb und um ihn herum alles erkennen, was sich verkompostieren läßt; das lernt sich bald. Kaum ein Heutiger weiß, welche Erzeugungskraft einem landwirtschaftlichen Betrieb aus Kompost allein zuwachsen kann. Ein großartiges Beispiel dafür lieferte mein alter Freund Major Karl Stellwag, Mitglied des tschechoslowakischen Senats, berühmtester Landwirt zwischen Böhmerwald, Lemberg und Temesvar – er ist 1963 fast neunzigjährig gestorben –, der dreißig Jahre lang nur mit Kompost und verkompostiertem Stallmist auf Sandboden gearbeitet hat. Er hat in jedem Frühjahr dreihundert bis vierhundert Fuhren Kompost ausgefahren – aus lauter Werkstoff, auf den in üblich geführten Betrieben niemand achtet. Karl Stellwag war auch ein überzeugender Gewährsmann dafür, wie gesund eine so völlig giftfreie Landwirtschaft den Bauern erhält. Er war schon hoch in den Achtzig, als er mich einmal im Januar in München aufsuchte mit der Bitte, ihm die Kompostwirtschaft im landwirtschaftlichen Teil des Hofgartens Nymphenburg zu zeigen. Als wir in meinen Wagen stiegen, fragte ich ihn nach seinem Mantel. „Hier ist der Mantel!"

sagte er und zeigte auf seine aus Wolle handgestrickten Puls-
wärmer.

Wir kommen noch auf die Rolle, die Kompostwirtschaft auf
dem Kleinbauernhof spielen kann und soll. Ein bedingungsloses
Muß aber ist die Forderung, daß aller anfallender Mist der eigenen Tiere, seien es Kälber, Kühe, Pferde, Schafe, Hühner, zusammen mit einem Dreißigstel oder Zwanzigstel lehmiger Erde
verkompostiert wird. Das Mischen des Mistes mit Erde hält der
Bauer für unzumutbare Mehrarbeit. Wenn er aber diese recht
kleine Mühe sich ersparen will, dann verschenkt er schon im ersten Sommer die Hälfte seines Mistes ans Grundwasser. Das ist
eine so alte Wahrheit, daß darüber gar nicht mehr gesprochen
wird. Jeder „Fachmann" nimmt diese Tatsache gern als Vor-
wand, die von ihm beratenen Bauern zu der so viel leichteren
viehlosen Wirtschaft zu überreden.

Jahrzehntelang hat man probiert und studiert, wie man die
Verluste, besonders die an Stickstoff, die nun einmal bei jeder
Art von Lagerung eintreten, auf das geringstmögliche Maß
bringen kann, und hat zu wenig oder gar nicht daran gedacht,
daß ein großer Teil von dem, was man mit viel Sorge und Arbeit auf der Miststatt sich erhält, auf dem Acker nach unten ver-
lorengeht.

In jedem Frühjahr jammert es mich aufs neue, wenn ich die
dampfenden Fuhren auf die Felder fahren sehe mit grünem oder
braunem Stallmist und nun weiß, daß mindestens die Hälfte der
vielen Sorgfalt und Arbeit, die man auf Einstreuen, Ausmisten,
Stapeln, Aufladen und Ausbreiten verwendet, von vornherein
verloren ist. Denn was da gefahren wird, ist zum größeren Teil
leichtlöslicher Nährhumus, und der wird nun einmal ausgewaschen, auch wenn der Mist eingepflügt wird, und schon nach drei
Jahren kann niemand mehr feststellen, daß ein Acker eine starke
Gabe Stallmist bekommen hat. Ich habe in Südtirol gesehen,
wie Bauerntöchter den ohne alle Einstreu gewonnenen, ganz
kurzen Mist mit Reisigbesen in die Grasnarbe der Wiesen richtig
hineinbürsten in dem Bewußtsein um den hohen Wert dieses
Düngers, aber ohne Wissen davon, wie wenig Lohn sie für diese
Mühe ernten.

Nur ein strohreicher, also lufthaltiger Stallmist, der mit so viel lehmiger Erde innig vermischt ist, daß Würmer und nach ihnen alle die anderen Bodenlebewesen in ihm hausen können, nur ein solcher an Humus- und Tonkomplexen reicher Stallmist bleibt dem Bauern, nur der wird nicht ausgewaschen.

Ganz nebenbei, ohne besondere Absicht, wurde diese Tatsache bestätigt, als Dr. Gustav Rohde, Mahlow, ein erfahrener Kenner des lebendigen Bodens, aus meinem Versuchsgarten eine Anzahl ganz verschiedener Bodenproben mitnahm und mir folgendes Ergebnis seiner Untersuchungen mitteilte: Ein etwa drei Monate alter Mistkompost, der aufgesetzt war aus Mist von Stierkälbern mit Einstreu von Sägspänen, etwas komposthaltiger lehmiger Erde und irgendwelchem Grünzeug, hatte einen Gehalt an Nitratstickstoff von weniger als $0,5$ mg/^{0}/o, von 50 mg/^{0}/o Phosphorsäure und von 50 mg/^{0}/o Kali. Ein Rest von gleich behandeltem Mist vom Jahr vorher, der fünfzehn Monate ungepflegt neben einem Kompostsilo lag, hatte aber $5,5$ mg/^{0}/o Nitrat, 45 mg/^{0}/o Phosphorsäure und 100 mg/^{0}/o Kali. Es war also auch in dieser langen unbeachteten Liegezeit nichts ausgewaschen, wohl aber aus der beigemischten tonigen Erde der hohe Gehalt von Kali freigesetzt worden.

Dr. Rohde hat auch festgestellt, daß die Gefahr der „Denitrifikation", also der Umwandlung des Ammoniakstickstoffs im Stallmist nicht zu Nitratstickstoff, sondern zu freiem, wertlosem Stickstoffgas, im verkompostierten Stallmist sehr gering ist.

Daß auch im großen einem mit lehmiger Erde versetzten Stallmist ein ganz anderer Wert zukommt als dem mit soviel Mühe aufgesetzten Stapelmist, mag eine Geschichte aus dem Jahr 1947 beweisen:

Ein mir bekannter ehemaliger Landwirtschaftsbeamter war nach dem Krieg aus allen möglichen Ursachen – er war ein Mensch, der buchstäblich Unglück anzog – so gründlich aus jeder Bahn geworfen worden, daß er als grauhaariger Hilfsarbeiter im Gebirg in tausend Metern Höhe bei einem Bauern schaffte, der einst als Volontär auf dem elterlichen Gut jenes Pechvogels gelernt hatte. Dieser schrieb mir eines Tages, sein Bauer hätte das Gefühl, daß in seinem Grünlandbetrieb etwas nicht mehr stimmt; der Boden nimmt den Mist nicht mehr an, „er wächst nicht mehr ein". Er wisse, daß da mit den landläufigen Rezepten nicht mehr zu helfen sei. Er hätte Lust, es mit der biologisch-dynamischen Wirtschaftsweise zu versuchen; ob ich ihn beraten wolle. Ich schrieb zurück, der Betrieb sei bereits so krank, daß ein paar homöopathische Präparate nichts mehr ausrichten könnten. Seine Böden seien verdichtet, seien träge geworden; um sie wieder in Ordnung zu bringen, müßte er mehr in seinem Betrieb umstellen, als er durchführen werde. Der Bauer ging zu seiner Landwirtschaftsstelle. Die Leute untersuchten die Böden, stellten fest: Verdichtung, und rieten ihm, für 4500,– RM Thomasmehl zu kaufen.

Nun wurde der Bauer hellhörig und ließ mich bitten, doch zu kommen. Ich fuhr an einem 7. Mai mit ihm auf seinem Schlepper ins Gebirg hinauf. Es fing an zu schneien; von seinen Weiden und Wiesen war nichts zu sehen außer Millionen von Blüten des Scharfen Hahnenfußes, die über dem Schnee im Wind hin- und herwehten.

Der Stall war noch in Ordnung, in guter Ordnung; das sagt einem ja die Nase. Ich ließ den Bauern den prächtig aufgesetzten Stapelmist aufstechen; er war etwa handbreit von außen her braun, innen grün, und so sollte er ausgebracht werden. Dies waren nun meine Ratschläge: Kauf im Unterland Stroh bis an den Bauch der Kühe (besser noch ist es grob gehäckselt), damit Luft in den Mist kommt. Den Mist nicht auf der Betonplatte aufsetzen, sondern nebenan auf natürlichem Boden, aber auf einem Rost von Rundhölzern, der 15 bis 20 cm Luft unter sich hat. Den Mist beim Aufsetzen mit Lehm mischen und die Wände nicht senkrecht hochführen, sondern schräg wie bei einer Kartoffelmiete, damit wenigstens der größere Teil der über 2000 mm Niederschlag seitlich abfließen kann. Also auf jede nur mögliche Art Luft in den Mist bringen und Stroh und Lehm. Diesen beizuschaffen war, wie oft, das schwierigste. Zum Glück wurde eben zweihundert Meter tiefer ein Schulhaus gebaut; der Bauer fuhr den ganzen Kelleraushub aus tonigem Lehm zu sich hinauf auf den Berg. Der grauhaarige Oberstleutnant-Hilfsarbeiter betreute die Haufen, und zwei Jahre später bestätigte das Landwirtschaftsamt dem Bauern, er habe den besten Wiesenbestand im ganzen Bezirk. Den tieferen Grund dafür, daß der verkompostierte Mist die Bodenverdichtung auflösen konnte, der vorschriftsmäßig aufgesetzte Stapelmist aber nicht – den habe ich erst 1970 gefunden: Nur in dem luftig verkompostierten Mist konnte sich das Bodenleben zu seinem vollen Reichtum entwikkeln und dann die Verdichtung „aufbrechen".

An sich war das Ganze ein verwegener Vorschlag gewesen. Ich hatte einfach die Erfahrungen, die ich in sechzehn Jahren Kompostarbeit gemacht hatte, auf Stallmist übertragen. Sie standen in jedem Punkt in genauem Gegensatz zu allen schulmäßigen Anschauungen und Lehren von Düngerpflege – aber sie haben sich nicht nur als richtig, sondern als eindeutig überlegen erwiesen. Mit einer geradezu sturen Einseitigkeit wurde und wird verlangt: ja keine Luft an und in den Mist – das gibt Verluste an Stickstoff! Man muß möglichst alles, was aus dem Stall kommt, auf den Acker bringen; darauf, daß dort die Hälfte ins Grundwasser geht, wird nicht geachtet, selbst wenn sie das Trinkwasser vergiftet.

Man darf nicht glauben, die Zumischung von Erde zum Mist sei eine neumodische Erfindung oder sie stamme gar aus einem Laboratorium. Es ist eine uralte, aber in Vergessenheit geratene kleinbäuerliche Wirtschaftsform in armen Landschaften: man will mit dem „Strecken" des Mistes eine größere Menge düngender Masse gewinnen. Ein niederbayrischer Bauer hat mir das 1946 genau geschildert: er hatte seinen Stallmist mit Erdzwischenschichten aufgesetzt, war aber im Herbst nicht mehr zum Ausfahren gekommen. Bis zum Frühjahr war der Mist so wunderbar verrottet, daß er ihn nicht mehr mit der Gabel ausbreiten konnte; er mußte heimgehen und die Schaufel holen. Bei dieser Art der Mistbereitung wollte er nun bleiben „und wenn i' den ganzen Hof abgraben muaß, daß i' das Kout (die lehmige Erde) herbring'!"

Wer einen Miststreuer hat, für den ist die Arbeit viel einfacher. Was aus dem Stall gebracht wird, kommt sofort auf das entsprechend tief gestellte Gerät. Über den Mist wird von einem lockeren Vorratshaufen etwa ein Zwanzigstel lehmiger Erde gestreut. (Wo die Erde nicht lehmig ist, rührt man in einem flachen Behälter ungebrannte Lehmziegel, wie sie die Hafner brauchen, oder Lehm von einer Grube zu einer dünnen Brühe an und gießt diese mit einem Schöpfer über den Mist.) Wenn es irgend zu machen ist, wirft man ein paar Gabeln voll Grünzeug dazwischen. Wenn der Wagen voll ist, fährt man hinaus und impft die Fuhre am Hoftor von einem Vorratskomposthaufen aus Mist, Erde und Grünzeug, der immer voll von Regenwürmern sein muß; davon kommen zwei Gabeln voll auf den Wagen. An einem Eck der Wiese oder des Ackers, wo der Mist später verwendet werden soll, wird der Miststreuer im Stand durchgedreht, der Haufen, den er locker hinwirft, in die Form einer Rübenmiete gebracht, festgeklopft und mit Gras dick zugedeckt. Mit gewöhnlichem Fuhrwerk ohne motorgetriebenes Streuwerk ist die Arbeit entsprechend gleich.

Wer den Mist am Stall aufstapeln will, soll es auf einem Lehmschlag tun, nicht auf Beton; auf Lehm verrottet der Mist eineinhalbmal so schnell. Um den Lehmschlag mit Fuhrwerk befahren zu können, wird in ihn ein Rost aus dicht an dicht liegenden dünnen Föhren- oder Lärchenstämmen eingebettet.

Ich muß hier noch über den mittelgroßen Hof in Kärnten berichten, von dem die hier geschilderte Arbeitsweise stammt. Er wurde ohne Zukauf von außen mit Kompost, verkompostiertem Stallmist und ausgereifter Jauche bewirtschaftet. Eine junge Frau hatte ihn ganz allein durch alle Nöte des Kriegs und der Besatzung gerettet mit der Hauptsorge, das Vieh zu erhalten. Noch nie habe ich eine so verhungerte Herde gesehen wie bei meinem Besuch ein paar Jahre nach dem Krieg. Zehn Jahre später war der Hof aus sich selbst heraus zu einem der besten ganz Kärntens geworden. Aus betriebseigenem Futter nahmen die prächtigen Jungtiere täglich um 1 kg zu. Es wurde nur in den leider vielen Dürrejahren, in denen die Futterrüben vertrockneten – und neben der Eisenbahn schon das grüne Gras Feuer fing! –, Futter zugekauft. Der kleinere, der Feierabendbetrieb, kann noch viel leichter aus sich allein heraus bestehen.

Die Verkompostierung alles tierischen Mistes zusammen mit lehmiger Erde bis zur völligen Reife ist die eine Grundfeste jedes wirklich gesunden bäuerlichen Betriebs. Die andere besteht in der Verkompostierung aller im Betrieb anfallenden pflanzlichen Massen, seien sie eingesammelt oder Abfall bei der Erzeugung von Futter- und Nahrungsmitteln für den eigenen Bedarf oder den Verkauf. Je nach der Art der Umwelt und der Findig-

keit des Bauern, der Größe des Betriebs, der Art der Bewirtschaftung werden das sehr unterschiedlich große Mengen sein –
für den Anfang in der Regel zu wenig. Wer aber seine Böden
bald gesund haben möchte und frei von den Resten technischer
Dünger zweifelhaften Wertes, der muß sofort kräftig ans Kom-
postieren gehen. Den sichersten Weg dazu, der gleichzeitig am
wirkungsvollsten die Böden lebendig macht, schafft der Anbau
von Zwischen- und Nachfrüchten, aber nicht zur üblichen Gründüngung. Die Zeit, die uns zwischen dem Unterpflügen dieser
Feldfrüchte und der Neubestellung zur Verrottung zur Verfügung steht, ist zu kurz, um echten Dauerhumus entstehen zu
lassen. Zunächst belastet die Verrottung unsere Böden mehr, als
sie sofort an Kräften bringen kann. Es ist viel besser, diese Grün-
düngungspflanzen – Winterraps, Winterrübsen, Perserklee, Senf,
Erbs-Wickgemenge – stehen-, die nicht winterharten liegenzu-
lassen, bis man das Land zu neuem Anbau braucht, und die
mächtigen grünen oder abgefrorenen Massen zum Aufbau von
Komposthaufen zu verwenden. Ein wissender Bauer läßt solche
Zwischenfruchtbreiten erst einmal quer über seinen ganzen Be-
sitz laufen und bekommt dabei eine gute Möglichkeit, die Böden
ohne Anwendung von Giften unkrautfrei zu machen.

Der beste Zusatz von organischem Dünger zum Komposthaufen ist Stalljauche. Wer viehlos wirtschaftet, dem bietet der heutige Düngerhandel eine große Auswahl und beliebig große
Mengen von Abfall tierischer Herkunft an – Hornmehl, Knochenmehl, Tierkörpermehl, Federnmehl, Schweineborsten, Pan-
senmist aus dem Schlachthof, Hühnermist und so fort – es wird
auch den Kälber- und Schweinemastanstalten nichts anderes übrig bleiben, als den flüssigen, die ganze Umwelt verstänkernden
Mist zu trocknen; der Käufer muß sich nur versichern, daß keine
Mineralsalze zugesetzt sind und daß die den Mist liefernden
Tiere ohne Antibiotika gefüttert sind.

Aus der Forderung, daß der Kompost nur in die oberste Bodenschicht eingebracht und ja nicht vergraben werden soll, ergibt
sich die Anweisung, nur leichte Geräte anzuschaffen oder beim
Maschinenring auszuleihen. Die wertvollste Arbeitserleichterung
bringt der Miststreuer. Mit diesem hört sofort der Jammer auf,
das Zumischen von lehmiger Erde zum Mist mache zu viel Ar-

beit. Soweit diese Zumischung überhaupt ein Mehr von Arbeit bedeutet, wird es durch viel leichtere Bearbeitung des Ackers mehr als aufgewogen. Wohin die heute den Landwirten von den Landwirtschaftsämtern gegebenen Ratschläge führen, wurde mir eindringlich, ja schmerzhaft vorgeführt, als ein offenbar vernünftiger Arzt einen ebenso offenbar überarbeiteten blassen Gutsbesitzer zu mir schickte mit dem Auftrag, er solle erst seine Böden gesund machen, eher könnte er selbst nicht gesund werden. Stundenlang sprachen wir jede Einzelheit seines Betriebs durch; nur der Ferkelaufstall, der hoch mit Stroh eingestreut war, ließ sich noch gesund machen – alles andere war rettungslos vergiftet. Schließlich machte der Mann seiner gequälten Seele Luft und berichtete, was ihm alles „amtlich" empfohlen wird: immer noch tiefer pflügen, immer noch mehr Kunstdünger, auch als Vorratsdünger in die Tiefe, immer noch mehr toten Boden nach oben, immer noch schwereres Gerät und stärkere Motoren, noch mehr Gift auf Pflanzen und Boden – das auf der einen Seite, und auf der anderen: noch mehr Armut an Humus, kaum noch Reste von Bodenleben, weitum kein Regenwurm mehr, trotz aller Lockerungen immer mehr verdichtete Böden, auf denen überlang das Regenwasser stehenbleibt oder den Feinboden abschwemmt, immer mehr Schädlinge, immer mehr Unkraut! Und solches Landwirtschaftswissen erhebt den Anspruch, das allein richtige, das allein erlaubte zu sein!

Wer einmal die Herstellung der verschiedenen Kompostarten richtig beherrscht, dem steht vom rechten Flügel, dem verkompostierten Stallmist mit dem größten Gehalt an Dünger und dem mindesten an Pflanzenmasse, der Einstreu, bis zum linken, dem Kompost aus pflanzlichem Bestandesabfall mit dem Mindestgehalt an organischem Dünger, der Stalljauche, eine ganze Stufenleiter zur Verfügung für die ganz verschiedenen Ansprüche seiner Kulturen. Wer einen fest eingefahrenen Anbauplan hat, der kann sich für die Düngung der einzelnen Schläge ein ganz klares Schema aufstellen. Das wird viel einfacher sein als sonst in der Landwirtschaft, weil er keine so enge Fruchtfolge einhalten muß wie dort. Er muß ja seine Kartoffeln nicht gleich siebzehnmal hintereinander auf dem gleichen Acker anbauen – wenn es ihm so passen würde, kann er es natürlich – aber etwa sechsmal, und es kann, wenn der Boden ausreichend humushaltig geworden ist, ohne Schaden auch einmal jede Düngung ganz ausfallen. Es kann der Bauer auch auf eine neue Art der Zubereitung von Stallmist übergehen, die sich in England auch in Großbetrieben eingeführt und bestens bewährt hat. In diesen wird nach dem Beispiel tüchtigster Landwirte, deren hervorragendes Können im ganzen Land anerkannt ist, überhaupt kein Mist mehr gestapelt. Der Anfall von Stallmist wird zusammen mit mindestens fünfmal so großer Menge von Einstreu, Abfällen, Unkraut, Grabenaushub usw. verkompostiert und dieser Kompost so oft mit Hilfe eigens dazu gebauter kleiner Greiferkrane umgesetzt, daß er in drei bis vier Monaten verrottet ist. Ein Teil von diesem Kompost gilt als düngermäßig so wertvoll wie zwei Teile des bisher üblichen Mistes – kein Wunder, daß diese Betriebe alles Land vollwertig abdüngen können und überhaupt keinen Kunstdünger mehr verwenden*. Auch bei uns halten Erfahrene den fertig verkompostierten Stallmist für doppelt so wertvoll wie den in üblicher Art frisch ausgefahrenen.

Es wäre ein Wunder, wenn nicht mehr als ein Bauer fragen würde, ob er nicht zu dem Kompost auch noch Kunstdünger** streuen könne. Wenn er auf seinem Hof frei werden will von Schädlingen und damit frei von allen Giften, dann gibt es nur eine und zwar eine ganz klare Antwort: Nein! Denn gerade die neuzeitlichen ballastfreien und leichtlöslichen Düngesalze töten

* Friend Sykes, ,Humus and the Farmer'. J. Faber and Faber, London 1946

** Ich gebrauche absichtlich die Bezeichnung „Kunstdünger" im alten bäuerlichen Sinn und lasse mich nicht auf die Spiegelfechterei der Industriefunktionäre mit dem Begriff „Handelsdünger" ein. „Künstlich" war für den Bauern alles, was aus der Fabrik kam. Handelsdünger sind jetzt auch Massen von Hühnermist, Tierkörpermehl, Horn-, Knochen-, Federnmehl, Schweineborsten, Rizinusschrot. Eindeutig künstlich ist heute so ziemlich alles, was die Industrie liefert, besonders alle synthetisch hergestellten Stickstoffverbindungen und die durch Befreiung von allen „Ballaststoffen" leichtlöslich gemachten Kali-, Phosphorsäure-, Mangan-, Bor- usw. Salze. Ein von Bakterien frisch aus einem Feldspatkriställchen freigemachtes Kaliummolekül halte ich für pflanzen-, also lebensverwandter als Kali aus dem Bergwerk, das vor 250 Millionen Jahren aus allen Lebensprozessen ausgeschieden wurde.

allein schon durch die Erhöhung des Salzdrucks der Bodenlösung die so unendlich kleinen und deshalb unendlich empfindlichen Massen des Bodenlebens – man denke immer daran: zehn Milliarden in jedem Gramm lebendigen Bodens – und mit ihnen die Schöpfer und Erhalter der Kraft und Gesundheit der Kulturpflanzen. Und nur mittels rein organischer Düngung schafft der Bauer Dauerhumus im Boden als Träger steter Fruchtbarkeit.

Ohne jeden Schaden kann er solche mineralische oder auch künstlich geschaffene Stoffe als Dünger verwenden, die schwerlöslich sind und erst vom Bodenleben aufgeschlossen werden müssen, wie Thomasmehl, Basaltmehl, Rohphosphat. An die Stelle von Kalisalz tritt Lehm, entweder als natürlicher Bestandteil des Bodens oder als Zusatz bei tonfreien Sandböden.

Was sonst dem Bodenleben schwer schadet, ist die Verdichtung feuchter Böden durch den Raddruck unnötig schwerer Ackergeräte. Da bei Kompostwirtschaft die Böden von oben nach unten lebendig gemacht werden und Tiefpflügen keinen Sinn hat, ergibt sich auch hieraus die Mahnung, nur mit möglichst leichten Geräten zu arbeiten.

Man bekommt das richtige Verständnis für das besondere Wesen des Komposts, wenn man ihn vergleicht mit Sauerteig. Wie es in diesem brodelt von Milchsäurebakterien und Hefen, so brodelt es im Kompost von Leben aller nur möglichen Art, und wie man das Brotmehl erst anwärmen muß, ehe man den Sauerteig dazugibt, so sollte man den Kompost auch nur ausbringen auf einen Boden, der noch Herbstsonne bekommt oder von der Frühjahrssonne schon angewärmt und eben daran ist, zu neuem Leben zu erwachen. Auf Wiesen und Weiden geht das ohne weiteres; kommt kein Regen, der ihn in den Boden einwäscht, dann läßt sich das Kompostbreiten sehr gut mit Schwarzeggen verbinden.

Sonne und Wind bekommen dem Kompost schlecht. Wenn man ihn austrocknen läßt, ehe er in feste Verbindung mit dem Boden gekommen ist, dann stellt die ganze Kleinlebewelt, deren Lebenselement ja feuchtes Dunkel ist, die Arbeit ein und geht in scheintote Dauerformen über.

Auf trockenem Acker muß man ihn also sofort eineggen. Auf nassen darf man nicht fahren – da kann man sich ab und zu

dadurch helfen, daß man den Kompost schon etwas früher aus-
fährt, auf den letzten Schnee, in den ersten Morgenstunden,
wenn er noch gefroren ist. Dann gibt es keine Fahrgeleise, und
auf den Schnee läßt sich viel gleichmäßiger streuen als auf offenen Boden.

Das Grünland kann man mit Kompost ganz vollwertig abdüngen. Das ist in Betrieben, die viel Land unter dem Pflug haben und für dieses allen Mist brauchen, seit Jahren aufs beste
erprobt worden. Man bekommt dabei ein gesünderes und wür-
zigeres Futter, mehr Bodengräser und Kleearten; es bleiben bei
so milder und vielseitiger Düngung viel mehr von den ange-
stammten feinen Wildkräutern und -gräsern mit ihrem großen
Heilwert erhalten. Mit Kompost gedüngtes Wiesenfutter bekommt ähnlichen Wert wie das von ungedüngten sonnigen Ma-
gerwiesen, von dem man so merkwürdig wenig braucht und das
fast mehr Medizin ist als bloßes Futter. Das läßt sich auch erklären: wenn die Jauche durch den Komposthaufen läuft und
nicht mehr roh auf die Wiese kommt, und wenn auch kein un-
vererdeter Stallmist mehr verwendet wird, dann verschwinden
die groben Kräuter der Güllewiesen, der Kälberkropf, der Roß-
kümmel, der Scharfe Hahnenfuß und wie sie alle heißen, von
selbst; an ihrer Stelle erscheinen Salbei und echter Kümmel,
Wiesenbocksbart und Margeriten, die ja alle Heilpflanzen sind
und in früherer Zeit auch als solche verwendet wurden. Aus
einer nur mit Kompost oder Mistkompost gedüngten Wiese, auf
die auch keine Jauche gekommen ist, bricht kein Vieh mehr aus;
sie wird bis an die Ränder hin sauber und gleichmäßig abge-
weidet. Nach dem Fressen liegen die Tiere sehr bald wieder-
käuend auf einem Haufen beisammen; sie stapfen nicht ewig an
den Drahtzäunen entlang und treten dort die Unmutspfade aus,
die man überall sehen kann. Und trotz so geringfügiger Düngung steigt der Milchertrag (in einem mir bekannten Betrieb mit
genauer Buchführung um 20 v. H!). Die alte Milchmädchenrechnung: soundso viel Doppelzentner Kali, Phosphorsäure und
Stickstoff auf den Hektar gibt soundso viel Doppelzentner Koh-
lenhydrate und Proteine, gibt soundso viel Liter Milch – die
stimmt halt nicht mehr.

Wie diese Rechnungen aussehen bei Leuten, die auch etwas

davon verstehen, aber nichts an ihnen verdienen wollen, hat der
Vortrag aufgezeigt, den der finnische Träger des Nobelpreises
für Chemie, Professor Dr. Artturi I. Virtanen, im Sommer 1952
auf einer Tagung von Nobelpreisträgern in Lindau gehalten hat.
Er wies nach, daß die Gesamterzeugung der chemischen Industrie
an Stickstoffdüngemitteln nur einen ganz kleinen Bruchteil der
Stickstoffmengen darstellt, die auf biologischem Weg, durch
Bakterien, in den Boden geholt werden. Steigert man diese Mengen durch sinnvolle Einschaltung von Kleegras in die Fruchtfolge nur um ein weniges, so wird der Zukauf von Stickstoff-
dünger überflüssig. Um das zu beweisen, kaufte sich Virtanen
ein Landgut von 38 Hektar und erzielte auf diesem, ohne Stick-
stoffdüngemittel oder auch nur proteinreiches Kraftfutter zuzu-
kaufen, mehr als das Doppelte des finnischen Landesdurchschnitts
an Getreide, Grünfutter und Milch, und das über zwanzig Jahre
hinweg, also nicht als Abbau vorhandener alter Kraft der Böden. Wird nun in einem solchen Betrieb der Stallmist vererdet
und werden damit einerseits die Böden an Dauerhumus angereichert, andererseits die Auswaschungsverluste herabgesetzt und
werden zudem noch alle Abfälle verkompostiert, wird die Dün-
gergrundlage also noch mehr verbreitert, dann müssen sich noch
viel günstigere Ergebnisse erzielen lassen.

So ist Kompost der gegebene Dünger für den Feld- und Gar-
tengemüsebau, der hohe Erträge nur auf sehr lebendigen Böden
bringt. Manche Gemüsearten, die keinen Stallmist vertragen,
wie Karotten, Gelbe Rüben, Schwarzwurzeln, Zwiebeln, oder
keinen brauchen, wie Erbsen und Bohnen, bekommen überhaupt
nur Kompost.

(In einem englischen Krankenhaus sind während des Krieges
Versuche angestellt worden, Kartoffeln nur mit Kompost zu
düngen. Es ergaben sich jährlich steigende Erträge und eine un-
erwartete Widerstandsfähigkeit gegen Krankheiten. Während
die Nachbaräcker, die mineralisch ebenso wie die organisch gedüngten, schwer mitgenommen wurden durch Krautfäule, blieben die mit Kompost gedüngten vollkommen gesund bis auf ein
paar Kontrollpflanzen in nicht gedüngten Reihen.)

Beharrliche Arbeit mit meinen beiden „biologischen Stecken-
pferden", der Feldhecke und dem Kompost, hat dem Gründer

und Leiter einer Tuchfabrik im Fichtelgebirge in der Haltung seiner eigenen Herde von achthundert Schafen aufsehenerregende Erfolge gebracht. Er hat sein ganzes Land in eine enggereihte Heckenlandschaft umgewandelt. In den geschützten Koppeln zwischen Feldhecken weiden die Schafe ohne Hund, wie Kuhherden. Damit die Weiden und Wiesen nicht schafmüde werden, kommen die Schafe jeden Abend in einen Pferch, der dick mit jedem nur möglichen Abfall von Gras und Kraut eingestreut ist; so entsteht von selbst Mistkompost. Die tiefe Strohlage im Winterstall ist mit Erde eingestreut; zu Wintersende liegt der Mist dort einen Meter hoch. Er wird durch einen Greifer auf den Miststreuer gebracht. In den Koppeln wird dieser mit den hinteren Rädern etwas höher gestellt und im Stand durchgedreht. Wenn es notwendig ist, wird die rein in Maschinenarbeit aufgesetzte Mistmiete mittels eines Greifers umgesetzt. Im Herbst wird der verkompostierte Mist über das ganze Land ausgebreitet. Die Mutterschafe bringen fast alle Zwillinge, ja Drillinge. Gesundheit der Herde und Zuwachs der Tiere fallen so aus dem Rahmen alles Gewohnten, daß der Mann überlaufen wird von kritischen Schafzüchtern und Schäfern, die in Omnibussen angereist kommen (es sind sogar Australier darunter), und daß das Landwirtschaftsministerium die wissenschaftliche Prüfung des züchterischen Teils des Betriebes übernommen hat. Bei Probeschlachtungen wurden von fünfzig überhaupt möglichen Punkten achtundvierzig erreicht.

Geradezu dramatisch hat sich der Übergang zu Kompostwirtschaft am Rande eines niederbayrischen Industriewerks ausgewirkt, wie mir in einem von Dankbarkeit überströmenden Brief mitgeteilt wurde. Dort waren für ein paar Pferde bestimmte Wiesen und Weiden acht Jahre lang nur mit Kunstdünger gedüngt worden. Die Tiere wurden zusehends schlechter; sie husteten und waren nach jeder Wurmkur gleich wieder verwurmt. Der Tierarzt war ständiger Gast; er hatte die Pferde mit Vitaminspritzen gerade noch über den Winter gebracht. Dann war nach Vorschrift der Fibel der Pferdemist verkompostiert worden, erst falsch – zu trocken –, dann falsch nach der anderen Richtung – zu naß –, schließlich richtig. Mit diesem verkompostierten Mist waren Wiesen und Weiden gedüngt worden – sofort war alles anders: mit einer Gier wie nie zuvor fraßen die Tiere das Gras. Sie husteten nicht mehr und wurden von Woche zu Woche gesünder. Nach der zweiten Düngung der Weiden und Wiesen mit verkompostiertem Pferdemist kam der Tierarzt nur noch in Ausnahmefällen. Die Tiere erreichten schnell wieder die Kondition von früher, als dort ein kleiner, aber sehr bekannter Traberstall und eine erfolgreiche Traberzucht unterhalten wurden. Damals war noch kein Kunstdünger gestreut worden.

Die Beispiele, die ich hier angeführt habe, werden das Mißtrauen nicht weniger Bauern noch lang nicht erschüttern. Das geht heute aber allzu oft in die falsche oder, besser gesagt, nicht in die richtige Richtung. Das Mißtrauen ist dort berechtigt, wo derjenige, der einem Bauern eine neue Sache anpreist, oder die Leute, die hinter ihm stehen, damit Geld verdienen wollen. Der einzige aber, der mit der Kompostwirtschaft zu Geld kommt, ist der Bauer selbst. Niemand anderer kann etwas dabei verdienen, keine Industrie, kein Lagerhaus. Auch ich nicht; was ich vierzig Jahre lang an Zeit, Arbeit und Geld in diese Forschung und die Tausende von Briefen gesteckt habe, bringt keine Fibel, kein Buch zurück. Ich verdiene Geld mit meinen eigentlichen drei Berufen und kann es mir leisten, etwas, das mir am Herzen liegt, das ich selber nicht nur als gut, sondern als viel besser erkannt und erprobt habe, an andere weiterzugeben aus reiner Freude am Helfenkönnen, am Naturnäheren, am Freimachen von Schädlingen, Gift und Krankheit*. Wenn ich aber *gegen* den Kompost schreiben würde, das würde sich bezahlt machen! 1944 lernte ich auf der deutschen Gesandtschaft in Athen einen Mann kennen, der rühmte sich, tausend Mark bekommen zu haben für drei Schreibmaschinenseiten, auf denen er gegen die biologisch-dynamische Wirtschaftsweise losgezogen war, von der er gar nichts verstand.

Noch etwas spricht gegen Mißtrauen: wer mit der Kompostwirtschaft angefangen hat und wieder aufhören will oder muß, der kann ja jeden Tag wieder weiterwirtschaften wie früher. Er hat dann nicht etwa wertlos gewordene Maschinen oder andere

---

* Den letzten tiefsten Grund für solches Tun deckt der allwissende Goethe auf in seinen „Orphischen Urworten".

Dinge herumstehen; was er sich vielleicht angeschafft hat, einen Frontlader oder einen Stallmiststreuer, das braucht er sowieso. Was er an neuem Humuskapital geschaffen hat, das baut er mittels Kunstdünger in erhöhten Ernten wieder ab.

Der Miststreuer macht es möglich, auch unter heutigen bäuerlichen Verhältnissen, also ohne Handarbeit, jede beliebige Menge von Kompost zu machen; man staubt all das Zeug, das verkompostiert werden soll, ganz leicht mit Kalk ein, wirft es auf den Miststreuer, gibt die nötige Menge von lehmiger Erde und reifem Kompost dazu und dreht den Miststreuer im Stand ab. Der mischt alles noch besser, als man es von Hand könnte, und wirft es auf einen Haufen; dem muß man nur noch ein wenig Form geben, ihn festklopfen, mit Jauche tränken und mit altem Stroh oder Gras zudecken – und fast fertig ist ein so wertvolles Bodenverbesserungsmittel, wie man es nirgends kaufen kann.

Man darf diesen Kompost nicht als Dünger ansehen oder als Ersatz für Dünger. Auch in seinem Reichtum an Bakterien, an Bodenleben aller Art ist sein Wert noch nicht ausgeschöpft. Wegen seines hohen Gehalts an pflanzlichen und tierischen Wuchs- und Wirkstoffen ist er ein ausgesprochenes Heilmittel für kranke Böden, ob sich nun deren Krankheit äußert in Bodenmüdigkeit, in leichter Abschwemmbarkeit im Regen, im Davonfliegen im Wind oder in jenen Mangelerscheinungen am Boden und an den Pflanzen, die verursacht sind durch das Fehlen winzigster Mengen bestimmter Stoffe im Boden, die man heute Spurenelemente nennt. Von diesen enthält Kompost um so mehr, aus je bunterer Mischung er entstanden ist, ganz besonders dann, wenn in den Haufen Laub und Reisig jener Wildbäume und -sträucher gekommen ist, die von Natur aus auf jeden einzelnen Boden gehören und in grauer Vorzeit diesen Boden mitgeschaffen haben.

Neben Laub- und Wurzelwirkung dieser Sträucher hat die Natur ein noch wirksameres Mittel, um ein durch einseitige Beanspruchung des Bodens verlorengegangenes Lebensgleichgewicht wiederherzustellen: das Unkraut. Alte bäuerliche Weisheit – die etwas völlig anderes ist als unser neuzeitliches verstandesmäßiges „Wissen" – hatte dieses in die Fruchtfolge der Dreifelderwirtschaft mit eingebaut; auf Winterung im ersten Jahr, Sommerung im zweiten folgte im dritten die Brache, das Jahr des Unkrauts. Fünfzehn Jahrhunderte lang haben die germanischen Bauern mit dieser Dreifelderwirtschaft ihre Böden gesund und leistungsfähig erhalten – mit unserer heutigen Arbeits- und Düngeweise ist uns das offenbar nicht einmal über eines hin gelungen*.

Der Anbau von Schmetterlingsblütlern, der an die Stelle der Brache getreten ist, ist nicht das gleiche wie diese; er bedeutet Erholung für den Boden, aber nicht Heilung. Da nun der neuzeitliche Landwirt mit allen Mitteln das Unkraut vom Acker fernhält in etwa der gleichen Art wie der neuzeitliche Müller uns mit den „Verunreinigungen" des Mehls die Vitamine entzieht, müssen wir es mit dem Acker so halten wie mit unserem Körper: was dieser nicht mehr auf natürliche Art mit und in seiner Nahrung bekommt, muß man aus der Apotheke holen – und die Apotheke des Ackers ist der Komposthaufen, wenn möglichst viel Unkräuter aller Arten in ihm verarbeitet worden sind.

Wer, etwa durch schlechte Erfahrung mit anderem „guten" Rat kopfscheu geworden, mit besonderer Vorsicht an die neue Art Landwirtschaft herangehen will, dem rate ich, sich mit dem nachfolgend beschriebenen ebenso einfachen wie überzeugenden Versuch an das Neue heranzutasten:

Er baue sich noch früh im Herbst nach genauer Vorschrift eine kleine Fuhre Stallmist samt Einstreu und lehmiger Erde zur Verkompostierung auf, so daß sie im April bestimmt reif ist. Dann ziehe er auf einem Stück Land mit gleichmäßiger Erde in jeweils 60 cm Abstand voneinander vier Furchen und bezeichne sie mit A, B, C, D. Er fülle die Furchen A und B mit dem verkompostierten Stallmist, die Furchen C und D mit Stallmist üblicher Art und Kunstdünger, wie er es bisher gewohnt war, und

---

* Sehr bemerkenswert sind hier die im Aprilheft 1954 der ‚Schwäbischen Blätter für Volksbildung und Heimatpflege' veröffentlichten Untersuchungen August Gablers über die Ernteerträge auf Schwarzjura- und auf Keuperböden im Gebiet des Hesselbergs in der zweiten Hälfte des 16. Jahrhunderts. Obwohl damals der ganze Sommermist in den Auen verlorenging, in denen das Vieh Tag und Nacht weidete, und es weder Kunstdünger gab noch neuzeitliche Landmaschinen und Ackergeräte, lagen die Erträge mengenmäßig nur ganz wenig unter denen der fünfziger Jahre; in der Güte waren sie sicher überlegen.

lege in genau 33 cm Pflanzweite gleichartige gesunde Pflanzkartoffeln. Er beobachte genau Schädlingsbefall und Krankheiten, dazu die Zahl der bei der Ernte voll gesunden Pflanzen und schreibe alles auf. Er nehme von jeder Reihe die notwendige Anzahl neuer Pflanzkartoffeln, bringe nichts durcheinander und richte im zweiten Jahr die Furchen A, B, C, D mit der gleichen Düngung wie im ersten Jahr wieder her; er lege in Furche A die im Vorjahr aus der Furche A gewonnenen Pflanzkartoffeln, in Reihe B aus der Furche B stammende und so fort auch für die Reihen C und D. Er kann vielleicht schon feststellen, daß die auf den Reihen C und D lebenden Kartoffelkäfer die kleinen Entfernungen zu den Reihen A und B nicht überwinden können. Er wird Glück mit dem Wetter haben müssen, wenn er aus den Reihen C und D noch gesunde Pflanzkartoffeln gewinnen kann. Er hat aber schon vorher gemerkt, daß ihm aus dem Kompost Hilfskräfte zuwachsen, von denen er nichts geahnt hat.

Hier muß ich etwas Persönliches einschalten:

Ich kann nicht ein Lehrbuch des bäuerlichen organischen Landbaus schreiben. Dazu hätte ich zwanzig Jahre lang selber einen Hof bewirtschaften müssen. Ich empfehle deshalb dem geneigten Leser, der als Bauer den neuen Weg gehen will, sich eine zuverlässige Beratung in allen Fragen zu sichern dadurch, daß er gleich noch einen Schritt weitergeht und sich an eine Arbeitsgruppe für biologisch-dynamische Wirtschaftsweise anschließt. Er bekommt damit auch die Möglichkeit, seine Erzeugnisse über die „Demeter"-Vertriebsstellen abzusetzen.

Soviel über Stallmist – nun zur Stalljauche! Mit der muß man ganz anders umgehen als bisher. Grundsatz: Was stinkt, ist giftig! Es darf keine Jauche ausgefahren werden, die nicht mindestens sechs Wochen lang ohne Zulauf hat ausreifen können. Man muß also mindestens zwei Gruben haben, die abwechselnd gefüllt und geleert werden. (Ich habe im Schwäbischen einen Hof gesehen, der hatte nicht weniger als zehn Jauchegruben; es wurde nur Vorzugsmilch verkauft.) Schwer zu begreifen ist, daß winzige Mengen der Kompostpräparate der biologisch-dynamischen Wirtschaftsweise die größte Grube in kurzer Zeit „entstinken", das heißt geruchfrei machen und damit entgiften.

Viel schwieriger ist es noch, mit „Gülle" richtig umzugehen. Gülle ist Stalljauche, in die der ohne Einstreu gewonnene Stallmist hineingerührt ist. Die Güllewirtschaft stammt aus der Schweiz und ist stark verbreitet worden im bayrischen Allgäu, weil man mit ihr im gebirgigen Gelände Mist und Jauche mit Schlauchleitungen sehr einfach über das Grünland ausbringen kann. Einseitige Übertreibung hat vor etwa 35 Jahren in der Schweiz zu großen Sorgen geführt, weil immer weniger Käse I. Klasse ausgeführt werden konnte. Allzu primitive Form der Anwendung brachte im Allgäu weite Verbreitung der Tuberkulose, auch in der Bevölkerung; das Allgäu hatte den geringsten Anteil wehrtauglicher junger Männer in ganz Bayern! Die Güllegruben lagen als hölzerne Beschlächte im Stall selbst unter dem Mistgang (1923 sogar noch in dem Musterbetrieb „Spitalhof" in Kempten). Das Vieh stand im Ammoniakdunst, es konnte nicht gesund sein.

Man hätte mit Güllewirtschaft nur in folgender Form einverstanden sein können: neben der Jauchegrube wird eine große Mischgrube angelegt, in die das Regenwasser von den Dächern läuft. Der Stallmist wird auf einem Holzrost verkompostiert. In die Mischgrube kommen Mist und Jauche nur zum Ausbringen, werden mit dem Regenwasser verdünnt, verrührt und verschlaucht.

Nun aber kommt Güllewirtschaft überallhin als neueste Mode, jedoch als Zwangsmode. (Man kann wirklich nur von Mode reden, so schnell wechseln in der Landwirtschaft die endgültig besten und wirtschaftlichsten Arbeitsweisen: wer redet heute noch von der Einheits-Knaulgraswiese, wer vom Häckselhof?) „Schwemmentmistung" ist heute Trumpf; der Staat bezuschußt Stallneubauten nur, wenn Schwemmentmistung eingerichtet wird, wenn also der Mist durch Wasser in die Güllegrube gespült wird, in der er nicht verrottet, sondern verfault. Ich weiß nicht, ob schon jemand auf den Gedanken gekommen ist, die Reduktion = Fäulnis durch Einblasen von Luft in Oxydation umzuwandeln. Wenn man schon alles mechanisch macht, ist dies wohl der einzig vernünftige Weg, wenigstens aus dem Gift herauszukommen.

(Ich habe als Helfer bei Erd- und Holzarbeit einen auch schon fünfundsechzig Jahre alten famosen bairischen Gartenarbeiter.

Hinter der Gartenhecke rasselt ein Schlepper mit einem Drei-Kubikmeter-Jauchefaß vorbei. „So wia da Schelle stinkt do' koana!" meint er; in dem Faß war Schwemmistgülle. Auch er trinkt aus jenem Stall keine Milch mehr, so muffig schmeckt sie.)

Die Schul-Ernährungslehre der Pflanzen gibt jetzt zu, daß Fäulnisgifte von der Pflanze durch Laub und Wurzeln aufgenommen werden. Als ich vor dreißig Jahren die gleiche, aus nüchterner Beobachtung gewonnene Behauptung aufstellte, wurde ich als Dilettant abgetan. Im Silo, das der Bauer aufbauen muß, wenn er Zuschuß bekommen will, ändert sich offenbar nichts Grundsätzliches. Die Milch ist selbstverständlich frei von Tuberkulose und Bazillus Bang – aber sie schmeckt muffig. Die in der Molkerei pasteurisierte Milch schmeckt am zweiten Tag genauso. Sauermilch, durch Impfung der Molkereimilch mit frischer Buttermilch hergestellt, ist ebenfalls ungenießbar. Wir holen nun die Milch aus einer kleinen Molkereigenossenschaft mit „rückständigem" Einzugsgebiet. Wie soll da Milch zum Volksnahrungsmittel werden?

Wer seinen Boden gesund bekommen und erhalten will, darf Schwemmist bisher üblicher Art nur als dünne Schicht von Oberflächenmulch, also im Herbst oder Winter aufbringen und auf Grünland einwachsen lassen, im Acker im Frühjahr eineggen. Wenn man ihn über den Kompost gehen läßt, muß man länger auf dessen Reife warten, als wenn man reife Jauche dazu verwendet. Im Ackerland gibt man diese letztere nicht obenauf, sondern mittels Drillschar in den Boden. Die beste Verwendung ist die zum Mähdruschstroh, wenn dieses zur Verrottung in den Boden gewürgt wird. Auf die Wiesen kommt reife Jauche bei Regen nach dem Heu- oder dem Grummetschnitt. Von der Weide muß auch diese wegbleiben; hier schafft Kompost das gesündeste Vieh. Also: auf die Weiden nur Kompost; auf die Wiesen reife Jauche und verkompostierten Mist; auf den Acker eingedrillte reife Jauche, eingeeggter verkompostierter Stallmist; Schwemmmist nur als dünner Oberflächenmulch auf Acker und Wiese; in die Komposthaufen reife Jauche!

Es ist hier wohl der Ort, sich Gedanken zu machen über das Bild des schulmäßigen Ackerbaus, wie er nach dem Mansholt-

Plan fortentwickelt werden soll. In Großflächenbetrieben sollen unsere Lebensmittel fabrikmäßig erzeugt werden nach dem Vorbild der Industrie, ohne Fruchtwechsel, mit Maschinen, Salz und Gift aus dem Boden getrieben nach den Vorbildern in USA und Kanada. Dort kann man sich solchen Raubbau am Humusgehalt der Böden, der allein ein solches Wirtschaften möglich macht, noch einige Zeit erlauben; es sind noch genug metertiefe Schwarzerden vorhanden. In unseren seichten Böden kann Humus „mobilisieren" nur, wer vorher Humus hineingibt. Statt des unerläßlichen Gehalts von mindestens drei Prozent Humus haben die Böden der Großflächen-Landwirtschaft kaum noch eineinhalb. Auch diesen Rest mittels Gründüngung noch zu erhalten, gelingt nur noch Meistern der Landbautechnik.

Das britische Landwirtschaftsministerium will schon bei einem Humusgehalt lehmiger Böden von vier Prozent die Betriebe aus einseitigem Getreidebau herausnehmen und entweder in Grünlandwirtschaft überführen oder in die früheren Wirtschaftsformen mit vielseitigem Anbau und Fruchtwechsel. Es empfiehlt acht Prozent Humus als Mindestgehalt*.

Daß man mit dem Aufbrauchen des Humusvorrats im Boden ertragreiche Landwirtschaft treiben kann, hat mir ein Gutsbesitzer in Oberbayern, der sich dank seiner Teilhaberschaft an einem Industriewerk das jeweils Neueste an landwirtschaftlichen Maschinen und Einrichtungen leisten kann, praktisch vorgeführt. Er zeigte mir prächtigen drei Meter hohen Mais – erzeugt auf einem trockengelegten Hochmoor, dessen Humus er mittels starker Mineraldüngergaben „abbaute". Auf meine Frage, wie lang das noch gehen solle, meinte er, daß es für seine Kinder noch reiche; dann allerdings sei man unten auf dem eiszeitlichen Seeton.

Nach einer von der chemischen Industrie zensierten Fernsehsendung von A. Karbe im Bayerischen Rundfunk hat die letzte so hoch gerühmte Steigerung unserer Ackererträge um fünfzig Prozent, die uns die sinnlosen Überschüsse gebracht hat, einen Mehraufwand an Kunstdünger von dreihundertfünfzig Prozent und an Giften von dreizehnhundertfünfzig Prozent gekostet; daß auf diesem Weg kein Gleichgewicht mehr zu finden ist, muß

---

* Observer Nr. 9346, 30. August 1970

jedem einleuchten. Von diesen Kunstdüngermengen haben die Pflanzen zur Hauptsache nur jenen Teil sinnvoll aufnehmen können, den die Ton-Humus-Komplexe im Boden festgehalten haben. Vom übrigen geht der größere Teil ungenützt ins Grundwasser. An den Landesstellen für Gewässerkunde weiß man schon lang, daß die Landwirtschaft zur Verseuchung unserer Gewässer mindestens so viel beiträgt wie Städte und Industrien zusammen, ja daß Trinkwasserspeicher als durch Nitrat vergiftet unbrauchbar geworden sind. Darüber wird nicht gesprochen, nicht von den Innenministern, die für die Reinhaltung unserer Gewässer sorgen sollen, nicht von den Landwirtschaftsministern, die nicht wissen, wie man anders Lebensmittel erzeugen kann, nicht vom Gesundheitsminister, der nicht sieht, wie er den anderen in den Arm fallen soll. Anscheinend tröstet sich jeder mit dem Gedanken: Erst nach mir die Sintflut!

Wie die Versalzung = Vergiftung von Trinkwasser vom kleinen zum großen fortschreitet, dafür gibt es aus Süddeutschland zwei eindringliche Beispiele:

Ausgerechnet ein Engländer bringt mir eine Ablichtung aus einer Schweizer Tageszeitung, in der berichtet wird, daß in einem Winzerdorf in Unterfranken das Gesundheitsamt den Müttern kleiner Kinder verbieten mußte, Säuglingsmilch und -nahrung mit dem Orts-Trinkwasser herzustellen. Es war mit Nitrat so angereichert, daß Gefahr bestand, daß die Kinder an Blausucht (Methämoglobinämie) ersticken. Das Nitrat konnte nur aus der künstlichen Düngung der Weinberge stammen, die das Einzugsgebiet des Trinkwassers darstellen. Das Landwirtschaftsamt kann nicht zulassen, daß durch Kunstdünger Gesundheitsschäden entstehen können, und hebt das Verbot wieder auf. Es wird beschlossen, daß das Nitrat aus dem Buntsandstein stammt – eine geologische Unmöglichkeit! Denn der Obere Buntsandstein ist in einem Wüstenklima aus Staub und Sand zusammengeweht worden, in dem es kein pflanzliches und kein tierisches Leben gab, in dem also keine Stickstoffverbindungen abgelagert werden konnten.

In einem Landkreis am Kaiserstuhl im oberen Rheintal, also im wärmsten Klima Deutschlands, ist mittels Beregnungsanlagen ein großartiger Gemüseanbau aufgezogen worden. Neunzehn

Gemeinden sind ohne Trinkwasser, weil das reichliche Grundwasser, auf dem sie stehen, durch Nitrat vergiftet ist.

Die Hersteller von und die Händler mit Salzdüngern kümmert
diese Entwicklung überhaupt nicht. Sonst hätte nicht in dem angeführten Fernsehfilm ein Angestellter der Kunstdüngerindustrie
vor einigen Batterien der weiß-emaillierten Versuchsgefäße mit
dem Brustton echter Überzeugung ausrufen können: „Der deutsche Bauer muß noch viel mehr Kunstdünger verwenden!" (Die
einzige seriöse Figur in diesem Film, ein echter Wissenschaftler,
mir wohlbekannt, stellte dazu nüchtern fest: „Schon jetzt wird
das Grundwasser vergiftet!")

Ist es da nicht ein selbstmörderischer Irrsinn, wenn man es nun
für richtig hält, nach Möglichkeit alle Kulturflächen außer mit
den sich als Gift auswirkenden Salzen auch noch mit echten und
ausgesprochen unheimlichen Giften zu überziehen? Das geschieht
aber mit immerzu wachsenden Mengen von Unkrautvertilgungs-
mitteln, von denen niemand weiß, wie rasch und in welchem Maß
sie auch das Bodenleben zerstören. Was imstande ist, eine ausge-
wachsene zählebige Unkrautpflanze umzubringen oder zum
Selbstmord zu treiben – wie man es mittels „gefälschter" Wuchs-
stoffe bewirkt –, das tötet auch in Zerfallsprodukten das tausend-
mal so empfindliche Bodenleben. Das aber bedeutet, solange die
Natur noch glaubt helfend eingreifen zu können, vermehrten
Wuchs immer gröberer Unkräuter, bedeutend verminderte Widerstandskraft der Kulturpflanzen gegen Schädlinge, bedeutet
einen Teufelskreis von Wirkung und Gegenwirkung, aus dem
kein Diplomlandwirt mehr herausfindet, er sei denn bereit und
wirtschaftlich imstande, ein sehr teures Lehrgeld zu zahlen. Wenn
ich an das früher gezeichnete Bild des erst so großartig helfenden
Luzifer erinnere, der zum vernichtenden Brand wird, wenn man
ihm mehr als nur den kleinen Finger reicht – hier wird er am
schnellsten als echter Teufel sich erweisen, aus dessen Klauen und
Zähnen es keine Rettung gibt: wen Gott verderben will, den
schlägt er mit Blindheit!

15. Einiges vom Stadtkompost

Mit der allerdings sehr langsamen Überwindung zäher Wider-
stände kommt auch in der Bundesrepublik ein Kompost ganz
anderer Herkunft zu wirtschaftlicher und landwirtschaftlicher
Bedeutung: der „Stadtkompost", der aus den als „Stadtmüll" be-
zeichneten festen Abfällen der Siedlungen und dem Klärschlamm
der Abwasserreinigungsanlagen hergestellt werden kann – wenn
sich die zuständigen, aber unkundigen Gemeinderäte nicht von
den Angeboten von Maschinenfabriken blenden lassen, nach welchen die Verbrennung der Abfälle das einfachste und sicherste
Verfahren zu ihrer Beseitigung sei. Das ist eine ausgemachte Irre-
führung.

Die Städte in aller Welt und auch die ländlichen Siedlungen
ersticken in ihrem eigenen Abfall, der an Menge und Schwierig-
keit der Aufarbeitung von Jahr zu Jahr zunimmt. Der Zwang
zur Reinhaltung unserer Umwelt, also der Landschaften rund um
die Siedlungen, muß der wilden Ablagerung des Stadtmülls
irgendwo in der Gegend, wie sie heute auf dem Lande noch allgemein üblich ist, binnen kurzem ein Ende setzen. Auch die sogenannte „geordnete" Ablagerung in Geländemulden, in aufgelassenen Kiesgruben und Steinbrüchen bietet nur selten die sichere
Gewähr dafür, daß das Grundwasser nicht vergiftet wird; es
wird auch für solche Ablagerungen, die später bepflanzt oder
aufgeforstet werden können, bald kein Gelände mehr geben.

Die Verbrennung des Stadtmülls ist das teuerste Verfahren
und bedeutet eigentlich keine „Beseitigung", weil etwa 40 v. H.
Asche und Schlacke anfallen, die doch irgendwo untergebracht
werden müssen. Niederschlagswasser waschen aus ihnen Salzlösungen aus, die das Grundwasser vergiften. Aus dem in immer
größerer Menge anfallenden Kunststoff Polyvinylchlorid entstehen bei der Verbrennung im Oxydationsfeuer Chlor, in der
Reduktionsflamme Salzsäure, also schwerste Gifte, die nur durch
überhohe Schornsteine wenigstens aus der unmittelbaren Um-

gebung weggeführt werden können. In einer Kompostanlage dagegen werden Kunststoffe zerrieben und allmählich von Bakterien und Pilzen aufgearbeitet.

Wird der Stadtmüll verbrannt, dann bleibt der in den Abwasserreinigungsanlagen entstehende Klärschlamm ungenutzt übrig.
Er wird an die Landwirtschaft abgegeben, die ihn zunächst gern
übernimmt – aber nicht lang. Dann muß er getrocknet und ebenfalls verbrannt werden – eine kostspielige Zubuße zu der angeblich so einfachen Verbrennung des Stadtmülls.

Als in Holland die Herstellung von sauberem Kompost aus
Stadtmüll schon lang im Gang war – in Schiffsladungen wurde
die ganze Erzeugung von Landwirtschaft und Gartenbau abge-
nommen –, wurden auch bei uns in kleinen und großen Ver-
suchsanlagen verschiedene Verfahren ausgearbeitet, aus Hausmüll und dem Schlamm aus den Abwasserreinigungsanlagen einen
so appetitlichen Kompost herzustellen, daß man ihm seine Herkunft aus reichlich üblen Rohstoffen weder ansieht noch anriecht.
Die verschiedenen, im Laufe der letzten Jahrzehnte entwickel-
ten Verfahren nähern sich immer mehr derselben Lösung: aus
dem Hausmüll werden Eisen und Buntmetalle durch Magnete
oder von Hand ausgelesen, das übrige in großen Trommeln fein
zerrieben und entweder in langen Mieten zur Verrottung gebracht oder seit neuestem in Gärkammern innerhalb weniger
Tage zu Kompost verrottet. Bei dieser Art der Verrottung wird
der Inhalt der Mieten oder der Gärkammern so hoch erhitzt, daß
Unkrautsamen, Wurmeier und sonstwie gesundheitsgefährdende
Stoffe absterben. Dem Hausmüll werden einwohnergleiche Mengen von Klärschlamm zugesetzt; dadurch bekommt der Kompost
ein für die Verwendung im Landbau sehr günstiges Verhältnis
von Kohlenstoff zu Stickstoff.

Am vollkommensten ist die Umwandlung von Stadtmüll und
Klärschlamm zu einem in jeder Beziehung einwandfreien Kompost gelungen im Kompostwerk Blaubeuren. In einer „Atmungs-
anlage“, die mittels selbstschreibender Meßgeräte für Zeit, Wär-
meentwicklung, Sauerstoff, Kohlensäure, Methan und Feuchtigkeit – man glaubt vor einer Schaltwarte zu stehen – ganz selbst-
tätig arbeitet, wird das in einer Raspel zermahlene, von Eisen,
Buntmetallen usw. gereinigte Rohgut von selbst auf 90 Grad

Celsius erhitzt und so weit verrottet, daß es schon nach zwei bis drei Wochen abgesiebt und zu kurzem Nachreifen in Mieten aufgesetzt werden kann.

Bei den bisherigen Abwasserreinigungsanlagen wird der Klärschlamm in großen Türmen ausgefault und dann auf Trockenbeeten in langwierigen Verfahren so weit eingedickt, daß er verladen werden kann. Es hat sich neuerdings als möglich erwiesen, den Klärschlamm frisch, also nicht ausgefault, dem Stadtmüll zuzusetzen. Dadurch werden die hohen Kosten für den Bau der Faultürme und das Land für die Schlammbeete eingespart; für dieses Geld kann man unmittelbar neben der Kläranlage die Kompost„fabrik" einrichten.

Es erhebt sich nun die Frage, ob dieser Stadtkompost, der aus ganz anderen, mehr technischen Rohstoffen hergestellt ist als Gartenkompost, der in reiner Nachahmung natürlicher Vorgänge nur aus pflanzlichen und tierischen Abfällen erwachsen ist, die gleiche günstige Wirkung auf Boden und Pflanzenwuchs haben kann wie jener. Die Kleinlebewelt, die den Müllkompost zu so hoher Wärme bringt, ist bestimmt eine ganz andere als die in der natürlichen Bodenstreu von Garten, Wiese und Wald wirkende; wie weit die endgültige Gesellschaft mit der natürlichen verwandt ist, weiß man noch nicht.

Bisher ist schon in großer Menge Stadtkompost in halbreifem Zustand als „Frischkompost" verwendet worden, der nicht in den Boden eingebracht werden darf, sondern als Oberflächenmulch obenauf liegenbleibt und dort erst endgültig ausreift. Er hat sich bewährt im Ackerbau auf schweren Lehmböden und besonders im Weinbau. Kompostmulch schützt den Boden in steilen Weinbergen besser vor Abschwemmung als sogar Stallmist, ermöglicht es dadurch, die Weinberge steiler zu machen als bisher, damit Stützmauern herauszunehmen und große zusammenhängende Flächen zu schaffen, die mit Maschinen bearbeitet werden können. Trotzdem verbessert sich das Kleinklima, mit ihm die Gesundheit der Trauben und wächst die Möglichkeit, zu Spätlesen zu kommen. (Das bedeutet sicheren Absatz auch an Nicht-Weinkenner!) Dazu kommt sogar noch eine wesentliche Steigerung der Erntemengen. Diese Erfolge sind nun schon so alt und eindeutig, daß sich auch eine landwirtschaftliche Organisation, der Deut-

sche Weinbauverband, ausdrücklich zur Anwendung von Haus-
müll-Klärschlamm-Kompost im Weinbau bekannt. Er hätte mit
diesem sogar noch mehr Erfolg, wenn er eine zusätzliche und zunächst durchaus überflüssige Düngung mit Stickstoffsalzen weg-
ließe. In kleineren Weingärten hat es sich schon gezeigt, daß Ver-
sorgung der auf Hügel gesetzten Reben mit Kompost die eine
und andere bisher unerläßliche Spritzung mit Giften entbehrlich
macht. Die auf jeden Fall größere Widerstandsfähigkeit gegen
die herbstliche Fäulnis ist da allein schon ein großer Gewinn.

Gäbe es in den Flurbereinigungsämtern neben Mathematikern
auch Biologen, die von Humus etwas verstehen, dann würde vielleicht doch die ganz besondere Bedeutung erkannt, die Kompost
für das Gelingen der großen Um- und Zusammenlegungen im
kleinzerstückelten Weinbau haben kann. Durch das Herauswer-
fen vieler Terrassenmauern werden die neuen Flächen nicht nur
größer, sondern auch steiler – was zu großen Rutschungen führt[*],
wenn man nicht weiß, wie man solchen frischgeschütteten Boden
zum Halten bringt. Viel roher, humusloser Boden kommt obenauf, den rinnendes Wasser einfach mitnimmt; die Flächen ver-
armen schon durch das Umstürzen des Bodens allein an Humus –
da hilft nicht Torfmull, nicht Kunstdünger, nicht einmal Stallmist, wenn es ihn wirklich gäbe – nur Kompost.

Daneben aber gibt es noch Tausende von Weinbaubetrieben,
in denen alle Flächen voll mit bestem Dauerhumus versehen werden können, ohne große Zufuhren von außen her, sobald nur ein
genügend zäher Wille sich der Kompostwirtschaft annimmt. Dabei würde sich für Winzergenossenschaften die Anschaffung von
Kompostmaschinen lohnen, mit denen alle zur Herstellung von
Kompost geeigneten Abfälle, besonders auch Trester und Reb-
holz, zerkleinert und gleichzeitig mit Mist und Erde gemischt
werden können. Auch eine Grünmasse schaffende Unterkultur im
Weinberg muß sich finden lassen, die man besser nicht als Gründüngung in den Boden wühlt, sondern den Kompostmieten bei-
gibt.

In den Anfangsjahren der Verwendung von Stadtkompost im
Gartenbau wurden zwei Fehler gemacht: der Kompost war nicht

[*] ,Organischer Landbau', 4/1967

wirklich ausgereift, er enthielt noch Ammoniakstickstoff, und man versuchte Pflanzen in reinem, also konzentriertem Kompost zu ziehen. Solcher Kompost riecht muffig, „ungelüftet", und der muffige Geruch geht in die Pflanze über. Man muß ihn genau wie Gartenkompost mit Erde „verdünnen". 1969/70 konnte ich feststellen, daß ein feingesiebter, vollreifer Kompost, wie er im Kompostwerk Blaubeuren hergestellt wird und mit dunkler Moorerde gemischt als „Blaubeurer Komposterde" in luftigen Säcken in den Handel kommt, bestem eigenem Gartenkompost vollkommen gleichwertig ist. Ich konnte aus ihm die beste Frühbeeterde herstellen, die mir je gelungen ist. Von Glasscherben und Kunststoff-Fetzen war in dieser Komposterde nichts zu merken. Damit ist sie der beste Dünger für Anlage und Pflege der notwendigerweise immer umfangreicher werdenden städtischen Grünanlagen wie auch der städtischen Erholungswälder, wie es Beispiele in Holland beweisen.

Wenn man nun die Einwohner der Städte und Siedlungen – diese müssen zu Sammelanlagen für etwa 60 000 Einwohner zusammengefaßt werden – mit den Kosten der Müllverbrennung belastet (was die Gemeinderäte ja für zulässig halten), so sollte man einen hochwertigen Reifkompost der Landwirtschaft fast umsonst überlassen können. Diese kann in ihrer heutigen Form mit dem Überangebot an Kunstdünger überhaupt nur dann weiterbestehen, ja auch nur erlaubt sein, wenn sie mittels Stadtmüll den Humusgehalt ihrer Böden wieder so hoch anhebt, daß kein Stickstoff, keine Phosphorsäure, keine Gifte mehr in das Grundwasser ausgewaschen werden können. Es ist auf jeden Fall weitaus billiger, einen Überschuß an Düngesalzen und Giften im Boden festzuhalten, als versalztes oder angefaultes Tag- oder Grundwasser so weit reinigen zu müssen, daß man es als (höchst minderwertiges) Trinkwasser gebrauchen kann.

16. Geheimnisse des reifen Bodenlebens

Der geneigte Leser merkt den Anklang an Hans Carossas ‚Geheimnisse des reifen Lebens‘ – er ist beabsichtigt.

Nie hätte ich mir eine so tiefe Kenntnis des Zusammenwirkens von Klima, Boden, Pflanzen- und Bodenleben erwerben können, wäre ich etwa als Leiter eines Universitätsinstituts im weißen Mantel herumgegangen, hätte mir von meinen Wissenschaftlichen Räten, Assistenten, Doktoranden, Offizianten berichten lassen, was sie alles getan, gezählt, gemessen, gewogen haben, hätte das alles auf Lochkarten eintragen lassen, in Großrechner eingegeben und versucht, die mathematisch errechneten, statistisch geprüften Größen in die Praxis des Pflanzenbaus zurückzuübertragen. Nur weil ich jeden Handgriff selbst gemacht habe, mich mit jedem noch so zähen Widerstand in nie ermüdender Geduld auseinandersetzen mußte, immer selbst gesehen habe, was an Unwahrscheinlichem, an Unberechenbarem sich ereignete, habe ich mir jenes Fingerspitzengefühl erworben, das mich den ganzen neuen Pflanzenbau nach dem von der Natur gegebenen Vorbild (nahezu) beherrschen läßt. Selbstverständlich habe ich noch nicht ausgelernt, werde ich bis zum letzten Tag immer noch lernen müssen. Von ein paar ganz neuen Erkenntnissen aber, die es gilt, weiter auszubauen, will ich doch noch berichten:

Zu einem rechten Haus gehört auch ein großer Hausbaum, eine Eiche in Norddeutschland, eine Linde im Süden. Wenn man erst mit siebzig das Haus baut, wird man einen schon erwachsenen Baum pflanzen. Wir holten über achtzig Kilometer Landstraßen eine große Krimlinde (Tilia euchlora) mit Lehmballen heran, die ich mir schon lang vorher hatte schenken lassen. Sie war ehemals ein Münchner Straßenbaum gewesen und wegen allzuviel Bombensplitterwunden von der Stadtgärtnerei abgegeben worden. Unterwegs verlor der Baum in einer engen Bahnunterführung dazu noch ein paar Äste. Er hatte dann offenbar keine Lust, sich in dem toten nassen Ton des neuen Standorts zu verankern. Die

neuen Wurzeln laufen an der Oberfläche des Rasens und dicht
unter den Steinplatten der Wohnterrasse hin. Die Linde ließ noch
einen großen Ast absterben und warf jahrelang die über den
Sommer gewachsenen Zweige im Herbst wieder ab. Sie bekam
ein paar Jahre lang auf die kleine Baumscheibe Kompost, bis
dort Immergrün, Schneeglöckchen, Winterstern, Frühlingswald-
wicke, Große Astrantie, Zwergmandel und Zaubernuß zu einem
dicken Filz zusammengewachsen waren. Seit Jahren ist Schmal-
hans Küchenmeister – aber wo Platz am Stamm ist, sind plötzlich lange neue Äste ausgebrochen mit großem Laub von vollkommener Schönheit; der Baum hat eine dichte reichblühende
Krone bekommen – und an keinem Blatt sitzt auch nur eine einzige Laus! Nirgends ist eine Spur von Honigtau zu finden, der
unter Linden Boden und Unterwuchs sonst immer rußschwarz
werden läßt. Jahrelang hat es mir wenig Freude gemacht, den
Buntspechten zuzuschauen, wie sie in die Äste dieser Linde Löcher
hackten – nun ist es anders. Jetzt kommen eher mehr als früher;
sie rutschen die Äste hinauf, sie rutschen sie wieder herunter, sie
picken hier, sie picken dort – aber es gibt keinen Grund mehr,
irgendwo Löcher zu hacken.

Am anderen Hauseck steht eine einheimische Winterlinde, ein
im Schatten meines alten Münchner Gartens aufgewachsener
Sämling, nur der Treue halber von dort mitgenommen. Die verlangt eigentlich einen trockenen Standort und trockene Sommer;
beides hat sie bei mir nicht. Sie bekam 1959 zur Pflanzung und
dann noch ein paarmal im Stammbereich Kompost, ließ trotzdem
einen wichtigen Ast eingehen, sah mager und nichts weniger als
hoffnungsvoll aus – und ist ganz plötzlich zu einem prächtigen
Baum von gleicher Gesundheit und Schönheit geworden wie die
Krimlinde.

Allein das Bodenleben kann diese fast unbegreifliche Vollkommenheit erzeugt haben. Wie Brotteig ruhen muß, bis Hefe oder
Sauerteig ihn ganz durchdrungen haben, um ihn mit einem Mal
aufgehen zu lassen, so braucht auch das Bodenleben ein paar Jahre Zeit, bis es allein und von sich aus, ohne Hilfe des Menschen
und allen Widrigkeiten des Klimas und der Bodenarten zum
Trotz den Boden im Umkreis der Pflanzstelle erobert und lebendig gemacht hat. Ich täusche mich da nicht; ich habe in meinem

Leben genug große und kleine Bäume gepflanzt, keinen in so unguten Boden wie den meinen hier und nirgends mit so begeistern-
dem Erfolg, mit einer echten restitutio ad integrum, einer Wiederherstellung des natürlichen Zustands vor der Verpflanzung.

Bei Dutzenden von Sträuchern der verschiedensten Arten, auch
sehr heiklen, die längs der Zäune gesetzt wurden, nur zur Pflanzung ein wenig Kompost bekamen und dann ungepflegt sich
selbst überlassen wurden, genau dasselbe: jahrelang richtiger
Kummer über allzu armseliges Wachstum, keine Hoffnung, daß
die Gehölze eines Tages selber Herr über das Unkraut werden
würden, das sie bedrängte – und nach sieben oder acht Jahren
steht geradezu über Nacht der ganze Hag dicht, geschlossen, überreich blühend in vorbildlicher Schönheit da.

Die Bäume, die Sträucher tragen an der Spitze ihrer Wurzeln
selber das Bodenleben in den Umkreis hinaus, und das bildet den
Boden in genau den lebendigen Zustand um, den sie zum richtigen Gedeihen brauchen. Wenn dieser Zustand der Eroberung des
Umkreises erreicht ist, hat der Gärtner nichts mehr zu tun. Wer
von Fachleuten meine Linden sieht, die hohen Lärchen, den Tulpenbaum, all die Blütensträucher, welche die in den Handbüchern angegebenen Höhen längst überschritten haben, der
kann nicht glauben, daß der ganze Garten vor zehn Jahren eine
leere Wiese war und daß er heute von sich selber lebt.

Große Pflanzungen ausdauernder Stauden, also krautartiger
Gewächse, geraten in einen Zustand solcher Üppigkeit, daß man
sie mit jeder Gabe von Kompost, von Dünger gar nicht zu reden,
verschonen muß, wenn sie nicht umfallen sollen. Daß man im
Herbst große Massen von Laub und Kraut für den Komposthaufen gewinnt und doch dem Boden nichts zurückgeben darf,
das widerspricht aller Lehre vom Nährstoffhaushalt unserer
Kulturpflanzen – und ist seit Jahren auf großen Beeten in voller
Übung.

Das Bodenleben überwindet aber nicht nur die Zeit, es überwindet auch den Raum.

Einige tausend Quadratmeter meines Gartens sind Dauergrünland geblieben wie die ganze Landschaft ringsum. Es ist eine
etwas schüttere Goldhaferwiese (Polygono-Trisetion-Verband,
wissenschaftlich gesprochen), die 1936 drainiert worden ist. Da

die Rohrgräben mit demselben Tonboden wieder eingefüllt worden sind, ist von Entwässerung nicht mehr viel zu merken; gräbt man im Frühjahr irgendwo eine Pflanzgrube, steht sie bald voll Wasser. Seit Jahrzehnten ist das Landstück nur mit roher Stalljauche gedüngt worden. Trotzdem ist als erster Frühlingsflor in weiten Abständen die Große Schlüsselblume (Primula elatior) geblieben (sie ist als üppig blühendes Unkraut in die Staudenbeete eingewandert). Im Mai ist die ganze Landschaft gelb getönt vom Scharfen Hahnenfuß, dann folgt Löwenzahn. Im Grummet bestimmen die weißen Blütenschirme der Gülleflora Bärenklau (Heracleum sphondylium) und Wiesenkerbel (Chaerefolium silvestre) das Bild; im dritten Schnitt sind Mittlerer und Spitzwegerich stark vertreten. Ein Versuch, den lückigen Bestand durch Einsaat von Untergräsern und Weißklee dichter zu machen blieb ohne Erfolg. Seit dreimal sehr scharf gemäht wird, beleben Herbstzeitlosen das herbstliche Bild.

Den richtigen Pächter zu finden war schwierig wegen meines Verlangens, daß die Wiese nicht gedüngt werden sollte. Ich wollte die Gülleflora aushungern und die Fettwiese mehr zu einer Magerwiese hin entwickeln mit dem großen Heilwert des dort wachsenden Futters. Schließlich übernahm die Pacht ein Maurer, ein Wochenendbauer, der am Montag früh mit seinem Opel auf den Bau in der Stadt fährt und am Freitagabend zurückkommt. Ab und zu höre ich noch im Finstern seine Sense rauschen, wenn er die Gasse ausmäht für den Mähbalken, mit dem seine Frau am Samstag früh die Landwirtschaft beginnt, die sie führt. Sie ist eine patente Person, allzeit fröhlich, nach meinem Dafürhalten Enkelin kelto-römischer Ahnen (es kreuzten sich hier einst zwei Römerstraßen). Sie zieht vier Kinder auf und dazu alle zwei Jahre mehr als ein Dutzend Stierkälber, die ihr die Metzger um jeweils zweitausend Mark aus dem Stall reißen, weil sie nur mit Gras und Heu gefüttert sind.

Als sie etwas eingewöhnt war, fragte ich die Pächterin, wie sie mit dem Gras zufrieden sei. „Die Viecher fressen's gern!" war die Antwort. Meine Rechnung ging also auf: die Gülleflora wurde weniger. Die Frau mähte jeweils eine gewisse Strecke und fuhr das Gras als Grünfutter heim. Dann fing sie plötzlich an, sich zu verrechnen: sie brachte das von gleicher Fläche gemähte Grünfutter kaum noch die Steigung zum Tor hinauf – „es wachst unbandig viel Gras!" stellte sie fest.

Nun lebt ihre Landwirtschaft nur von Pachtland. Die Leute haben nur einen Stall zur Miete von den alten Schwiegereltern, Flüchtlingen aus Schlesien. Sie besitzen keinen Quadratmeter eigenen Grund und auch kein Silo. Die Familie des Pächters wohnt im Dorf; die Frau saust auf dem Motorrad zum weit entfernten Stall und zur Weide. Obwohl sie nun mit Wiesland jeder vernünftigen Art von Düngung vertraut ist, bekannte sie schließlich, sie hätte gern noch eine solche ungedüngte Wiese wie die meine! Ihr fehlt jede Schulmeinung, jede Beeinflussung durch Funktionäre irgendwelcher „Interessenten" – es ist das Ergebnis nüchterner Beobachtung und Erfahrung.

Daß den Tieren das natürlich gewachsene Gras besser schmeckt und bekommt als das von Güllewiesen, leuchtet ein. Daß aber auch mehr wächst als auf solchen, kann sich nur erklären, wer den unübertrefflichen Wert des natürlichen Bodenlebens erkannt hat. Von meinem Reißbrett aus kann ich die Zusammenhänge erkennen: zweimal im Jahr kommen große Scharen von Möven vom See herauf und fallen in die weiten Wiesen ein: nach dem ersten Schnitt, wenn die Heuhupfer deckungslos geworden sind und eine reichgedeckte Tafel darstellen, und nach dem Ausfahren der Gülle und der Stalljauche, wenn deren Gift die Regenwürmer aus dem Boden treibt. Was da stinkt, ist neben ein paar ausgesprochenen Fäulnisgiften: Skatol, Indol und so weiter, Ammoniak und Schwefelwasserstoff. Beide töten Bodenleben, hemmen also Wachstum. Erst wenn sie zu Nitrat und zu Sulfat oxydiert sind, wirken sie als Dünger, und erst wenn das Bodenleben wieder nachgewachsen ist, kann es sich gesundheits- und damit fruchtbarkeitssteigernd auswirken.

Diese Theorie wird gestützt durch eine noch wichtigere Beobachtung auf meiner „Ziegelwiese", die wohl noch kaum jemand mit solcher Deutlichkeit hat machen können.

Im Frühsommer 1966 hatte ich zufällig einmal Zeit, ohne Arbeit, nur einfach schauend, über mein Grundstück zu gehen. Da stellte ich fest, daß ein etwa zwölf Meter breiter Streifen der verpachteten Wiese dort, wo sie an meine Versuchsbeete angrenzt, die fast überquellen von zu höchstem Reichtum gebrachtem Bodenleben, dichter ist und dunkler grün als die übrige Fläche. Es ist in ihm der Scharfe Hahnenfuß weitgehend verdrängt vom Löwenzahn; es sind Margeriten eingewandert, Wicken (woher wohl?), Rotklee und Wiesenbocksbart. Da auf diesem Streifen nichts anderes geschieht als auf der übrigen Wiesenfläche, kann der Fortschritt zur Wiesen-Vollkommenheit nur liegen in der Nachbarschaft zu dem Versuchsgarten: das Bodenleben wandert aus und macht ohne menschliches Zutun die Wiese lebendiger und damit fruchtbarer.

Als Landwirt würde ich sie nun ganz leicht mit vollkommen reifen Kompost überfahren und diesen durch Schwarzeggen eng mit dem Boden in Verbindung bringen. Soweit ich den Rohstoff dazu nicht ausreichend unter Hagen und Bäumen und in dem Überschuß aus dem Gemüsegarten finde, von dem jetzt meine Obstbäume gefüttert werden, würde ich den Rest auf einem Stück Ackerland heranziehen: Erbs-Wick-Gemenge, Persischen Klee, Bokharaklee, Raps, Winterrübsen, Sonnenblumen.

Der Frühsommer 1969 brachte noch eine ganz besondere Überraschung: das naßkalte Wetter verzögerte die erste Grünfuttermahd bis weit in den Juni hinein. Das Mittelstück der Schneckenspur, in der hier die Wiesen gemäht werden, blieb lang stehen und konnte voll aufblühen – und plötzlich besaß ich selber eine der so wunderbar farbenbunten alten oberbayerischen Blumenwiesen: weiße Margeriten waren da, blaue Glockenblumen, rote Lichtnelken, gelber Wiesenbocksbart, lila Beinwell – dieselbe Herrlichkeit, um derentwillen ich 1931, als wir in schwerer wirtschaftlicher Not lebten, bereit war, eine Berufung auf einen ordentlichen Lehrstuhl an einer Hochschule in Berlin auszuschlagen, wo ich im besten Fall nur zwischen eintönig grünen Wiesen mit hartem Gras hätte wohnen können.

Der Juli 1970 brachte schließlich ein Erlebnis und eine Erkenntnis, die mehr als fünfzig Jahren eines stets forschenden Gärtnerlebens eine Krone aufsetzten:

Der Maurer-Pächter hatte Urlaub genommen, um seiner Frau das Grummet zu mähen. Er schaute sich tags zuvor sein Arbeitsfeld an und wollte wissen, womit ich es heimlich gedüngt hätte. „Blöd werd' ich sein und Ihnen die Wiese düngen!" „Aber

schau'n S' doch, was da wachst!" „Seh' ich auch! Aber Sie wissen
genau: seit 1958 wird dreimal gemäht und das Gras weggefah-
ren; irgend etwas anderes ist nicht geschehen!" Er setzte meinen
Worten merkbare Zweifel entgegen. Am nächsten Morgen, am
17. Juli 1970, war er angerückt mit Schlepper, Mähbalken und
Wagen – aber er mähte mit der Hand, mit der Sense! Auf meine
erstaunte Frage, was denn in ihn gefahren sei, gestand er: „Der
Schlepper derpackt's nicht!" Sein Schlepper ist mindestens so
schön und stark wie die der Bauern ringsum. Die fahren das
ganze Jahr Faß um Faß Jauche, Gülle und Schwemmist auf ihre
Wiesen, dazu noch, etwas heimlich, Fuhren voll Kunstdünger
– sie mögen nicht, daß ich es sehe –, und ihre Schlepper „der-
packen" das reichgedüngte Gras ganz leicht.

Als ich ihm anriet, im Herbst zehn Sack Thomasmehl zu streuen,
damit wir den Scharfen Hahnenfuß ganz hinausbrächten, wehrte er ganz entsetzt ab: „Ja um Gott's willen, net auch noch
Kunstdünger! Ich bin doch mit der Sens'n kaum noch durch-
kommen!"

Kann ein Mensch von der Natur überhaupt noch mehr verlangen, als daß sie ihm Jahr für Jahr von einer Wiese drei
Schnitte Gras und Kräuter gewährt gegen die einzige Bedingung,
sie in Ruhe zu lassen? Auf meiner Ziegelwiese ist das Geheimnis
dieser immerwährenden Gabe geoffenbart: es darf nichts geschehen, was dem Bodenleben weh täte.

Da stehen wir nun vor einem durch und durch unglaubhaften
Ergebnis. Aber bitte – das habe nicht ich mir eingebildet oder
auch nur im Stillen gewünscht, ja auch nur ahnen können. Ein
ganz normaler biertrinkender und zigarrenrauchender und auch
sonst durchaus robuster Maurer hat es festgestellt.

So unbegreiflich uns eine so gewaltige Kraft des Bodenlebens
auch erscheint, sie ist mir schon einmal in einem viel größeren Bereich begegnet: der tschechoslowakische Major Karl Stellwag, den
ich schon als den großartigsten Landwirt Böhmens genannt habe,
hat im letzten Krieg zehn Mäher „u. k." (unabkömmlich) gestellt
bekommen, weil keine Maschine sein auf weißem Sand gebautes
Kleegras bewältigen konnte. Er hatte den Wundertäter „Bodenleben" selbst auf seine Wiesen gebracht, als er in jedem Frühjahr
an die dreihundert Fuhren Kompost auf sie führte. Ich habe nur

der natürlichen Ausbreitung des Bodenlebens über meine Wiese hin nichts in den Weg gelegt.

Es hat also das Bodenleben, wenn man es nur reich genug werden läßt, die Kraft, von sich aus die Erde fruchtbar zu machen und dem Heger ebenso großen, aber viel mehr Gesundheit bringenden Ertrag zu gewähren als der Ackerbautechniker ihr abringt „mit Hebeln und mit Schrauben".

Tut sich da wirklich mitten im durchmechanisierten, nur noch materialistischem Denken zugänglichen zwanzigsten Jahrhundert ein echtes Wunder auf? Es ist aber nicht das einzige, das sich mir in diesem Jahr 1970 zu erkennen gegeben hat. Ich muß da ein wenig weiter ausholen:

Keines unserer Haustiere, das freie Futterwahl hat, frißt das Gras, das auf seinem eigenen Mist gewachsen ist. Auf nachlässig bewirtschafteten Weiden erkennt man an den Geilstellen die Flecke, auf denen Kuhfladen liegengeblieben sind. Es müßte jeder Fladen verrieben, jede Geilstelle nachgemäht werden, es sei denn, man könnte nach alter Sitte auf jedes Dutzend Kühe ein Pferd, eine Mutterstute etwa mit ihrem Fohlen, mit auf die Weide geben. Pferde fressen die von Kühen stammenden Geilstellen ebenso gierig ab, wie umgekehrt Kühe das auf Roßmist gewachsene Gras.

Daß nun bei den Schafen des Tuchmachers im Fichtelgebirge und bei den Traberpferden in Niederbayern der natürliche Widerwille gegen das auf dem eigenen Mist gewachsene Futter nicht auftrat, daß die Koppeln im Fichtelgebirge in langen Jahren nicht schafmüde geworden sind, kann nur beruhen auf der Einschaltung des Bodenlebens in den engen Kreislauf Tier – Mist – Boden – Pflanze – Tier. Meine Freunde und ich haben schon vor mehr als dreißig Jahren diesen Kreis mit „Kurzschlußdüngung" bezeichnet, wenn es sich um immer die gleiche Tierart handelte. Ich habe seither keinen hier zuständigen Wissenschaftler überreden können, eine Aussprache über diese doch wirklich wichtige Frage zu veranlassen; auch die Münchner „Gesellschaft für Ernährungsbiologie", der ich ein paar Jahre angehörte, bis dort Funktionäre Propaganda für urälteste Kunstdüngerwirtschaft und für die Unerläßlichkeit auch schwerster Gifte machen durften, ist dem Problem sorgfältig ausgewichen.

Das Bodenleben tritt in solchen Kreis ein als eine den Fluch
lösende eigenständige „Wesenheit", wie das Pferd auf der Rind-
viehweide!

Ein richtig verkompostierter Kuhmist ist so vollkommen zu
etwas ganz Neuem umgebildet und damit „entgiftet", daß die
Kuh das damit gedüngte Gras als etwas Neues, Unbelastetes fressen kann. Die Geschichte mit den Pferden beweist zudem, daß
Bodenleben, das sich frei auswirken darf, aus gewöhnlichem Gras
und Klee Heilkräuter macht, die schneller und besser eine verlorene Gesundheit zurückbringen als die Pillen, Spritzen und
Tinkturen der Tierheilkunde.

Das köstlichste Futter, das der europäische Bauer bisher für
seine Tiere wußte, war jenes ungedüngte, in Höhensonne gewachsene magere Heu, das er unter Lebensgefahr von den steil-
sten Bergmähdern herunterholte. Man konnte sich nur mittels
Steigeisen auf diesen halten und nur mit ganz kurzen Sensen
mähen. Das Heu wurde, in Tücher oder Netze gebunden, auf dem
Kopf heruntergetragen. Es wurde nur an die Pferde, an die Kälber und die trächtigen Kühe verfüttert; für Milchvieh war es zu
kostbar. Ein Kärntner Tierarzt gestand mir, er sei in seinen Anfangsjahren immer wieder versucht gewesen, seinen Bauern Tier-
quälerei vorzuwerfen, wenn er zusah, wie sie ihrem Vieh das
„Heu vom Stein" nicht armvoll, sondern nur in Büscheln vor-
gaben. Die Tiere aber haben mit dem glänzenden Auge und dem
blanken Fell immer wieder bewiesen, wie gesund sie bei so karger
Kost waren.

Noch über solcher Kostbarkeit steht nun gewöhnliches Tief-
landgras und -kraut, das mit Kuh- oder Pferdemist gedüngt ist,
dann, wenn dem Bodenleben gestattet wurde, aus dem Futter
echte Heilkräuter werden zu lassen. Das ist das zweite Wunder,
das mir im naturnahen Pflanzenbau in den letzten Jahren geoffenbart worden ist.

Auch ein drittes läßt sich nun erklären: die Freiheit von dem
doch sonst so selbstverständlichen Zwang zu ewigem Fruchtwechsel. Richtig verkompostierter „Bestandesabfall" ist eben etwas so
vollkommen Neues, daß in ihm auch die elfte und die siebzehnte
Kartoffelpflanzung in einem von den vorhergehenden zehn und
sechzehn anderen unbelasteten Boden kommt.

„Wer da hat, dem wird noch gegeben, auf daß er die Fülle habe"* – wenigstens in den Jahren der Ernte, in die ich offenbar jetzt eingetreten bin. Zur gleichen Zeit, als mir die hier beschriebenen Erkenntnisse zugewachsen sind, wurde mir mitgeteilt, daß ein ganz ausgefallener Versuch, den ich mit „reifem Bodenleben" im Jahr zuvor angestellt hatte, zu dem genau vorausgesehenen Erfolg geführt hat.

Im Jahr 1936 hatte mir ein sehr zuverlässiger Landschaftsgärtner an den Neubau eines besonders schönen Wohnhauses am Rand des aufgelassenen ehemaligen Biedersteiner Parks in München eine Anzahl großer Linden mit guten festen Wurzelballen gepflanzt. Sie sollten das Haus in die noch leere Gartenfläche einbinden. Sie sind alle gut weitergewachsen bis auf eine; der paßte irgend etwas nicht, sie blieb schwächlich und wurde dick mit Blattläusen befallen. Wir trösteten uns mit der Hoffnung, daß der Baum, dem sonst nichts fehlte, diesen Schwächezustand von selbst überwinden würde; irgendein Arbeiten mit Gift, das ein paarmal die Blattläuse vermindern, nie aber den Baum selber hätte gesund machen können, wurde gar nicht erwogen.

In den folgenden wirbeligen Jahren habe ich den Garten aus den Augen verloren. Nach dreiunddreißig Jahren hörte ich, daß die Linde immer noch krank sei; in der Tat: sie saß voll von Blattläusen. Die schwitzen einen zuckerhaltigen Saft aus; wo nicht genügend viele Bienen sind, die diesen als Blatthonig in ihren Stock eintragen, tropft er auf die Blätter und auf den Boden herunter. Er bildet eine gute Nährlösung für einen schwarzen Pilz, der alles mit seinem „Rußtau" überzieht – kein guter Bestandteil einer Wohnterrasse! Ich erbot mich, den Baum binnen zweier Jahre gesund zu machen – mit Kompost! 1969 wurde von der Baumscheibe, die nur einen kleinen Teil des Wurzelraums der Linde umfaßt, der dichte Bewuchs von Immergrün abgezogen; auf die Fläche kam vierfingerdick frischer reifer Kompost aus meinem eigenen Versuchsgarten; das Immergrün wurde wieder darüber gepflanzt – und 1970, also schon nach einem Jahr, gab es keine Blattlaus mehr; als eine Art Erinnerungsstück wurde noch eine einzelne gefunden. Das Bodenleben,

* Matthäus 13,12

das der Kompost an die Wurzeln der Linde herangebracht hatte, hat eine dreiunddreißig Jahre lang bestehende Krankheit binnen eines einzigen ausgeheilt.

Ein Wunder anderer, entgegengesetzter Art wäre es, wenn aus der großartigen Gesundungsreihe Boden – Pflanze – Tier der Mensch ausgeschlossen wäre. Er ist es nicht – das ist in einem über zehn Jahre laufenden Versuch an mir selbst ganz eindeutig bewiesen worden.

Ich habe schon erwähnt, daß meine Frau und ich uns hier auf der Ziegelwiese einer zunehmenden Munterkeit erfreuen, die mit dem unvermeidlichen Älterwerden nicht recht vereinbar ist. Meine eigenen Bauzeichnungen spiegeln unbeeinflußbar ein Kraftvollerwerden wider. Daß das keine „hysterische Wunsch-illusion" ist, wie man das medizinisch nennen würde, wurde an meinem achtzigsten Geburtstag Ende Mai 1970 offenkundig.

Es war da allerhand geplant – ich hatte aber keine Lust, wie ein alter Mann oder wie ein Buddha dazusitzen und mich beschenken zu lassen. Ich wollte im Gegenteil allen meinen Freunden, Bauherren und Mitarbeitern mit bairisch-barocker Musik für Orgel, Pauken und Trompeten, mit drei Alphörnern, die zum ersten Mal in einem geschlossenen Raum von Meistern geblasen wurden, und einem großen Chor von Carl Orff in der prachtvollen Dießener Klosterkirche das großartigste Konzert bereiten, das je dort aufgeführt wurde und das keiner je vergessen sollte. Das ist mir voll gelungen – aber es war ein tüchtiges Stück Arbeit. Denn an dem Fronleichnamstag 1970 folgte eine Feier der anderen – erst ein bairisches Mittagessen mit dreißig engsten Freunden und Mitarbeitern aus halb Europa, dann das Kirchenkonzert mit fünfhundert Gästen, dann ein bairischer Kaffee für hundertdreißig Freunde mit bairischer Musik und zweihundertsechzig bairischen „ausgezogenen" Schmalznudeln, und schließlich am Abend ein ganz besonders schöner Ausklang mit vierzig vor dem eigenen Haus, wo oben auf dem Balkon unsere Schwalben immer anfingen mitzusingen, wenn unter ihm Hackbrett, Zither und Gitarre einsetzten – ich war volle zwölf Stunden auf den Beinen –, niemand aber hat mir Müdigkeit angemerkt und ich wurde doch aufs schärfste von einigen hundert Augen beobachtet. Es war beinahe witzig, immer wieder zu hören, daß man doch

nicht mit zweiundsechzig den achtzigsten Geburtstag feiern
könne. Wichtiger war die Feststellung von Maleraugen, die mich
seit Jahrzehnten und durchaus kritisch beobachteten, weil sie
darauf warteten, daß ich mich doch einmal mit meinen Frech-
heiten überschlagen würde: ich sei mit achtzig eindeutig jünger
als ich mit fünfundsiebzig war und wäre damals schon „besser"
gewesen als mit siebzig. Daß man sich ein gutes Aussehen bewah-
ren kann über die übliche Grenze hinaus – das gibt es. Daß man
aber jünger wird, das kann es nicht geben. Ein allenfallsiger
Grund dafür kann nur in einem Lebensumstand gefunden werden, der erst mit etwa siebzig eingetreten ist.

Nun muß ich erst einmal bekennen, daß in meiner Lebensweise
nichts liegt, was nach heutiger ärztlicher Meinung Voraussetzung
zu steter körperlicher und geistiger Leistungsfähigkeit wäre.
Denn ich lebe vollkommen falsch. Ich sitze; ich sitze an meinen
Schreibtischen, ich sitze am Reißbrett, ich sitze am Tonband, ich
sitze am Lenkrad. Zu Ausgleichsgymnastik, zu dem angeblich
lebensnotwendigen täglichen Fußmarsch von vier Kilometern
lassen mir weder meine eigene Arbeit noch meine Bauherren Zeit.
Ich sause immer noch in der Welt herum, im eigenen, in anderer
Leute Wagen, mit der Bahn, im Flugzeug. Gartenarbeit ist kein
Ausgleich; sie ist unelastisch und einseitig. Das beste ist immer
noch, sich irgendwo ganz flach hinhauen und alle vier von sich
strecken zu dürfen. Dazu sind wir keine Vegetarier und keine
Rohköstler – aber seit meinem siebzigsten Lebensjahr kommt
alle pflanzliche Kost von Kartoffeln über jede Art von Gemüse
und Obst aus dem eigenen kompostgedüngten Garten, aus dem
Garten „ohne Gift", in dem ganz offenkundig alles Geerntete
weit über Nahrung hinaus Heilkost geworden ist – wie nach der
Forderung des Paracelsus unsere Lebensmittel Heilmittel sein
sollen (und wie nach der Meinung des Bauern Josef Schlickenrieder in Uffing am Staffelsee das Vieh die Medizin schon im
Futter finden soll). Alle die so schweren Belastungen durch
Krankheiten von früher her, die dreißig Jahre voll unerträglicher Schmerzen, Nierensteine, Lumbago jeder Art, vermeint-
licher Schlaganfall, Venenentzündung, sind in Vergessenheit
übergegangen, neue Belastungen durch Asiatische Grippe mit
Herzmuskelentzündung, eine schwere Gehirnerschütterung heil-

ten in kürzester Frist aus, allerdings auf homöopathischem Weg; auf Chemotherapeutika lassen wir uns nicht mehr ein.

Und da höre ich, daß ein junger Freund so lang an einer neu aufgetretenen Allergie herumgedoktert hat, bis er – hoffentlich nicht endgültig – den Geruchssinn verloren hat – was Wunder, wenn mir die Post immer öfter richtige Liebeserklärungen ins Haus bringt!

17. Die Feldhecke

Das Wandern des Bodenlebens vom Ort der höheren Dichte zu dem der niedrigeren wirft ein besonderes Licht auf die Bedeutung der Feldhecke und die von ihr umschlossenen oder sonstwie beschützten landwirtschaftlich oder gärtnerisch genutzten Flächen.

Als Feldhecken bezeichnet man einreihige, höchstens dreireihige Pflanzungen ungeschnittener Laubholz-Büsche der jeweils bodenständigen Waldrandgesellschaft, die entweder längs Bächen, Wegen oder Geländestufen durch die Landschaft hinziehen oder Kulturflächen ringsum einhegen. Sie sind uralt. Der jungsteinzeitliche Neubauer mußte seine Äcker mit geschlossenen Hürden oder anderen Zäunen vor Rehen, Wildsauen und Hirschen wie vor seinem eigenen Vieh schützen. Solche Einfriedungen sind immer Orte stärkerer Stickstoffdüngung, auf denen zuerst Brennnesseln wachsen, dann Holunder, und in deren Schutz die übrige Gesellschaft etwa von Eichen, Weißdorn, Schlehdorn, Wildrosen, Hartriegel, Maßholder, Pfaffenhütchen, Brombeerbüschen hochkommt. Diese Hage kennzeichnen heute noch die windüberbrausten Landschaften Nordwesteuropas: die Bretagne, die Normandie, Holland, Niedersachsen, Schleswig-Holstein. Ausgesprochenes Heckenland sind England und die Poebene. Auch im deutschen Binnenland haben sich überall Heckenlandschaften erhalten, eine der eindrucksvollsten im oberen Isartal bei Lenggries. Unter dem allzeit urdummen Schlagwort „kein Quadratmeter deutschen Bodens ohne landwirtschaftlichen Ertrag" fing man 1933 an, sie als unnütze Platzverschwendung durch den Arbeitsdienst roden zu lassen. Nur ein westfälischer Forstmeister Scholaster wandte sich kraftvoll dagegen und konnte die in seinem Arbeitsgebiet stehenden unter (heute noch gültigen) Naturschutz stellen lassen. Ich bezog ihre Erhaltung in meinen Kampf gegen die „Versteppung Deutschlands" ein und erreichte in sehr scharfen Auseinandersetzungen, daß die Rodungen eingestellt wurden.

Es war nicht schwer, allmählich bekanntzumachen, daß die

richtig gepflegte Feldhecke allein durch Schutz vor Wind und damit Erhaltung der Bodenfeuchtigkeit, des Taus und der Boden- kohlensäure den Ertrag der umhegten Fläche um mindestens fünfzehn Prozent steigert (in trockener Klimalage um noch er- heblich mehr). Von Landwirten wurde eingewendet, die Feld- hecken seien Unterschlupf für Feldschädlinge. Ohne es untersucht zu haben, konnte ich behaupten, das sei unmöglich; die Lebewelt der Feldsteppe könne nicht am und im Waldrand hausen. Nur die natürlichen Feinde der Feld-Lebewelt könnten dort sein, also eine kostenlos arbeitende Feldpolizei. Die zoologischen Institute zweier norddeutscher Universitäten haben das nach dem Krieg bestätigt.

Schließlich war ich auch der Ansicht, daß sich von der Feld- hecke und dem natürlichen Ackerrain aus das unter der einseiti- gen Beanspruchung durch die Monokulturen auf dem Acker ver- armte Bodenleben wieder erneuere und ergänze. Jede Ameise, die vom Rain in das Feld hinausläuft, trägt ja Tausende von Boden- bakterien als Grundstufe neuen Bodenlebens mit hinaus. Auf meiner Ziegelwiese hat sich das in breiter Fläche als richtig erwiesen.

Nun ist es aber durchaus nicht gleichgültig, ob man solche Schutzhecken aus beliebigen Nutz- und Ziersträuchern pflanzt oder mit der in der Landschaft „bodenständigen" Waldrand- Laubholzgesellschaft. Selbstverständlich hat jeder Strauch eine ihm eigentümliche, von anderen verschiedene Gesellschaft von Bodenleben. Weiß man nun, daß unsere Apfel- und Birnbäume von Natur aus in die Gesellschaft eines Eichen-Hainbuchenwal- des gehören, dann wird eine wenn auch noch so große Apfel- pflanzung gesünder sein, wenn sie von einem Hag aus der oben- genannten Weißdorn-Schlehdorn-Gesellschaft umgeben ist.

Schon mehren sich die Obstbauern, die wissen, daß schon des Wind- und Vogelschutzes halber ihre Gärten mit solchen Feld- hecken umgeben sein sollten. Die Unkundigen aber sagen: „Wir werden uns doch nicht mit Weißdorn und Schlehdorn die Haupt- futterpflanzen für Gespinstmotten, für Ringelspinner und Frost- spanner in den Garten holen!" Gemach: der Hag ist genauso ge- sund wie die Apfelbäume, wenn an seine Wurzeln genug Boden- leben hingezaubert worden ist.

Mein Garten hat einen ziemlich langen sehr alten Hag, der schon lang dadurch hätte verjüngt werden müssen, daß die Sträucher einmal zu Wintersende auf den Stock gesetzt worden wären, aus dem sie mehrstämmig wieder austreiben. Die Schlehdornbüsche, ausgesprochene Lichtpflanzen, stehen tief im Schatten gut hundertjähriger Eichen, sind also nicht mehr gesund, haben deshalb vielleicht alle zehn Jahre ein paar Kolonien von Gespinstmotten. Das gab an meinen Zwetschgenbäumen, als diese auch noch kränkelten, einen Anflug von ziemlich viel Mottengespinsten – nach ein paar Tagen waren alle wieder verschwunden. Es bleibt bei dem Vers: „Geheimnisvoll am lichten Tag …"

Als Folge großer Dürre hat es 1971 eine Massenvermehrung von Gespinstmotten gegeben. Ganze Alleen standen blattlos da; ausgerechnet in einer Münchner Erholungslandschaft waren Traubenkirschbäume, Schlehdorn und Pfaffenhütchen nur noch kahle Träger von weißen Gespinsten. (Ein „Fachberater" hatte schon verlangt, daß alle befallenen Bäume gefällt werden müßten!) Eine Gruppe bayrischer Kleingartenberater besuchte meinen Garten. Ein Teilnehmer fand ein einzelnes faustgroßes leeres Gespinst an einem Zwetschgenbaum; er schrie geradezu: „Das sind Schädlinge – hier hätte gespritzt werden müssen!" Acht Tage später fand ein Gartenmeister der Stadt Baden-Baden – wo man organisch arbeiten darf – ein neues, ebenfalls leeres Gespinst und zeigte mit Vergnügen den Ohrwurm, der es „gesäubert" hatte; der Schaden betrug zwei halbe Blätter.

18. ...und schauen, was dabei herauskommt!

Mit einer wirklich nach jeder Richtung, nach jeder Möglichkeit hin offenen Neugier habe ich vor gut vierzig Jahren begonnen, Pflanzenbau zu treiben in bewußtem Gegensatz zu der allgemein gültigen Art, indem ich an die Stelle von Technik Natur setzte, das Lebendige. Und herausgekommen ist dabei etwas ganz Neues, bisher Unbekanntes, was nur ein Weiser hätte erwarten können: neues, sich selbst erhaltendes, sich selbst steigerndes Leben – Leben im Boden, fähig, dessen Gesundheit und Fruchtbarkeit zu schaffen und zu erhalten, fähig, die eigene Gesundheit auf Pflanze, Tier und Mensch zu übertragen. Die Fruchtbarkeit der Erde, die sein Werk und Ziel ist, ist nicht ein Zustand, ein Vorrat an Stickstoff-, Kali-, Phosphorsäure-Salzen, sondern ein Vorgang, ein sich fortlaufend erneuerndes Geschehen, in keinem Augenblick dem vorhergehenden, in keinem dem nachfolgenden gleich: lebendiges, lebendigstes Leben!

Fasse ich zusammen, was ich in diesen vierzig Jahren einsamer zäher Arbeit über Wesen und Wirken des milliardenfachen Lebens im Boden beobachten und lernen konnte, so bekommen wir folgendes Bild:

1. Das Bodenleben erfüllt in der vollkommensten Weise die Feststellung Goethes: Kein Lebendiges ist Eines – immer ist's ein Vieles! Wir kommen seinem Wesen und Wirken am nächsten, wenn wir es auffassen als eine „Wesenheit höherer Ordnung".

2. Wie man einen Menschen nicht mit Salzlösungen „düngen", sondern nur mittels höchst vielfältig zusammengesetzter organischer Stoffe „ernähren" kann, kann auch das Bodenleben nur „gefüttert", nicht gedüngt werden, und das nur mit absterbendem oder abgestorbenem pflanzlichem oder tierischem „Abfall". Was es an mineralischen Stoffen nötig hat, beschafft es sich selbst aus dem Boden.

3. Unerläßliches Lebenselement ist ihm Humus, den es selber aus den Grundelementen aufbaut.

4. Die für die Welt wichtigste Eigenschaft des Bodenlebens ist seine Fähigkeit zu heilen, seine Umwelt gesund zu machen. Je reicher das Bodenleben sich entwickeln kann, um so gesünder und damit fruchtbarer wird der Boden, um so gesünder und widerstandsfähiger gegen jeden Angriff die auf ihm stehende Pflanze.

5. Nur die mit ihren Wurzeln in reichem Bodenleben stockende Pflanze ist von innen her so gesund, daß sie von keinem Schädling, von keiner Krankheit befallen werden kann.

6. Jede Schädigung, jede Schwächung des Bodenlebens schwächt auch die Widerstandskraft der Pflanze und macht sie anfällig für jeden Schädling, für jede Krankheit.

7. Geschädigt oder auch ganz vernichtet wird das Bodenleben durch so ziemlich alle Maßnahmen und Arbeitsweisen des Garten- und des Landbaus von heute: zu tiefes Pflügen wirft die mit ganz verschiedenen Lebensgesellschaften besiedelten Bodenschichten durcheinander; Fräsen tut dasselbe und bringt in den Boden zu viel Luft, die den Humus vorzeitig aufzehrt; Befahren von Acker und Wiesen mit schwerem Gerät verdichtet den Boden und nimmt dem Bodenleben die Atemluft. Das wirksamste, aber ahnungslos meistgeübte Verfahren ist die Abtötung des Bodenlebens mittels Steigerung des osmotischen Druckes der Bodenlösung durch alle leichtlöslichen Düngemittel, organischen ebenso wie mineralischen und synthetischen. (Unschädlich sind wahrscheinlich Thomasmehl, Urgesteinsmehle, Rohphosphat, die erst vom Bodenleben in Lösung gebracht werden müssen.) Die gleiche Wirkung hat natürlich auch jede Vergiftung durch Pflanzenschutz- und Unkrautvernichtungsmittel.

8. Jede Bekämpfung von Schädlingen durch Gifte bewirkt also noch stärkeren Befall, jede chemische Vernichtung von Unkräutern zwingt zu immer häufigerer Anwendung ähnlicher Mittel. In unseren Breiten ist es der Mensch selber, der das an Arten und Mengen ständig wachsende Heer von Schädlingen und Krankheiten mit einem Aufwand von Milliarden überhaupt erst schafft und dann mittels weiterer Milliarden einen

Kleinkrieg gegen es führt. Er steht in einem Teufelskreis, aus dem nur der Teufel als Sieger hervorgehen kann.

9. Es ist ohne weiteres möglich, reichstes Bodenleben zu schaffen dadurch, daß man nach dem von der Natur gegebenen Vorbild größere Mengen pflanzlichen und tierischen Abfalls der richtigen Art auf die rechte Weise verrotten läßt und das Ergebnis: „Kompost neuer Art" der Kulturpflanze in ihrem Wurzelraum zur Verfügung stellt. (Es hat sich gezeigt, daß auf ähnlichem Weg auch Abfälle zum Teil technischer Art, wie sie im Stadtmüll gegeben sind, zu Kompost verrottet werden können, der sich ähnlich auf Pflanzenwuchs auswirkt wie im Gartenbau oder in der Landwirtschaft selbst gewonnener.)

10. Es ist vielfältig erwiesen, daß die mittels Kompostwirtschaft und allenfalls notwendiger zusätzlicher rein organischer Düngung erzielbaren Erträge es an Menge mit den nach der Schulwissenschaft mittels „künstlicher" Düngung erzeugten aufnehmen können, sie aber an Güte, Geschmack und Haltbarkeit durchaus übertreffen.

11. Albrecht von Thaer wußte noch nichts vom Bodenleben; doch war er auf dem richtigen Weg, als er den Humus für den Träger der Bodenfruchtbarkeit ansah. Auch Justus von Liebig konnte noch nichts vom Bodenleben wissen, aber er hat als Techniker und Chemiker die Wege gewiesen, es nicht zu seinem segensreichen Wirken kommen zu lassen. Jeder Anhänger des heutigen Schulwissens von Garten-, Obst- und Landbau wütet ahnungslos gegen seinen besten Helfer.

12. Deshalb weiß auch noch keiner von diesen etwas davon, daß das Bodenleben ein echter Wundertäter sein kann für den, der es als ein eigenständiges Wesen höherer Ordnung erkannt hat und mit ihm umzugehen versteht. Ohne daß er einen Finger rührt – ja, gerade wenn er keinen Finger rührt und sich in natürliches Werden nicht einmischt – wandelt es ihm seine Wiesen zu solcher Fruchtbarkeit um, daß er, ohne irgendwie gedüngt zu haben, mehr und besseres Futter erntet als seine Nachbarn ringsum, die immerzu mit Güllefässern und Düngersäcken unterwegs sind.

13. Noch segensreicher wirkt sich das Bodenleben aus in der Rei-

he Boden – Pflanze – Tier – Mensch, wenn ihm gestattet wird, durch Verkompostierung der Abgänge von Pflanze und Tier als heilende Wesenheit in sie einzutreten: auf verkompostiertem Mist gewachsenes Futter heilt schwerkranke Tiere schneller aus, als es der Tierarzt vermag; mit Kompost gedüngte Lebensmittel werden zu Heilmitteln, wie Paracelsus das verlangt hat. (Zu seiner Zeit war diese Forderung noch leicht zu erfüllen.)

Das von der mechanistisch werdenden Geisteshaltung des neunzehnten Jahrhunderts geprägte technische Zeitalter Justus v. Liebigs hatte es nicht schwer, das aus bäuerlicher Weisheit herkommende „biologische" des Albrecht von Thaer aus dem Feld zu drängen. Es war leicht, mit Hilfe der neuen Technik auf den noch gesunden Böden erkennbar höhere Erträge herauszuholen. Es gilt aber von dem Jahrhundert „künstlicher" Düngung dasselbe, was ich in anderem Zusammenhang über Prometheus und Luzifer gesagt habe: es ist gekommen als großartiger Helfer und ist geworden zum gefährlichsten Feind des Lebens auf dieser Erde. Freiwillig wird es nicht abtreten. Und doch kann nur in einem Zusammengehen naturnaher neuer biologischer Erkenntnisse mit dem Erbe Albrecht von Thaers der richtige Weiterweg gefunden werden.

Seit es mir gelungen ist, in meiner eigenen Arbeit das Bodenleben als nimmermüden Freund und Helfer zu gewinnen, kann ich es einfach mit Goethe halten: Es ist immer schön, wenn man das Unbegreifliche als wirklich vor sich sieht!

Eine solche Einstellung kann ich mir als einzelner leisten, der über einen langen steinigen Weg zu einem überwältigend schönen Ziel gekommen ist. Die Wissenschaft aber wird sich mit diesen Erscheinungen auseinandersetzen müssen. Mit dem bisherigen abschätzigen Lächeln, es handle sich da um Hirngespinste einer abseitigen Weltanschauung, kommt sie an ihnen nicht mehr vorbei. Zuerst wird sie ihre Freiheit wiedergewinnen müssen, was man ihr sauer genug machen wird, und dann wird sie an Grenzen ihrer Erkenntnismöglichkeit geraten. Die Schaffung von Fruchtbarkeit und Gesundheit durch ein reiches und ungestörtes Bodenleben läßt sich im Rahmen der allein erlaubten mechanistischen Grundhaltung auch der heutigen Naturwissenschaft, die nur das in Maß und Zahl Faßbare anerkennen darf, gerade noch erklären. Die Umwandlung von Futter- und Nahrungspflanzen in Heilkraut jedoch geschieht jenseits von Wäg- und Meßbarem. Hier geht es nicht ab ohne Umsturz. Max Planck, dem man es schwer genug gemacht hat, bis man seine alte Meinungen umstürzende Quantentheorie anerkennen mußte, hat einmal gesagt, daß auch in der freien Wissenschaft eine neue Erkenntnis sich erst durchsetzen kann, wenn die Vertreter der alten und ihre Assistenten gestorben sind. Muß das so bleiben? Es geht um ein höchstes irdisches Gut: um unser aller und unserer Kinder fröhliche, unbeschwerte Gesundheit.

Es gibt heute kein Lebensgebiet der zivilisierten Menschheit, das nicht wissenschaftlich bearbeitet würde. Für alles gibt es Lehrstühle und Universitätsinstitute, auch für Schädlingskunde und Schädlingsbekämpfung. Es war ursprünglich durchaus nicht meine Absicht, als ein revolutionärer Außenseiter das Bestehende einfach über den Haufen zu stoßen. Die ersten Kompostversuche machte ich noch mit der Bayerischen Landesanstalt für Pflanzenbau und Pflanzenschutz und mit Dr. Erhard Hiltner gemeinsam. Als nach seinem frühen Tod diese Versuche nicht mehr bestreitbare Erfolge brachten, wurden sie brüsk abgebrochen.

Seit langem arbeite ich mit den einstigen Gegnern auf dem Gebiet des Straßenbaus, des Wasserbaus, der Flurbereinigung kameradschaftlich zusammen*. Mit den Männern der Schädlingsbekämpfung hat sich das als unmöglich erwiesen. Ich habe versucht, mit ihnen Fühlung aufzunehmen – sie haben geschwiegen. Sie wissen auch weiterhin keinen Weg aus der auch von ihnen sehr beklagten Giftwirtschaft, wollen ihn auch nicht wissen. Sie leben unter dem harten Dogma: Hie Schädling (der naturgegebene urböse Feind) – hie Bekämpfung, so oder so. Niemand fragt, warum etwa noch in den zwanziger Jahren dieselben edlen Apfelsorten wie die heutigen, jedes Stück in Seidenpapier gewikkelt, aus der Merseburger Gegend von Gütern, auf denen es überhaupt kein Sprühgerät gab, fleckenrein in die Berliner Hotels ge-

* Dr.-Ing. Dr.-Ing. E. h. Heinz Fuchs, ‚Alwin Seifert und der Wasserbau' in ‚Natur und Landschaft', Heft 6/1970

liefert werden konnten, und warum das heute nicht mehr geht. Wenn ein weltkundiger Fachmann feststellt, daß er fünfundzwanzig Jahre lang schönste Erdbeeren hatte, daß ihm aber heute achtzig Prozent der Beeren durch Fruchtfäule verlorengehen, so spritzt er zwar aus triftigen Gründen nicht, aber er sucht auch nicht nach der Ursache. Aus dem Dogma kann niemand heraus, es gibt da aus Gründen, die mir bekannt sind und bestätigt wurden, keine Revolutionäre, wie sogar in der katholischen Kirche. Umsonst beweist Cornelis Jan Brièr mit genauen Zahlen, daß auf diesem Weg keine Sicherheit für Freiheit unserer Lebensmittel von Gift zu gewinnen ist.

Ein paar Beispiele mögen noch aufzeigen, mit welch verzwickten Gedanken-Palisaden Akademiker von heute, die sonst in ihren schwierigen Berufen Bestes leisten, sich gegen die bloße Möglichkeit abschirmen, das, was sie von meiner Arbeit hören, könnte echte, unbestreitbare Tatsache sein.

Einem Eisenhütten-Mann, der seinen großen Garten begeistert und erfolgreich mit Kompost bewirtschaftet, erklärt ein Kollege, Vorstandsmitglied eines großen Konzerns im Ruhrgebiet: ein Sack Leuna-Salpeter sei nicht nur viel appetitlicher als eine Fuhre Stallmist, sondern auch den Pflanzen viel bekömmlicher, so daß sich die Schädlinge ganz besonders an diese halten. Wenn aber die Schädlinge eben dies tun, müsse diese Art Düngung auch für den Menschen besonders bekömmlich sein. Das hieße aber doch, daß die in unseren Gärten ohne Kunstdünger und Gifte mittels Kompost erzielten wunderbaren pflanzlichen Erzeugnisse irgendwie so giftig sein müßten, daß die Schädlinge sie meiden.

Ein anderer Mann stellt fest, daß die Behauptung, das Bodenleben könne auswandern, nicht stimme. Man könne doch sehen, daß neben einer Reihe mit Kompost gedüngter schädlingsfreier Pflanzen eine andere stehe, deren mit Kunstdünger herangezogene Pflanzen mit Schädlingen befallen seien – in kindlicher Ahnungslosigkeit hat er gar nicht daran gedacht, daß er selber mit dem Kunstdünger das Auswandern des Bodenlebens unmöglich gemacht hat.

Es geht auch noch einfacher: mein Florentiner Kollege Professor Pietro P. berichtet einem Freund, hochgestelltem Landwirtschaftswissenschaftler und Berater der FAO, von den Erfolgen meiner Arbeit, die er seit Jahren verfolgt. Die Antwort: der Mann verwendet heimlich ein ganz besonders wirksames Gift.

Dieses Dogma, gegen das es keinen Widerspruch gibt, hat in der ganzen Welt zu einer Art Perpetuum mobile geführt, oder besser gesagt: um das Perpetuum mobile in Gang zu halten, darf das Dogma nicht erschüttert werden. Es wird mit einem Aufwand von Milliarden dafür gesorgt, daß Schädlinge und Unkräuter ständig in ausreichender Menge da sind; mit noch mehr Milliarden werden sie vergeblich bekämpft. Für unwirksam oder allzu gefährlich werdende Gifte müssen mit Aufwand von Millionen immer neue erfunden werden – und das alles bezahlen natürlich nicht die Industrien, sie schießen es nur vor. Bezahlt wird dieser ungeheuerliche Unfug vom Bauern, vom Verbraucher, vom Steuerzahler schlechtweg.

Es ist da eine ganz große Finsternis in der Welt. Nur die wenigen, die auch in der schwärzesten Nacht ihres Lebens die Gewißheit nie verlassen hat, daß immer wieder eine Sonne aufgeht, kennen den tröstlichen Spruch: „Et lux in tenebris lucet" – ein Licht scheint in der Finsternis, doch die Finsternis hat's nicht begriffen*.

Als aus Höflichkeit gegebene Versprechungen, sich meinen Versuchsgarten einmal innerhalb des Zauns anzuschauen, widriger Zufälle halber nie eingehalten werden konnten, wandte ich mich statt an Fachleute an den zuständigen Politiker, den Landwirtschaftsminister. Ich bat ihn, meine Arbeit auf einem Staatsgut prüfen und die Ausweitung auf größere Betriebsformen versuchen zu lassen. Er teilte mir in einem sehr höflichen Brief mit, er habe meine Fibel so interessant gefunden, daß er sie in seine Privatbibliothek eingestellt habe.

(Bei einem Vortrag im German Institute in London 1961 bin ich gefragt worden, wie ich die Erfolge in der Schaffung neuer Landschaften im technischen Bereich erstritten habe. Ich nannte das ganz einfache Rezept: „Zäher sein als die anderen und länger leben!" Ein Wissenschaftler wird eines Tages emeritiert (ich bin es schon seit 1955), ein Politiker wird abgelöst durch einen ande-

---

* Johannes 1,5

ren. An Zähigkeit hat mich noch kein Gegner übertroffen – und
so sind doch Versuche mit Kompostwirtschaft mancherlei Art auf
Staatsgütern in Gang gekommen. Das aber sind anscheinend die
einzigen Orte der Bundesrepublik, von denen aus überhaupt
etwas gegen die wachsende Giftflut geschieht.)

Es ist also nicht meine Schuld, wenn wir nun die ganze „offi-
zielle" Welt falscher oder mindestens unnötiger Schädlings- und
Unkrautbekämpfung einfach unterwandern. Weil noch viel Wasser die Isar hinunter fließt, bis die neue wissenschaftliche Arbeit
nach außen hin fruchtbar werden kann, und ich nicht hundert
Jahre alt werden will, um das noch mitzuerleben, habe ich halt
anfangen müssen das Volk zu verführen, und mit welch fröh-
lichem Erfolg, das mögen ein paar Geschichten beweisen:

Da werde ich eines Tages gebeten, vor dem Obst- und Garten-
bauverein in Lenggries – im Vorfeld des Karwendelgebirges –
einen Vortrag über meine Arbeitsweise zu halten. Ich werfe mich
in Landestracht – das ist zwischen München und dem Gebirg
Sitte bei allen, die sich zu dem Volk dort bekennen –, fahre hinauf an die obere Isar und finde den Tanzsaal beim Altwirt ge-
drängt voll von Bauern, Bäuerinnen und anderem Volk, die meisten in etwas schmuckvollerer Tracht. Der erste Fehler, den ich
gemacht habe – ich hatte schon an der Tür den Hut herunterge-
nommen; ein gestandener bairischer Bauer behält ihn im Wirts-
haus auf – wird freundlich übersehen. Ich erzähle den Leuten
lauter Sachen, die ihnen vollkommen neu sind; sie hören aufmerksam zu – ich fahre wieder heim. Auf einer Postkarte teilt
mir der Vorstand mit, ich solle mich nicht wundern, wenn am
nächsten Sonntag eine Anzahl Lenggrieser über den Zaun meines Gartens hereinschaut, „ob das alles wahr ist". Ich schreibe
zurück, sie sollen nicht hereinschauen, sondern hereinkommen.
Kommt ein ganzer Omnibus voll von Männern und Frauen; die
schauen alles an, stellen viele Fragen und lassen sich zeigen, wie
man „Kompost neuer Art" macht.

Im Jahr darauf gleich zwei Omnibusse. Niemand aber darf
zweimal fahren, ehe der Vorstand nicht alle seine dreihundert-
zwanzig Schäflein durch meinen Garten geschleust hat. Wie ich
einmal vom belehrenden Kompostmachen aufschaue, steht unter
den Oberbayern ein Engländer, Mitbesitzer einer Teefarm in

Njassaland mit tausend schwarzen Arbeitern, von wo er eben
hergeflogen war. Am Schluß des langen Nachmittags kommt
nach vielen Fragenden eine Bäuerin mit ihrer Sorge auf mich zu,
Enkelin eines der noblen Bauerngeschlechter im Isarwinkel, aber
sichtbar mit zu viel Arbeit belastet, im seidenen Feiertagsgewand
– dort hält man noch auf Sitte und weiß, was man sich schuldig
ist, wenn man einen Professor in seinem Haus besuchen darf. Ich
frage sie: „Also, was ham S' denn?" „Ja wissen S', jetzt ham mir
hinten in der Jachenau* aa Kartoffelkäfa kriagt; es is ganz arg,
die fress'n alles z'samm. I hab' scho' des richtige Gift dahoam –
aber i mecht's liaba net o'wend'n. Was soll i toa?" „Mit was
habt's denn dungt?" „Ja, mit Mischt halt!" „Mit an frischn',
gelt?" „Ja freili mit an frisch'n, wia ma's halt macht." (Die
Bauern legen hier die Kartoffeln in frischen Mist, damit sie es
warm haben.) Ich schaue die Frau bloß an – da geht ihr ein Licht
auf: „Ja Sie, da fallt mir was ei': mir ham nebendro' an Kom-
poschthauf'n g'macht, mit Mischt, mit Erd'n und mit Greazeig,
wia Sie's g'sagt ham." „Und was ist mit dem Komposthaufen?"
„Ja, da san aa Kartoffi drauf!" „Und was is mit dene Kartoffi?"
„Ja, dee san ganz schwarzgrea' (also überdüngt) – aba da san
koane Käf dro'!" „Also?" „Ja, dann moana Sie, wann mir den
Mischt verkomposchtier'n, dann kriag'n mir koana Käfa?" „Genauso werd's sei'; heuer müaß'n S' halt schpritz'n!"

Im folgenden Herbst bekomme ich von der Bäuerin einen fein
säuberlich geschriebenen Brief. Sie bedankt sich für den guten
Rat und läßt mich wissen, daß sie nun die Kartoffeln mit Mist
und Kompost gedüngt hätten. Sie hätten zwei Zentner Kartoffeln gelegt und zwanzig geerntet, so schöne und große wie noch
nie – und keine Käfer dabei! Ich kann ihr nur schreiben, daß sie
mit dem zehnfachen Ertrag nicht zufrieden zu sein braucht; ich
wäre schon beim einundzwanzigfachen.

Der Vorstand eines anderen Obst- und Gartenbauvereins – zu
Ehre des Oberlands sei erwähnt, daß er aus einer Landschaft weiter nördlich herkam – machte dem Lenggrieser einen Vorschlag:
er habe bei einer Besichtigung meines Gartens gesehen, daß dieser außen herum gegen die Straße durch eine lange Hecke von

---

* Die Jachenau ist ein langes grünes Tal hinter der Benediktenwand,
schon innen im Gebirge, wegen seiner Schönheit auch im Lied besungen.

Falschem Jasmin (Philadelphus virginalis) abgeschlossen ist. Solcher Jasmin habe doch immer Blattläuse. Wenn man das genau feststelle, könne man mich in der Zeitung als Lügner anprangern. Der Mann kann sich bei den Lenggriesern natürlich nicht mehr sehen lassen.

Der Lenggrieser Vorstand jedoch bittet mich ein paar Jahre später, vor einem Omnibus voll seiner Mitglieder, die noch nicht in Dießen waren, einen Vortrag zu halten und ihnen meinen Versuchsgarten zu zeigen. Nur Vorlesungen vor noch jungen Akademikern können so viel Vergnügen bereiten wie so eine vor richtigem Landvolk auf der eigenen Wiese. Die Leute schauten voll Sachverständnis alles genau an und sagten ihrem Meister, sie seien begeistert gewesen. Daraufhin meldet dieser als Honorar kurzerhand meine Frau und mich für acht Tage in das noble Sanatorium Tannerhof in Bayrischzell an. Der leitende Arzt dort meint, acht Tage seien für eine Kur doch zu wenig, er gebe von sich aus noch eine Woche dazu. So standen wir vor zwei Wochen Sanatorium und brauchten es doch gar nicht! Aber selbstverständlich haben wir uns dafür frei gemacht, wir wissen, was solche Zusammengehörigkeit bedeutet.

An einem prächtigen Oktobersonntag kommt ein kleines Dutzend Bauern und Bäuerinnen aus Österreich und schaut sachverständig alles an. Die gehören zu einem Salzburger Singkreis und hatten die vierhundert Kilometer Fahrt auf eigene Kosten nicht gescheut, nur um mit vierstimmigen Jodlern ihren Dank dafür auszudrücken, daß meine Fibel geschrieben worden ist.

Das Fest vollends, das uns die Lenggrieser zu meinem fünfundsiebzigsten Geburtstag bereitet haben, mit Zither- und Gitarrespielern, mit den Wegscheider Deandln als Sängerinnen, mit gedichtaufsagenden Kindern, das hat uns in seiner überströmenden Herzlichkeit nicht nur gezeigt, daß wir Stadtgeborenen zu ihnen gehören, sondern auch, wieviel es ihnen bedeutet, in ihren Gärten nun ohne Gift säen, pflanzen, ernten zu können. Sie haben noch lebendigen Boden unter den Füßen, sie sind noch hellhörig und voll gesunder Abwehr gegen die aus den Städten, von Rundfunk, Fernsehen und Magazinen dröhnende Verführung zu seelenlosem geistlosem Tun und Denken.

Auch aus anderen Welten kommen mir geradezu überschweng-
lich Dank und Verehrung zu von Menschen, die selbständig denken und handeln dürfen. Die Franzosen haben mich zum Membre
d'honneur de la Société Nature et Progrès gemacht. Mir ganz
unbekannte Schweizer schicken mir eine Menge wichtiger Bücher,
die in Deutschland und in England schon lang vergriffen sind.
Ein anderer Verehrer hat sich die geradezu grausige Mühe gemacht, eine (von meiner Universität schon lang gewünschte)
Bibliographie aller meiner jemals gedruckten Bücher und Aufsätze zusammenzustellen. Einfach reizend aber sind doch die
beiden Geschichten:

Eine energische Dame drückt meiner Frau an der Gartentür
ein großes Paket in die Hand zur Weitergabe an mich. Wir machen es trotzdem gemeinsam auf und finden, aus altem Brokat
und kostbarer schwarzer Spitze gebaut, eine jener Votiv-Figu-
rengruppen, wie man sie von großen alpenländischen oder nea-
politanischen Weihnachtskrippen kennt: Unten steht ein weiß-
haariger Mann, auf den Stiel seines Misthackls gestützt vor seinem Komposthaufen. Über ihm schwebt ein Engel mit großen
goldenen Flügeln und goldener Krone. Im linken Arm hält er
einen köstlich aus Perlen gemachten Blumenkorb und läßt aus
diesem goldene Regenwürmer auf den Komposthaufen fallen.
Mit der rechten Hand hält er einen goldenen Heiligenschein
über das weiße Haupt: Sankt Compostulus!

In der gleichen Woche wird mir aus Südtirol geschrieben, daß
Ableger der Familie eines alten Schweizer Malers und Botanikers
in der Nähe des Ammersees ihre Gärten haben. Sie haben in ihren Kalender im Frühjahr einen Sankt-Alwinstag eingefügt, an
dem sie den Komposthaufen umsetzen!

So ist wohl seit dem frühen Mittelalter zum erstenmal wieder
ein Wissenschaftler zum Kalenderheiligen geworden.

19. Gärtnern, Ackern – ohne Gift!

Der geneigte Leser wird nun zugeben, daß es das doch gibt. Nicht mit lebensfernen Lehrmeinungen oder „grauen Gedankengespinsten" (wie Goethe das ausdrückte) habe ich versucht, ihn davon zu überzeugen, sondern mit dem lebendigen Beispiel vom eigenen Boden, mit immer wiederholten und wiederholbaren Erfahrungen. Dieser ebenso neue wie uralte Weg zu ewiger Fruchtbarkeit und Gesundheit des Bodens wie aller Pflanzenwelt – und damit auch des Menschen – ist aber gangbar nur für jene, die selbständig denken können, also gefeit sind gegen die wort- und bildreichen Werbetrommeln der Gegner eben solcher natürlicher Gesundheit, und die selbständig arbeiten dürfen, weil sie nicht abhängig sind von der urteilslosen Masse, unabhängig auch von Vorgesetzten*, die aus mancherlei Gründen sich keine neue bessere Einsicht leisten können. Daran ändern alle die hochwissenschaftlich aufgezogenen Tagungen für Schutz des Lebens und so weiter nichts, auf denen hundert Vortragende feststellen, was alles falsch ist und was andere alles tun müßten, damit es besser würde – wenn keiner den Mut hat zu sagen, wie einfach der Weg aus der schlimmsten aller Nöte ist. Erst noch mehr wachsende Not und anders nicht mehr behebbares Unheil werden mit unwiderstehlicher Macht dazu zwingen, eben diesen Weg zu gehen – buchstäblich in der letzten Minute und keine vorher.

Es war mehr Mode als Mut, wenn in den letzten Jahren Tages- und Wochenzeitungen und Illustrierte in großen Aufsätzen die Vergiftung und Verschmutzung aller unserer Lebensgrundla-

---

* Der Leiter einer sehr großen öffentlichen Grünanlage hatte den landwirtschaftlichen und gärtnerischen Teil auf Kompostwirtschaft umgestellt. Als die Erzeugnisse, die auf den Markt kamen, wegen der ungewöhnlichen Qualität Aufsehen erregten, wurde er auf Betreiben der Gegner von seinem Ministerium gezwungen, zu Kunstdüngerwirtschaft zurückzukehren, was den Unterhalt der Grünanlage um einen sehr hohen Betrag verteuerte.

gen groß angeprangert haben. Das Ansehen der chemischen Groß-
industrie ist immerhin so angeschlagen, daß sie keinen Einspruch
mehr gegen die Verteufelung des DDT wagen konnte. Aber kein
Schriftleiter oder Schriftsteller, auch jene nicht, welche von meiner
Arbeit wissen oder von jener der Hunderte von Schweizer Landwirten, die es seit langem verstehen, ohne Anwendung von Giften „Vorzugs-Nahrungsmittel" zu erzeugen, von den biologisch-
dynamisch wirtschaftenden gar nicht zu reden, wagte es, auch nur
anzudeuten, daß es schon lang gut gangbare Wege aus der Vergiftung unserer Umwelt durch die Millionen von Tonnen an
Schädlingsbekämpfungs- und Unkrautvernichtungsmitteln gibt.

Meine Briefordner aber quellen über von Berichten buchstäblich
aus der halben Welt über Erfolge, die auf allen möglichen Gebieten durch Kompostwirtschaft erzielt worden sind. Auf einem li-
nierten Blatt Papier, das sicher aus einem Schulheft stammt, gibt
eine alte Flüchtlingsbäuerin, die am Rande brasilianischer Wälder wieder eine Heimat gefunden hat, ihrer Freude Ausdruck
darüber, daß sie nun einen Ausweg haben aus der dort immer
noch üblichen Brandkultur, die das ganze Land zugrunde richtet.
Ihr Sohn hat die Fibel mitgenommen nach Argentinien, wo er auf
ihren Lehren eine neue Lebensstelle aufbauen will – die Mutter
bekam für die verlorene Fibel eine neue. Ein Fabrikant erwähnt
in einem elektrisch geschriebenen Brief, daß er für seine Leute
schon vierzig Fibeln gekauft habe, damit deren Gärten ebenso
gesund werden wie sein eigener. (Ein anderer ersucht auf genauso
vornehm beschriebenem Papier um zwei Fibeln zum Autoren-
preis und um zwei weitere umsonst für seine Gärtner. Der Brief
kam aus der Gegend, wo nach Adolf Weber der Kapitalismus erfunden wurde.) Es kam von irgendwoher in einem ganz einfachen Brief ein Blatt ohne Unterschrift – es stand auf ihm nur
ein Segenswunsch, wie man ihn vor vielleicht hundertfünfzig
Jahren öfter geschrieben haben mag. Hat der freundwillige Leser
schon einmal „weißglühenden Dank" übermittelt bekommen?
Ich bin stolz auf einen solchen und auf den besinnlicheren eines
alten Gärtners, der auf der Bücherschau einer Gartenbau-Aus-
stellung hinter bunt-prächtigen Gartenbüchern versteckt die
Fibel fand, die seinen schwerkranken Betrieb und ihn selbst wie-

der gesund gemacht hat. Eine alte Dame schreibt, ihr Garten wäre jetzt, nach der Einrichtung von Kompostwirtschaft, ganz großartig; es würde aber viel gestohlen. Die Diebe seien jedoch ihre eigenen kleinen Enkel; die meinen, man müsse alles, was im Garten wächst, roh essen, es sei zum Kochen einfach zu schade.

Und so kamen Berichte aus Litauen, aus Australien, aus Budapest, Tansania, Lothringen, aus der Schweiz, aus Sachsen, Thüringen, aus Spanien, England, Schweden – ein ganz besonderer aus der neuen westafrikanischen Republik Ghana. Der Oberste Medizinalbeamte des Gesundheitsministeriums dort schrieb mir im Herbst 1966, er habe eben das zwölfte Stück der englischen Ausgabe der Kompostfibel* mit Widmung an seine Sanitätsinspektoren hinausgegeben. Er hatte im Jahr zuvor begonnen, an der Küste auf sterilem Sand mittels „New Style Compost" („Kompost neuer Art") einen 7000 qm großen Gemüsegarten anzulegen, in dem Salat, Karotten, Kohl, Zwiebeln, Auberginen, Tomaten, Paprika, Pepperoni, Radieschen, Lima-Bohnen, Gurken und indische Schlangenkürbisse über alles Erwarten gut gedeihen. Er kann daraus nicht nur die Familien der zweiunddreißig Männer seines Stabes versorgen, sondern auch einen wachsenden Kreis aus der Stadt Cape Town; er ist zu einem Lehrgarten für die Zentralprovinz gemacht worden. Nun wird der Principal Medical Officer dieser Provinz auf breiter Grundlage die Verkompostierung der Marktabfälle der Stadt in Angriff nehmen und damit die Flutschäden bekämpfen, die von den vollkommen erodierten Hügeln der Stadt verursacht werden. Überbevölkerung, Unvernunft, Raubbau am Boden und schwere Regenfälle haben an der Küste von Ghana eine Bodenerosion erzeugt, die bis zu schweren Mangelkrankheiten des Volkes geführt hat. Dagegen wird nun mit New Style Compost angegangen. Alle Sanitätsinspektoren der ganzen Provinz sind angewiesen, an ihrem Standort eine Mindestmenge von Kompost herzustellen, die geprüft und vermessen wird.

Dieses großartige Beispiel zeigt die einzige echte Möglichkeit auf, die Bodenerträge unterentwickelter Länder auf die Dauer

---

* Erschienen unter dem Titel ‚Compost' bei Faber and Faber in London, 1962 (vergriffen).

anzuheben. Aus sehr durchsichtigen Gründen soll die „Entwick-
lungshilfe" in Lieferung von Kunstdünger und im Bau von Stick-
stoffabriken bestehen. Auch in Tropen und Subtropen ist der
Humus im Boden der eigentliche Träger aller Fruchtbarkeit.
Sonne und Trockenheit bauen ihn überall rasch ab – Kunstdünger noch schneller. Eingeweihte wissen und warnen, daß
hinter diesem die Wüste noch rascher wächst. Ein Farmer, der
jetzt als Entwicklungshelfer nach Südamerika ging, berichtete
mir, daß das Ergebnis von vierzig Jahren forschender Landwirtschaft auf zwei Farmen in Südafrika war – Kompostwirtschaft!

Wie es anders herum geht, erzählte der schon erwähnte Missionar, der dreißig Jahre in Neuguinea gearbeitet hatte und mich
in seinem Urlaub zusammen mit einem eingeborenen Papua besuchte. Er hatte seine Schäflein zu Gärtnern erzogen; sie erzeugen
auf den tiefen Regenwaldböden schönste Ernten, die sie in die
Küstenstädte verkaufen können. Ungeziefer ließ sich bisher leicht
mit einer Abkochung von Tabakblättern niederhalten. Nachdem
die Niederlande Neuguinea aufgegeben hatten, wurde es von
Australien aus wirtschaftlich betreut, damit es nicht Indonesien
anheimfallen sollte. Die Australier schickten Agronomen als Berater und verteilten Kunstdünger – von da ab konnte man sich
vor Schädlingen und Krankheiten nicht mehr retten.

Jedes Kulturzeitalter erreicht seinen Höhepunkt erst, wenn es
bereits unterwandert ist von dem nächsten, das heraufkommen
will und in allem und jedem das entgegengesetzte Vorzeichen
hat. Als die späte Gotik begann in das Zeitalter ihres Triumphes
einzutreten mit dem Bau der ganz großen Türme – da blieben
diese plötzlich als Stümpfe stehen. Der Stephansdom in Wien,
der in Regensburg, das Münster in Ulm, das Straßburger Münster, der Kölner Dom blieben unvollendet – das Dichten und
Trachten der Menschen hatte sich anderem zugewendet. Jetzt
eben, hier bei uns, streben Technik und Wissenschaft, von den
Ahnungslosen maßlos bewundert, ihrem immer seelenloser, ja
tödlicher werdenden Gipfelpunkt zu. Man kann keinen Kleingarten mehr planen ohne Wissenschaft, geschweige denn einen
Bauernhof, der auch nur zwanzig Jahre lang die ihm gestellten
Aufgaben erfüllt. Alle Wissenschaft von heute aber ist mechani-

stischen Ursprungs und Ziels, sie strebt zur Lochkarte, zum seelenlosen Rechengerät.

Schon 1940 hatte ich geschrieben: „Wer mit offenen Augen um sich sieht und sich nicht blenden läßt vom starken Schein der Autoritäten, des Bücherwissens, der Schulmeinungen, der wirtschaftlichen Mächte, der kann auf allen Lebensgebieten das Erwachen jener Geister und Anschauungen spüren, die das Morgen bestimmen werden. Und überall sind es Kräfte, denen es um das Lebendige geht, um das ganze, volle Wesen der Dinge, nicht bloß um den meßbaren, zählbaren, wägbaren Teil. Überall kommt die Erkenntnis, daß das Mechanisieren, Rationalisieren, Technisieren, die großen Götzen unserer Zeit, in hemmungsloser Übersteigerung denselben Menschen mit Vernichtung bedrohen, zu dessen Wohl sie erfunden wurden. Und überall setzt sich der alten „statischen" Lehrmeinung eine neue „dynamische", der „mechanischen" eine „biologische" entgegen.

Als es mir zwischen 1934 und 1938 gelang, im Straßenbau, im Wasserbau, im Landschaftsbau dank der Unterstützung durch Dr. Fritz Todt als einzelner gegen den geschlossenen Widerstand der Wissenschaftler wie der alten Praktiker neue naturnahe, landschaftsverbundene Bauweisen durchzusetzen, da meinte ich, einem neuen „Zeitalter des Lebendigen" zum Durchbruch verhelfen zu können. Es schien in dem grausigen Zusammenbruch untergegangen zu sein. Wir haben erst einmal uns selber wieder auf die Füße stellen, haben Schutt und Staub abschütteln müssen – wie aber Quellen im Gebirge, wenn sie durch eine Mure aus Schutt und Steinen verschüttet sind, doch wieder klar hervorbrechen, so zeigt auch dieses Zeitalter des Lebendigen vielfältig sein Wiederkommen an.

All das habe ich nicht wissen können, als ich mich vor vierzig Jahren entschloß, von nun an in meinem Garten in allem das Gegenteil zu tun von dem, was bis dahin als allein richtig galt. Für diesen Entschluß kann ich nichts: die Lust dazu habe ich eben mitbekommen von jenem Jacques Surel, der 1705 ein Land mit Weinbergen und Ölbäumen, mit Feldern voll Lavendel verlassen hat, um als Ackerbürger auf märkischem Sand wieder von vorn anzufangen. Verdienst war höchstens in der unbeirrbaren Zähigkeit, mit der ich diesen Entschluß durch verdammt schwierige

Zeiten durchgehalten habe. Ich bin halt gegen den Strom ge-
schwommen, wie Todt das von mir behauptet hat, und nun sind
schon Tausende umgekehrt, um mitzuschwimmen.

Ich darf aber nicht verschweigen, daß ich auch nicht viel dafür
konnte, daß mich 1930 eine Kette sehr sonderbarer „Zufälle"
zum Besitzer eines von mir selbst angelegten Gartens machte, und
wiederum zum genau richtigen Zeitpunkt eine Staffel aufeinander abgestimmter anderer Zufälle mir die „Ziegelwiese" zu eigen
gab. Es steht auch sehr dahin, ob ich mir selber jenen Kompaß
eingebaut habe, der mich gezwungen hat, immer den anscheinend
härtesten Kurs zu fahren, der doch der einzige war, der zwischen
sehr drohenden Klippen und Schlünden heil hindurchgeführt
hat.

Schaut man so über sechzig, siebzig Jahre hin zurück, so ist es
nicht schwer, zu erkennen, was für ein Programm in das Steuer-
gerät eingegeben worden ist (um mich ganz neuzeitlich auszudrücken). Wenn es auch zunächst möglich schien, nach eigenem
Willen ein Maurer und Zimmermann, ein Baumeister zu werden,
so hat doch – ahnungslos natürlich – der Gymnasialprofessor
Max Graf, um 1900 Botaniklehrer der ersten Klasse des König-
lich-Bayerischen Theresiengymnasiums in München, die Weiche
für ein ganz anderes Gleis gestellt: ein Helfer zu werden des Lebendigen, nicht jenes, das laut zu schreien vermag, wenn ihm Un-
bill geschieht, sondern des für den Alltagsmenschen stummen
Lebens in Land und Landschaft, in Baum und Strauch, in den
Früchten unserer Gärten und Äcker, und schließlich des unsichtbaren Lebens im Boden, des geheimen Urgrunds allen Lebens
über ihm, aller Fruchtbarkeit und Schönheit unserer grünen
Erde.

Sonst habe ich mich nur bemüht, die Pflicht zu erfüllen, die
jedem aufgegeben ist, dem ein Stück Land zu eigen wurde: es
fruchtbarer weiterzugeben, als ich es übernommen habe.

All dessen war ich mir noch nicht bewußt, als ich 1959 auf der
Ziegelwiese über dem Ammermoos, die sich als durchaus schick-
salsträchtig erweisen sollte, das Haus baute. Da war noch Trotz
und Zauber der entgegengesetzten Ansicht. Ich habe mich zu ihr
an dem Haus selber auf eine besondere Art bekannt:

Von 1920 bis 1960 habe ich viele Sonnenuhren berechnet. Von

Travemünde bis La Orotava zeigen sie in mannigfachen Formen die wahre Sonnenzeit. Die schwierigste Berechnung war die der schiefen Uhr für das eigene Haus. Statt der üblichen nichtssagenden Sprüche steht unter ihr der Anfang des letzten Gedichtes von Ulrich von Hutten:

> *Ich hab's gewagt mit Sinnen*
> *Und trag' des noch kein' Reu.*

Sachwortverzeichnis

Bücher von Ludwig Reiners

Der ewige Brunnen

Ein Hausbuch deutscher Dichtung. 255. Tausend. 1976.
XV, 978 Seiten. Leinen

«Eine volkstümliche Gedichtsammlung von bisher nicht erreichtem Umfang und einer Reichhaltigkeit und Vielfalt, die den Vorzug hat, nicht ausschließlich vom literarischen Standpunkt, sondern vom Leben her auf das Leben zusammengestellt zu sein. Darum wird sie den verschiedensten Leserschichten etwas zu bieten haben und wird gerade der Jugend und naiven Lesern, die im Gedicht zunächst den Gefühlsausdruck in gehobener Form suchen, zur Geschmackserziehung und zum Führer durch die deutsche Dichtung dienen können.» *Ina Seidel*

Stilkunst

Ein Lehrbuch deutscher Prosa. Beck'sche Sonderausgabe.
117. Tausend der Gesamtauflage. 1976. XV, 784 Seiten. Leinen

«Der Verfasser gibt jedem das Seine: dem Anfänger eine erste staunende Ahnung, was Deutsch ist und sein kann, dem Fortgeschrittenen den sicheren, an Beispielen zu lebendigster Anschauung genährten Blick, dem Meisterschüler aber eine Fülle von Köstlichkeiten ... Das ist eine fröhliche Wissenschaft, ist ein ausgezeichnetes Buch!» *Eugen Roth*

Sorgenfibel

oder Über die Kunst, durch Einsicht und Übung
seiner Sorgen Meister zu werden.
72. Tausend. 143 Seiten. Leinen

Verlag C. H. Beck München